Jenny Schrödl / Magdalena Beljan / Maxi Grotkopp (Hrsg.)

Kunst-Paare

Historische, ästhetische und politische Dimensionen

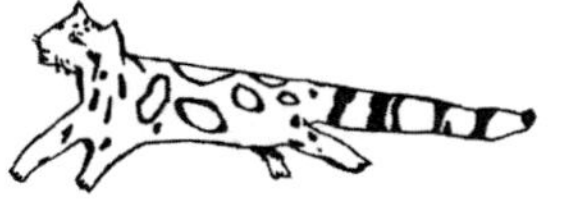

Jenny Schrödl / Magdalena Beljan /
Maxi Grotkopp (Hrsg.)

Kunst-Paare

Historische, ästhetische und politische Dimensionen

Neofelis Verlag

Inhalt

III. Widerständigkeiten

Vorwort

Paare sind in unserer Gegenwart omnipräsent: So sind sie – etwa in Form des Liebespaares – nicht nur Hauptfiguren unzähliger Filme, Romane, Popsongs oder Fernsehsendungen, sondern auch Thema kontroverser Debatten in Politik und Recht. Auch in den darstellenden und bildenden Künsten finden sich ganz unterschiedliche Auseinandersetzungen mit der Figur des Paares, zu denken ist beispielsweise an sogenannte Künstler*innenpaare wie Pablo Picasso und Françoise Gilot, Georgia O'Keeffe und Alfred Stieglitz, Marina Abramović und Ulay, Gilbert & George, Pierre et Gilles oder EVA & ADELE.[1] Aber nicht nur Künstler*innenpaare inszenieren Verflechtungen von realen und fiktiven Beziehungen, sondern Inszenierungen von Zweierbeziehungen sind auch zentrales Thema und Motiv in der Malerei, Fotografie, Video-, Installations- und Performancekunst oder im Theater. Im Gegenwartstheater beispielsweise finden sich zahlreiche Inszenierungen, die Paare thematisieren sowie problematisieren, etwa in Nurkan Erpulats Inszenierung nach Olga Grjasnowas Roman *Die juristische Unschärfe einer Ehe* (Premiere: 17.09.2014, Maxim Gorki Theater, Berlin), Yael Ronens *Erotic Crisis* (UA: 13.09.2014, Maxim Gorki Theater, Berlin), René Polleschs *Keiner findet sich schön* (UA: 24.06.2015,

1 Bei den Schreibweisen von Künstler*innenpaaren und Duos wird immer die von den Künstler*innen bevorzugte Schreibweise gewählt, da diese als Teil der Benennung und als Teil der Selbstinszenierung als Duo oder Paar zu betrachten ist.

Volksbühne am Rosa-Luxemburg-Platz, Berlin), Katie Mitchells *Atmen* (UA: 30.11.2013, Schaubühne am Lehniner Platz, Berlin) oder Falk Richters *Never forever* (UA: 09.09.2014, Schaubühne am Lehniner Platz, Berlin).

Auch die Wissenschaft erkennt Paare zunehmend als eigene Forschungsgegenstände an: Jenseits von einzelnen Akteur*innen oder Subjekten auf der einen Seite und Gruppen, Kollektiven oder Familien auf der anderen Seite etablieren sich in verschiedenen akademischen Disziplinen regelrechte Paarforschungen. Sozialwissenschaftliche Untersuchungen widmen sich etwa der Erforschung von Privatheit, Emotionalität, Gender, homo- und/oder heterosexuellen Beziehungen oder der Frage sozialer Ungleichheiten in Paarkonstellationen.[2] Dabei wurde vielfach festgestellt, dass sich im Laufe des 20. Jahrhunderts das Konzept der Paarbeziehungen im Sinne der Ehe hin zu einem allgemeineren und offeneren Konzept von „Zweierbeziehungen"[3] entwickelt hat, welches heute unter Schlagworten der Pluralisierung und Individualisierung verhandelt wird,[4] die allerdings primär für heterosexuelle Paare gelten und nur bedingt auf andere Paarkonstellationen anwendbar sind.[5]

2 Vgl. u. a. Karl Lenz: *Soziologie der Zweierbeziehung. Eine Einführung.* 4. Aufl. Wiesbaden: VS 2009; ders. / Marina Adler (Hrsg.): *Geschlechterbeziehungen. Einführung in die sozialwissenschaftliche Geschlechterforschung,* Bd. 2. Weinheim / München: Juventa 2011; Maja S. Maier: *Paaridentitäten. Biografische Rekonstruktionen homosexueller und heterosexueller Paarbeziehungen im Vergleich.* Weinheim / München: Juventa 2008; Alessandra Rusconi / Christine Wimbauer / Mona Motakef / Beate Kortendiek / Peter A. Berger (Hrsg.): *Paare und Ungleichheit(en). Eine Verhältnisbestimmung.* Opladen / Berlin / Toronto: Budrich 2013; Christine Wimbauer: *Wenn Arbeit Liebe ersetzt. Doppelkarriere-Paare zwischen Anerkennung und Ungleichheit.* Frankfurt / New York: Campus 2012.

3 Lenz: *Soziologie der Zweierbeziehung,* S. 45–61.

4 Vgl. Maier: *Paaridentitäten,* S. 15–17.

5 Dass sowohl das Konzept der Pluralisierung als auch der Individualisierung durchaus problematisch ist, darauf verweisen Peter-Paul Bänziger / Magdalena Beljan / Franz X. Edler / Pascal Eitler: Sexuelle Revolution? Zur Sexualitätsgeschichte seit den 1960er Jahren im deutschsprachigen Raum. In: Dies. (Hrsg.): *Sexuelle Revolution? Zur Geschichte der Sexualität im deutschsprachigen Raum seit den 1960er Jahren.* Bielefeld: Transcript 2015, S. 7–23, hier vor allem S. 14–15. Zu den Grenzen von legitimen Partnerschaften vgl. etwa auch Magdalena Beljan: *Rosa Zeiten? Eine Geschichte der Subjektivierung männlicher Homosexualität in den 1970er und 1980er Jahren der BRD.* Bielefeld: Transcript 2014, aber auch die sehr umfassende Expertise von Christine Leidinger: Lesbische Existenz 1945–1969. Aspekte der Erforschung gesellschaftlicher Ausgrenzung und Diskriminierung lesbischer Frauen, mit Schwerpunkt auf Lebenssituationen,

Auch die Psychologie und Psychoanalyse hat das Thema in den letzten zwei Jahrzehnten für sich entdeckt, gerade im Kontext der intersubjektiven Wende in der Psychoanalyse ist vermehrt die Frage von persönlichen Beziehungen in den Fokus gerückt.[6] Historiographische Forschungen wiederum widmen sich dem Thema Paar schon seit längerem,[7] allerdings in erster Linie im Kontext von Ehe und Liebe, aber auch in Bezug auf die Sexualitätsgeschichte, und stellen dabei nicht nur die genuine Historizität von Beziehungen heraus, sondern zeigen, dass sich Paarbeziehungen in Europa historisch verändert haben: Dem romantischen Ideal der Liebesheirat trat im 20. Jahrhundert vor allem das Konzept der partnerschaftlichen Beziehung entgegen.[8]

Nicht zuletzt haben in der zeitgenössischen Philosophie Diskurse von Ich und Anderem, Begriffe der Intersubjektivität und Anerkennung eine erhöhte Konjunktur.[9] In der zeitgenössischen Philosophie lässt

Diskriminierungs- und Emanzipationserfahrungen in der frühen Bundesrepublik. https://www.berlin.de/.../g-34-expertise_lesbischeexistenz_1945-69_leidinger_bf.pdf (Zugriff am 30.01.2017).

6 Vgl. u. a. Martin Altmeyer / Helmut Thomä (Hrsg.): *Die vernetzte Seele. Die intersubjektive Wende in der Psychoanalyse.* 2. Aufl. Stuttgart: Klett-Cotta 2010; Ann Elisabeth Auhagen / Maria von Salisch (Hrsg.): *Zwischenmenschliche Beziehungen.* Göttingen: Hogrefe / Verlag für Psychologie 1993; Wolfgang Hantel-Quitmann / Peter Kastner (Hrsg.): *Die Globalisierung der Intimität. Die Zukunft intimer Beziehungen im Zeitalter der Globalisierung.* Gießen: Psychosozial-Verlag 2002; Reinhard Kreische: *Paarbeziehungen und Paartherapie.* Stuttgart: Kohlhammer 2012.

7 Vgl. u. a. Caroline Arni: *Entzweiungen. Die Krise der Ehe um 1900.* Köln / Weimar / Wien: Böhlau 2004; Ingrid Bauer / Christa Hämmerle / Gabriella Hauch (Hrsg.): *Liebe und Widerstand. Ambivalenzen historischer Geschlechterbeziehungen.* Wien: Böhlau 2005; Jens Elberfeld: Subjekt/Beziehung: Patriarchat – Partnerschaft – Projekt. Psychowissen und Normalisierungspraktiken im Diskurs der Paartherapie (BRD 1960–1990). In: Maik Tändler / Uffa Jensen (Hrsg.): *Das Selbst zwischen Anpassung und Befreiung. Psychowissen und Politik im 20. Jahrhundert.* Göttingen: Wallstein 2012, S. 85–114; Annika Wellmann: *Beziehungssex. Medien und Beratung im 20. Jahrhundert.* Köln: Böhlau 2012.

8 Anthony Giddens: *Wandel der Intimität. Sexualität, Liebe und Erotik in modernen Gesellschaften.* Frankfurt am Main: Fischer 1993. Vgl. aber auch und vor allem das Themenheft zur ‚Romantischen Liebe' von *L'HOMME. Europäische Zeitschrift für Feministische Geschichtswissenschaft* 24,1 (2013).

9 Exemplarisch seien hier die in diesem Zusammenhang zentralen Schriften von Axel Honneth erwähnt. Der Diskurs über Intersubjektivität in der zeitgenössischen Philosophie geht aber natürlich weit über ihn hinaus. Axel Honneth: *Kampf um Anerkennung. Zur moralischen Grammatik sozialer Konflikte.* Frankfurt am Main: Suhrkamp 1994; ders.: *Unsichtbarkeit. Stationen einer Theorie der Intersubjektivität.* Frankfurt am Main: Suhrkamp 2003; ders. / Beate Rössler (Hrsg.): *Von Person zu Person. Zur Moralität persönlicher Beziehungen.* Frankfurt am Main: Suhrkamp 2008.

sich zudem nach Wolfram Eilenberger ein regelrecht „affirmativer Umschwung zugunsten des Paarmodells“[10] feststellen, was in einem starken Gegensatz zu den Auseinandersetzungen noch vor zehn Jahren steht. Besonders prominent sind dabei die Arbeiten von Eva Illouz geworden. Zwar geht es Illouz nicht immer primär um das Paar als solches, sondern um den Zusammenhang bzw. um den „Zusammenstoß von Liebe und Kapitalismus“, doch beschreibt sie „[r]omantische Liebe als kulturelle Praxis“ und bezieht sich damit auf Praktiken wie den gemeinsamen Kinobesuch, Abendessen und ähnliches, die von Paaren vollzogen werden und deren Alltagspraktiken darstellen.[11]
In verschiedenen Disziplinen werden also seit einiger Zeit Paare erforscht, allerdings ist in Bezug auf die wissenschaftliche Beschäftigung mit Paaren aus theater-, kunst-, kultur- und medienwissenschaftlicher sowie ästhetischer Perspektive festzustellen, dass Paare bzw. Zweierbeziehungen bislang kaum Gegenstand von Forschungen geworden sind, sieht man von zahlreichen, z. T. eher populärwissenschaftlich angelegten Ausstellungskatalogen zum Künstler*innenpaar einmal ab. Während es durchaus legitim erscheint, sich mit diversen ästhetischen und sozialen Formen des Kollektiven oder des Solistischen zu beschäftigen, haftet der Analyse von Paaren schnell das Etikett der Unwissenschaftlichkeit an.
Vor diesem Hintergrund situiert sich unser Sammelband *Kunst-Paare* und stellt Zweierbeziehungen in verschiedenen Kunstformen und in Bezug auf historische, ästhetische und politische Dimensionen in den Mittelpunkt der Diskussion. Das titelgebende Konzept des ‚Kunst-Paares‘, welches in unserer Junior Research Group entwickelt wurde,[12] verweist auf Paare im doppelten Sinne: Zum einen geht es um Künstler*innenpaare in den darstellenden und bildenden Künsten

10 Wolfram Eilenberger: Sind wir dazu geschaffen, in Paaren zu leben? In: *Philosophie Magazin*, 3/2013, S. 34–39, hier S. 36.

11 Eva Illouz: *Der Konsum der Romantik. Liebe und die kulturellen Widersprüche des Kapitalismus*. Frankfurt am Main: Campus 2003, S. 26.

12 Vgl. die Webseite unserer Dahlem International Network Junior Research Group „Kunst-Paare. Beziehungsdynamiken und Geschlechterverhältnissen in den Künsten“: http://www.kunst-paare.de/ (Zugriff am 03.01.2017).

(Theater, Performance, Tanz, Fotografie, Malerei, Installation u. a.),[13] also um Paare, die Leben und künstlerische Arbeit teilen; zum anderen geht es um Paarinszenierungen und -darstellungen innerhalb von künstlerischen Werken oder theatralen Aufführungen. Das ‚Kunst-Paar' integriert also das Künstler*innenpaar, geht aber gleichermaßen über es hinaus; wir suchen beide Aspekte – das Künstler*innenpaar *und* das Paar als Gegenstand und Motiv ästhetischer Auseinandersetzung – zu etablieren, statt eine einseitige Fokussierung auf Künstler*innenpaare und deren Leben fortzuführen. Mit dem Konzept ‚Kunst-Paar' wird eine genuine Ästhetizität sowie Medialität des Paares betont, welche in der sozialwissenschaftlichen, psychologischen sowie historischen Paarforschung tendenziell untergeht. Damit verweisen wir einerseits auf die Konstruiertheit von Beziehungen statt eines universellen, ahistorischen oder biologistischen Ansatzes; andererseits umfassen Paare durch ihre Ästhetizität und Medialität verschiedene Formen von Stilisierung, die ihnen nicht nur im Rahmen der Künste, sondern eben auch in die Praktiken des Alltags eingeschrieben sind. Verschiedene Medien, Techniken und Technologien spielen dabei gleichfalls eine entscheidende Rolle, etwa in der Verbindung von Fotografie und Paarsein, wie es Jörn Glasenapp in einer Studie am Beispiel des ‚glücklichen Paares: Fotografie und Hochzeit' herausgearbeitet hat.[14] Und nicht ganz zufällig umfasst auch diese Anthologie zu Kunst-Paaren zahlreiche Bilder von Paaren, wobei man die doppelte These aufstellen kann, dass Bilder das Paarsein einerseits in besonderer Weise in Szene setzen, es andererseits aber auch überhaupt erst produzieren.[15] Der Sammelband zielt schließlich auf eine Ausdifferenzierung diverser Paarkonstellationen in verschiedenen

13 Die Fokussierung auf darstellende und bildende Künste für diesen Sammelband ist eine rein heuristische Entscheidung, um das Feld der Künste zunächst erst einmal begrenzt zu halten und stärker in die Tiefe gehen zu können. Kunst-Paare finden sich selbstverständlich auch in anderen Kunstformen wie der Musik, Architektur, Film etc. Hier wären weitere Untersuchungen sinnvoll und wünschenswert.

14 Jörn Glasenapp: Ein glückliches Paar: Fotografie und Hochzeit. In: Ders. / Werner Faulstich (Hrsg.): *Liebe als Kulturmedium*. München: Fink 2002, S. 121–149.

15 Vgl. ganz grundsätzlich zum Verhältnis von Bild und Bildeffekt Cornelia Brink: Bildeffekte. Überlegungen zum Zusammenhang von Fotografie und Emotionen. In: *Geschichte und Gesellschaft* 37,1 (2011), S. 104–129.

Künsten und sucht damit eine eklatante Forschungslücke in kunstwissenschaftlichen Disziplinen anzugehen.
Grundsätzlich gehen wir von einem weiten und offenen Begriff des Paares aus – oder besser gesagt: Wir gehen von mehreren Paar- und Beziehungsbegriffen aus, die in Auseinandersetzung mit je spezifischen Gegenständen und Materialien, Zeiten und Räume mit- und gegeneinander gestellt, kombiniert, verändert oder verworfen werden. Ziel ist somit kein übergeordneter, universaler Paarbegriff, sondern die Konturierung von Praktiken und Konzepten von Paaren immer in Bezug auf je spezifische künstlerische oder alltägliche Zweierkonstellationen. Als kleinster gemeinsamer Nenner fungiert allein die Zwei als das zentrale Strukturmerkmal. Das etymologische Wörterbuch Kluge verweist auf die Herkunft des Wortes vom Mittelhochdeutschen Wort „par" (13. Jh.), das die Bedeutung trägt: „zwei von gleicher Beschaffenheit"[16]. Spannend ist hier die bereits in der Etymologie verankerte Dimension von Gleichheit und Ähnlichkeit, die im Zusammenhang mit Zweierbeziehungen immer wieder auftaucht. So meint dann das „Paar" laut Kluge „als Adjektiv ‚gleich', als Substantiv auch ‚Gefährte'"[17]. Neben der Zwei in Paarkonstellationen spielt aber auch die Kategorie und Figur des Dritten eine entscheidende Rolle. In den Worten der Kunsthistorikerin Renate Berger:

> Jeder Mensch muss sich auf eine zweite Person beziehen, um ein Paar zu bilden. Das Paar wiederum ist nicht denkbar ohne Bezug auf ein Drittes: Ich-Du-Wir, wir und die Welt, Er-Sie-Es. Dies Dritte stellt eine flexible Instanz dar, die das Paar als Paar herausfordert. Dabei nimmt es vielerlei Gestalt an: zum Beispiel in der Kunst.[18]

Ein weiterer Aspekt des Paar-Begriffs ist, dass er verschiedene Formen von Paaren umfasst: eben nicht nur Liebes-Paare, auch wenn diesen ein herausgehobener Stellenwert zukommt, sondern auch Zwillings- und Geschwisterpaare, Eltern-Kind-Beziehungen oder Freundschaften. Wichtig ist die Durchlässigkeit und Übergängigkeit

16 Kluge: *Etymologisches Wörterbuch der deutschen Sprache.* 23., erw. Aufl. Berlin / New York: de Gruyter 1999, S. 607.

17 Ebd.

18 Renate Berger: Leben in der Legende. In: Dies. (Hrsg.): *Liebe Macht Kunst. Künstlerpaare im 20. Jahrhundert.* Köln: Böhlau 2000, S. 1–34, hier S. 2.

der verschiedenen Beziehungsformen zu betonen, statt strenge kategoriale Abgrenzungen vorzunehmen. Die Differenz zwischen z. B. Liebesbeziehung und Freundschaft verläuft nämlich durchaus eher graduell als strikt, in manchen historischen Phasen sind sie nahezu identisch.[19]

Den zentralen Rahmen um unseren Paarbegriff bildet der Diskurs der Performativität, wie er in den 2000er Jahren u. a. im SFB „Kulturen des Performativen“ im Kontext verschiedener geistes- und sozialwissenschaftlicher, ästhetischer, kunst- und theaterwissenschaftlicher Disziplinen etabliert wurde.[20] Zwei Perspektiven sind diesbezüglich entscheidend: Zum einen gehen wir davon aus, dass im Anschluss an Theorien des Performativen die Künste nicht einfach nur Paarvorstellungen einer Gesellschaft abbilden, sondern diese vielmehr mithervorbringen, also Imaginationen, Modelle und Wirklichkeiten von Beziehungen entwerfen, die ihrerseits kommentierend, erweiternd, hinterfragend oder bestätigend auf andere gesellschaftliche Bereiche einwirken. Zum anderen verstehen wir Paare selbst als performativ: Das heißt, Paarkonstellationen basieren auf iterativen Vollzügen von gesellschaftlichen Normen und Konventionen, sind aber ebenso ereignishaft bzw. emergent strukturiert. Sie produzieren immer einen Überschuss, ein Mehr, das die Intentionen und zugleich die Individualebene der Beteiligten übersteigt.[21] Überdies produzieren Paare eine (eigene) Wirklichkeit, sind sowohl nach innen als auch nach außen auf Wahrnehmung und Wahrnehmbarkeit ausgerichtet. Sie stehen nicht zuletzt innerhalb eines kulturellen und machttechnologischen Rahmens, der immer mitbestimmt, was und wer überhaupt als Paar gilt; Paarkonzepte und -praktiken sind mithin kulturell und historisch variabel.

19 Vgl. etwa Caroline Arni: Das kultivierte Gefühl. Liebe als Freundschaft in der Ehe um 1900. In: *WerkstattGeschichte* 28 (2001), S. 43–60.

20 Vgl. u. a. folgende Veröffentlichungen des SFB „Kulturen des Performativen“: *Paragrana. Internationale Zeitschrift für Historische Anthropologie* 7,1 (1998): Kulturen des Performativen; *Paragrana* 10,1 (2001): Theorien des Performativen; *Paragrana* 13,1 (2004): Praktiken des Performativen; sowie als Überblick: Erika Fischer-Lichte: *Performativität. Eine Einführung*. Bielefeld: Transcript 2012.

21 Hier trifft sich der performativitätstheoretische Ansatz auch mit soziologischen Ansätzen wie dem von Karl Lenz, der – ohne den Performativitätsdiskurs zu erwähnen – ebenfalls von einer emergenten Qualität sowie von einem wirklichkeitskonstituierenden Charakter von Zweierbeziehungen spricht. Vgl. Lenz: *Soziologie der Zweierbeziehung*, S. 51.

Im ersten Teil unseres Bandes haben wir Beiträge versammelt, welche die historische Dimension von Künstler*innenpaaren stark machen. Auffällig ist eine Konzentration auf die zweite Hälfte des 20. Jahrhunderts: Sei es in Form einer popkulturellen Romantisierung von Künstler*innenpaaren, die kritisiert wird, oder auch einer verstärkten Inszenierung von Partnerschaften insbesondere bei Performancepaaren. Vieles spricht dafür, dass die Öffnung des Kunstfelds für Frauen im 20. Jahrhundert nicht nur zu einer Professionalisierung weiblicher Künstlerinnen geführt hat, sondern auch die Wahrscheinlichkeit erhöhte, dass Künstler*innen zu Paaren wurden und diese Paare wiederum nicht selten das Paarsein selbst problematisierten. Vor allem das Konzept der Partnerschaft, das sich gesellschaftlich seit den 1960er Jahren zunehmend durchsetzte und sich spätestens seit den 1980er Jahren als hegemonial bezeichnen lässt, stand etwa in der feministischen Kunst und in der Performancekunst zur Debatte. In diesem Sinne waren Künstler*innenpaare nicht nur ‚Produkt' gesellschaftlicher Wandlungsprozesse, sondern – so lässt sich vermuten – auch selbst an diesem Wandel beteiligt. Ausgangspunkt von *Magdalena Beljans* Beitrag ist die hohe Konjunktur von Künstler*innenpaaren im Ausstellungskontext seit den 1980er Jahren bis zur Gegenwart, die sie darin begründet sieht, dass Künstler*innenpaaren eine erhöhte Intensität der Gefühle unterstellt wird und sie zu idealen Liebespaaren stilisiert werden. Daran anschließend fragt Beljan, wie man mit Künstler*innenpaaren historisch umgehen kann: Dabei situiert sie die Geschichte von Künstler*innenpaaren einerseits in einer übergeordneten Geschichte und Genealogie der Gefühle, andererseits etabliert sie eine Vorstellung von ‚Künstlerpaaren als historischen Akteuren', die es erlaubt, diese vor allem in ihrer sozialen statt ästhetischen Funktion zu untersuchen. Während sich Beljan eher mit allgemeinen Fragen zum historischen Umgang mit Künstler*innenpaaren auseinandersetzt, steht bei *Nastasia Louveau* eine sehr konkrete Ausstellung im Mittelpunkt, *1&1*, die von Raša Todosijević 1974 am Studentischen Kulturzentrum (SKC) in Belgrad kuratiert wurde. Louveau nimmt die Ausstellung *1&1* zum Ausgangspunkt, um Möglichkeiten der Zweiheit in der Performancekunst sowie grundsätzlich Spielarten des Dialogischen in der Kunst zu betrachten. In exemplarischen Analysen der dort ausgestellten Arbeiten jugoslawischer wie internationaler Künstler*innen, etwa der Selbstinszenierung der Paare als Paar, zeigt Louveau, dass die Frage nach dem Künstler*innenpaar alles andere als eindeutig ist: So weisen die Beispiele eine ganze Bandbreite unterschiedlich hierarchisierter Modelle kooperativer Autorschaft auf. Um Performance-Paare der 1960er und 1970er Jahre geht es auch *Maxi Grotkopp*, die am Beispiel von VALIE EXPORT & Peter Weibel, Günter & Anna Brus und Marina Abramović & Ulay drei unterschiedliche Strategien der (Selbst-)Inszenierung von Performance-Künstler*innenpaaren aufzeigt. Trotz ihrer ästhetischen Heterogenität sei allen gemeinsam, dass sie die performative Dimension von Beziehungen inszenieren. Das Performance-Paar wird so in Grotkopps Analyse nicht nur als ästhetische, sondern auch als historische Figur beschrieben, anhand derer spezifisches Wissen über die Zeit ‚um 1968' gewonnen werden kann.

Ähnlichkeit und Differenz, Nähe und Distanz, Dynamik und Stillstand, Eigenes und Anderes: Konstellationen, die im Mittelpunkt des zweiten Teils stehen, sind der Zweiheit immer schon a priori eingeschrieben, weil sie aus Verhältnissen besteht. Jedes Paar wird dabei immer nur in der spezifischen Konstellation wahrnehmbar und begreifbar, in der es erscheint. Der Begriff der Konstellation betont die prinzipielle Offenheit von Paar-Figurationen, die heterogenste Zeitlichkeiten und Körperlichkeiten in einem nicht-totalitären Ganzen zu versammeln vermögen. Und er macht es möglich, über das Spiel mit der Form auf sich selbst als Konstellation zu verweisen. Die Beiträge des zweiten Teils stellen in diesem Sinne unterschiedlichste Paar-Konstellationen vor, die mit je eigenen ästhetischen Strategien an der Realisierung der Zweiheit arbeiten und sie zugleich nach ihren Grenzen befragen. Mit ganz diversen Figurationen des Paares in der Performance- und Aktionskunst seit den 1970er Jahren bis zur Gegenwart beschäftigt sich *Doris Kolesch*. Anhand dreier unterschiedlicher Paarinszenierungen – der Performance *Rope Piece* von Linda Montano und Tehching Hsieh (1983/84), einem Künstler*innenpaar innerhalb des Künstlerkollektivs Interrobang sowie Joseph Beuys und einem Kojoten in *I like America and America likes me* (1974) – beschreibt sie die performativen Künste als gesellschaftliches und soziales Experimentierfeld, innerhalb dessen nicht nur alternative Formen des (Zusammen-)Arbeitens und des Zusammenlebens erprobt werden können, sondern bei dem auch die

Grenzen des Humanen überschritten werden. *Jenny Schrödls* Beitrag widmet sich diversen Verhandlungen von Zweierbeziehungen und Geschlecht in der Performancekunst. Die von ihr analysierten Beispiele fächern ein Spektrum auf, das von Aushandlungen der Gleichheit in heterosexuellen Beziehungen bis hin zu einem Veruneindeutigen von Geschlecht reicht. Mit der Öffnung des Paarbegriffs auf das Konzept des Duos sowie des Doppelgängers geht es Schrödl zudem darum, Zweierkonstellationen von ihren Rändern her und in Übergängen zu anderen Beziehungsfigurationen zu denken. So gerät mit *Frühlingsopfer* (2014) von She She Pop ein ‚duales Kollektiv' in den Blick und mit der Drag King Performance eines verstorbenen Freundes von Diane Torr ein ‚solistisches Duo'. Die radikalen Strategien und Maßnahmen körperlicher Anähnlichung von Lady Jaye Breyer und Genesis Breyer P-Orridge bilden Ausgangs- und Fluchtpunkt von *Sandra Umathums* Analysen zum Partnerlook. Beginnend bei nicht-künstlerischen Alltagsphänomenen der Zwillingsinszenierung zeigt sie ein Bezugs- und Bedeutungsspektrum des Partnerlooks auf, welches von der Akzentuierung biologischer Zusammengehörigkeit bis hin zur expliziten Ausstellung von Wahlverwandtschaft und *togetherness* reicht. Anhand der künstlerischen Inszenierungen von EVA & ADELE sowie von Lady Jaye Breyer und Genesis Breyer P-Orridge diskutiert sie Möglichkeiten der Transgression von Binarität allgemein und von Heterosexualität und Zweigeschlechtlichkeit im Besonderen. Aus einer dezidiert kunsthistorischen Perspektive nähert sich *Matthias Weiß* dem Paarthema. Dabei beschreibt er Paardarstellungen als gängiges Sujet in der Kunst des 16. bis 21. Jahrhunderts. Weiß wendet einen weiten Paarbegriff an, der nicht nur Ehe- und Freundschaftsabbildungen, sondern auch Schwestern- und Zwillingsabbildungen umfasst. Auf einer zweiten Ebene beschreibt er darüber hinaus, wie die Gegenüberstellung von Paardarstellungen als kunsthistorische Methode funktioniert: Über den Bildervergleich werden neue Bilderpaare konstruiert, die dem Kunsthistoriker wiederum neue Fragen und Deutungsangebote eröffnen.

Der dritte Teil dieses Sammelbands ist unterschiedlichen Formen von Widerständigkeit in Bezug auf Paarkonstellationen in den Künsten (und darüber hinaus) gewidmet. Ausgangspunkt stellt die Annahme dar, dass gerade künstlerische Präsentationen von Zweierbeziehungen in ein kritisches Verhältnis zu hegemonialen Normen und Praktiken von Paaren in einer Gesellschaft treten und dabei auch Vorstellungen von Paaren entwickeln können, die innerhalb einer bestimmten Kultur nur einen kleinen oder sogar gar keinen Platz haben. Ein zentrales Moment ist in diesem Kontext die Kritik und Subversion von normativen Idealen der Heterosexualität und Zweigeschlechtlichkeit. Das Thema der Widerständigkeit schließt zudem die Figur des Dritten in besonderer Weise ein: So kann eine dritte Person oder Instanz eine Paarkonstellation aufbrechen oder kritisch befragen. Inwiefern bestimmte Paarkonstellationen als widerständig oder subversiv verstanden werden können, gegen welche hegemonialen Modelle und Vorstellungen sich mit welchen Mittel gewendet wird und inwieweit andere Formen von Beziehungen entworfen werden – diesen und weiteren Fragen wird in diesem Teil nachgegangen. Der Beitrag von *Josch Hoenes* fokussiert die Übergänge zwischen Kunst und Wissenschaft; er verhandelt zwei Abbildungen von Adam und Eva, einen Stich von Bartholomäus Spranger (1585) und eine Skulptur von Adam und Eva aus Pisa, welche die ersten Seiten des *Bilderteils* von Magnus Hirschfelds *Geschlechterkunde* einnehmen und zugleich in einen starken Widerspruch zu den weiteren Bildern sowie zu den Ansichten Hirschfelds zu treten scheinen. Entsprechend fragt Hoenes nach den (kritischen) Funktionen der beiden Abbildungen im Kontext von Hirschfelds sexualwissenschaftlichem Projekt – diese reichen von der Problematisierung der Natürlichkeit von Geschlecht und Sexualität bis hin zum kritischen Ausstellen des Verhältnisses von Sehen, Wissen und Macht. *Miriam Dreysse* fragt in ihrem Beitrag nach Ansätzen in Theater und Performance, die das Verhältnis von Paarbeziehung und Geschlechtsidentität, von Heteronormativität und Beziehungsmustern hinterfragen. Fündig wird sie hier einerseits beim Künstler*innenpaar deufert&plischke, die mit ihrem Konzept des ‚artistwin' ein Lebens- und Arbeitsmodell der paritätischen Teilhabe praktizieren. Im Theater René Polleschs, das sich durch die konsequente Auslassung der Figur des Paares in der szenischen Darstellung auszeichnet und stattdessen mit Dreierkonstellationen, Gruppen und netzförmigen Beziehungen arbeitet, zeigt Dreysse andererseits Möglichkeitsräume auf, in denen sich das Zwischenmenschliche jenseits von binären Strukturen realisiert. Im Mittelpunkt von *Katharina Pewnys* Aufsatz steht der Topos von „queer love", der anhand der Performance *Alexis. Una tragedia Greca* (2010) von

Motus, des Workshops *Sich neben Antigone bewegen / Kinship and Other Monstrosities* (2007) von deufert&plischke und der Installation *Uncounted* (2015) von Emily Roysdon darauf untersucht wird, inwiefern diese künstlerischen Arbeiten heteronormative Paarkonstellationen und die ihnen innewohnende Geschlechterdifferenz unterlaufen. Eine zentrale Rolle nimmt dabei das Dritte ein, welches die Subversion des Paares in den analysierten Arbeiten wesentlich bedingt. Diese dritte Instanz versteht Pewny in einem sehr weiten Sinne: So könne etwa die Globalisierungskritik bei Motus oder der artistwin, die Arbeitsmethode sowie temporäre Gruppe bei deufert&plischke als Drittes fungieren.

Die Beiträge gehen auf die Tagung „Paare. Zur Performativität von Beziehungen in den darstellenden und bildenden Künsten" im November 2015 an der Freien Universität Berlin zurück, zu der die Dahlem International Network Junior Research Group *Kunst-Paare. Beziehungsdynamiken und Geschlechterverhältnisse in den Künsten* eingeladen hatte. Die Gruppe wird aus den Mitteln der Exzellenzinitiative gefördert und wurde gemeinsam von der Freien Universität Berlin und dem Max-Planck-Institut für Bildungsforschung, Berlin, ab Januar 2015 für drei Jahre eingerichtet – beiden Institutionen sei hiermit sehr herzlich für ihre finanzielle, administrative und personelle Unterstützung gedankt. Persönlich möchten wir hier unseren Dank Doris Kolesch und Ute Frevert aussprechen, die als Initiatorinnen und Mentorinnen ganz grundlegend für die Realisierung unserer interdisziplinär angelegten Gruppe verantwortlich waren. Unser besonderer Dank gilt auch Malwina Miziarska und Johanna Westphal, die uns bei der Durchführung der Tagung und der Drucklegung des Buchs tatkräftig unterstützt haben. Schließlich sei dem Neofelis Verlag sehr herzlich für die Aufnahme und hervorragende Betreuung unseres Buchs gedankt.

Jenny Schrödl, Magdalena Beljan und Maxi Grotkopp
Berlin, im Juni 2017

I.
Historische Perspektiven

Magdalena Beljan

Große Gefühle?

‚Künstlerpaare' und die Geschichte der Liebe

Liebe – was soll das?[1]
Christiane Rösinger

1. Einleitung

Liebe gilt gemeinhin als schönes und positives Gefühl. Doch sie verleiht einer Person auch den Status des Besonderen, hebt sie über alle anderen hinweg und misst ihr eine außerordentliche Funktion zu. In genau diesem Sinne könne man Liebe, so Slavoj Žižek, durchaus als „an extremely violent act" und gesellschaftlich betrachtet als „evil" beschreiben.[2] Wie man Liebe beurteilt, ob als etwas Gutes oder Schlechtes, hängt also sehr vom jeweiligen Standpunkt ab. Aber auch, was Liebe ist, was sie ausmacht und wie sie empfunden wird, scheint von gesellschaftlichen und historischen Bedingungen abhängig zu sein, und darauf weist in den letzten Jahren mit zunehmender Vehemenz die Emotionsgeschichte hin.

Doch unabhängig davon, wie man Liebe definieren oder beurteilen mag: Allem voran handelt es sich offenbar um ein sehr komplexes und

1 Christiane Rösinger: *Liebe wird oft überbewertet. Ein Sachbuch*. Frankfurt am Main: Fischer 2015, S. 194.

2 Slavoj Žižek, in: *Žižek!* (US / CDN 2005, R: Astra Taylor), 0:02:05–0:02:25.

umfangreiches Phänomen. Die westliche Kunst, Literatur und Musik sind voll von gescheiterten und unerfüllten Liebesbeziehungen. Aber auch Kunstschaffende selbst gehen ‚intime Beziehungen' ein. Und diese üben – wie bereits an der Menge von Anthologien und Ausstellungen zum Thema deutlich wird – ganz offensichtlich auf viele Menschen eine immense Faszination aus.[3] Dabei wird Künstlerpaaren wie Marina Abramović & Ulay, Frida Kahlo & Diego Rivera, Lee Krassner & Jackson Pollock, Max Ernst & Dorothea Tanning und vielen mehr eine besondere ‚Intensität' der Gefühle unterstellt – nicht nur, was die eigenen Emotionen anbelangt, sondern auch, was ihre Gefühle füreinander betrifft. Und aus dieser Intensität wiederum ergebe sich ihre besondere Kreativität.[4] Vor allem Künstlerpaare des 20. Jahrhunderts werden so zu ‚idealen Liebespaaren' stilisiert, die dem romantischen Ideal von Verschmelzung und Autarkie entsprechen. Fast scheint es dabei irrelevant, ob Künstler und Künstlerinnen ‚nur' in einer Beziehung mit einem anderen Künstler oder einer anderen Künstlerin leb(t)en oder ob sie darüber hinaus auch noch zusammen arbeit(et)en.

Doch nicht nur Ausstellungen, Filme und Bücher erforschen das ‚Liebesleben' und die Arbeit von Künstlerpaaren. Auch in der Forschungsliteratur gibt es ein reges Interesse an solchen Paaren. Die Kunsthistorikerin Annegret Friedrich spricht deshalb von einer

3 Vgl. exemplarisch Renate Berger (Hrsg.): *LIEBE MACHT KUNST. Künstlerpaare im 20. Jahrhundert.* Köln: Böhlau 2000; Mark Gisbourne (Hrsg.): *Künstlerpaare. Double Act.* München: Prestel 2007; Barbara Schaefer / Andreas Blühm (Hrsg.): *Künstlerpaare. Liebe, Kunst und Leidenschaft.* Ostfildern: Hatje Cantz 2008. Der Sammelband erschien anlässlich der gleichnamigen Ausstellung im Wallraff-Richartz-Museum & Fondation Corboud, Köln. An Ausstellungen alleine aus der jüngsten Vergangenheit vgl. exemplarisch: *Sweathearts: Artist Couples,* 21.03.–21.04.2012, Pippy Houldsworth Gallery, London; *A Beautiful Confluence: Anni and Josef Albers and the Latin American World,* 28.10.2015–21.02.2016, Museum of Culture, Mailand; *The World of Charles and Ray Eames,* 21.10.2015–14.02.2016, Barbican Art Gallery, London; *Liebe in Zeiten der Revolution. Künstlerpaare der russischen Avantgarde,* 14.10.2015–31.01.2016, Kunstforum Wien.

4 Implizit argumentieren so etwa Whitney Chadwick / Isabelle de Courtivron: Introduction. In: Dies. (Hrsg.): *Significant Others. Creativity & Intimate Partnership.* London: Thames & Hudson 1993, S. 7–13. Vgl. aber auch etwa die Inszenierung und Romantisierung von Abramović und Ulay in dem Dokumentarfilm *Marina Abramović – The Artist Is Present* (US 2012, R: Matthew Akers). Zu Abramović & Ulay vgl. auch Maxi Grotkopp: Work Love Not War! Performance-Paare in den 1960er und 1970er Jahren, in diesem Band.

„Konjunktur des Themas" seit den 1980er Jahren.[5] Dabei werde eine „Biographik im Doppelpack" betrieben, bei der die „Ideologie des Großen Paares" die realen Verhältnisse bzw. „die eklatante Bevorzugung von Männern" verschleiere.[6] Friedrich weiter: „Der Mythos vom Künstlerpaar steht sodann für androgyne Totalität, yin-und [sic!] yang-Einheitlichkeit und Vollkommenheit."[7] Mit anderen Worten: Künstlerpaare werden als gleichberechtigte Gemeinschaften romantisiert, die das Ideal moderner Partnerschaften zu verkörpern scheinen. Ihnen wird unterstellt, alternative Formen von Beziehungen, andere Formen des emotionalen Austauschs und der Zusammenarbeit gelebt zu haben bzw. zu leben. Brüchig wird dieses Bild jedoch, wenn man sich die tatsächlichen Biografien der Paare anschaut: Der genaue Blick wird nicht selten zur Demontage. Wenig bleibt übrig vom Bild des Künstlerpaares, bei dem zwei gleichberechtigte und stets innig verbundene Subjekte eine idealisierte Partnerschaft leb(t)en.[8]
Im folgenden Beitrag möchte ich danach fragen, wie es zu so einer ‚Konjunktur' kommen konnte, und einen Vorschlag machen, wie man historisch mit Künstlerpaaren umgehen kann. Dazu werde ich in einem ersten Schritt auf die Genealogie von Gefühlen eingehen und aufzeigen, was die Beschäftigung mit Künstlerpaaren zu einer Geschichte der Gefühle beitragen kann. In einem zweiten Schritt schlage ich vor, ‚Künstler' als historische Akteure zu betrachten und Künstlerpaare hinsichtlich ihrer sozialen Funktion im Feld der Kunst zu untersuchen. In einem dritten Schritt geht es mir dann darum, beide Aspekte zusammen zu denken und Perspektiven zu eröffnen.

2. Zur Genealogie der Gefühle

Obwohl bekannt ist, dass Gefühle unterschiedlich definiert und empfunden werden können, werden sie im Alltag häufig als gegeben, universell und unveränderlich betrachtet. Dagegen lassen sich bestimmte

5 Annegret Friedrich: Biographik im Doppelpack – einige polemische Bemerkungen zur Konjunktur des Künstlerpaares. In: *Zeitschrift für Geschlechterforschung und visuelle Kultur* 25 (1998), S. 6–15, hier S. 6.

6 Ebd., S. 11.

7 Ebd., S. 12.

8 Zur Kritik vgl. ebenfalls Linda Nochlin: Wenn Künstler Paare sind. In: Schaefer / Blühm (Hrsg.): *Künstlerpaare*, S. 10–11.

Tendenzen beobachten, wie in vielen Wissenschaften derzeit über sie gesprochen wird: Erstens, Gefühle werden entgegen dem Alltagsverständnis nicht mehr einfach der Vernunft gegenübergestellt. Zweitens, Gefühle werden nicht länger als ein bestimmter Ausdruck oder als eine bestimmte innerliche Verfasstheit, sondern als soziale Praktik bzw. soziales Phänomen aufgefasst. Und drittens, Gefühle werden als kulturell und historisch variabel verstanden.[9]

Die Gefühlsgeschichte folgt diesen Tendenzen, bietet aber auch eigenständige Theorieangebote und Ansätze: so etwa William Reddys Idee von *emotives* als dem versprachlichten Ausdruck von Gefühlen[10] oder Peter N. und Carol Z. Stearns Konzept der *emotionology*,[11] also der Gefühlsnormen und -regeln, oder Barbara Rosenweins Beschreibung von *emotional communities*, sozialen Gemeinschaften, die bestimmte und dieser Gemeinschaft spezifische Gefühlssysteme herausbilden.[12] Gemeinsam ist aber allen Ansätzen, dass der Schwerpunkt darauf liegt, Gefühle als soziale Praktiken zu begreifen. Monique Scheer, Pascal Eitler und Bettina Hitzer sprechen daher auch von „emotional practices", also emotionalen Praktiken.[13] Die zentrale Grundannahme der Gefühlsgeschichte ist, so Ute Frevert, dass Gefühle „geschichtsmächtig" einerseits und „geschichtsträchtig" andererseits seien. Das heißt, einerseits „machen [Gefühle] Geschichte", denn

9 Hier folge ich Nina Verheyen: Geschichte der Gefühle. Version 1.0. In: *Docupedia-Zeitgeschichte*, 18.06.2010, S. 3–4. http://docupedia.de/zg/Geschichte_der_Gef%C3%BChle (Zugriff am 03.01.2017).

10 William M. Reddy: *The Navigation of Feeling. A Framework for the History of Emotions.* Cambridge: Cambridge UP 2001.

11 Peter N. Stearns / Carol Z. Stearns: Emotionology. Clarifying the History of Emotions and Emotional Standards. In: *The American Historical Review* 90,4 (1985), S. 813–830.

12 Allerdings haben sich die meisten dieser Ansätze nicht aus der Beschäftigung mit der Geschichte des 20. Jahrhunderts herausgebildet oder profiliert. Ob sich diese Modelle auf moderne Gesellschaften übertragen lassen, ist von daher noch unklar. Für eine gemeinsame Betrachtung vgl. auch: Wie schreibt man die Geschichte der Gefühle? William Reddy, Barbara Rosenwein und Peter Stearns im Gespräch mit Jan Plamper. In: *Werkstatt-Geschichte* 54 (2010), S. 39–69.

13 Pascal Eitler / Bettina Hitzer / Monique Scheer: Feeling and Faith – Religious Emotions in German History. In: *German History* 32,3 (2014), S. 343–352, hier S. 345, 350–352. Vgl. auch Monique Scheer: Are Emotions a Kind of Practice (and Is That What Makes Them Have a History)? A Bourdieuian Approach to Understanding Emotion. In: *History & Theory* 51,2 (2012), S. 193–220.

> [s]ie motivieren soziales Handeln, setzen Menschen individuell und kollektiv in Bewegung, formen Gemeinschaften und zerstören sie, ermöglichen Kommunikation oder brechen sie ab. Sie beeinflussen den Rhythmus und die Dynamik sozialen Handelns. Sie entscheiden mit über Krieg und Frieden.[14]

Andererseits, so Frevert weiter, „machen [Gefühle] nicht nur Geschichte, sie haben auch eine. Sie sind keine anthropologischen Konstanten, sondern verändern sich in Ausdruck, Objekt und Bewertung."[15] In diesem Sinne sind Emotionen eben nicht universell und unveränderlich, sondern sie haben eine Geschichte.

Bei der Geschichte der Gefühle geht es aber nicht nur darum, sich mit verschriftlichten oder verbildlichten Repräsentationen, also mit Vorstellungen und Imaginationen von Gefühlen auseinanderzusetzen. Vielmehr werden Gefühle als soziale und historische Konstrukte betrachtet. Das heißt aber keineswegs, dass es Gefühle eigentlich gar nicht gebe und sie nur ‚erdacht' oder imaginiert seien. Vielmehr geht es aus einer konstruktivistischen Perspektive um die „politischen Einsätze", die auf dem Spiel stehen, wenn Kategorien „als Ursprung und Ursache bezeichnet werden, obgleich sie in Wirklichkeit Effekte von Institutionen, Verfahrensweisen und Diskursen mit vielfältigen und diffusen Ursprungsorten sind", wie Judith Butler es mal formuliert hat.[16] Bei Butler ging es um Identitäten und um Subjektivierungsprozesse, aber ihr Argument trifft auch hier: Davon auszugehen, dass Gefühle konstruiert sind, ist politisch, methodisch und erkenntnistheoretisch radikaler als anzunehmen, dass sie gesellschaftlich und historisch nur formiert seien. Gleichzeitig dient diese Radikalisierung dazu, Gefühle als ‚natürlich' und ‚ursprünglich' entmystifizieren zu können.

Bleibt die Frage: Wie kann man Wissen über die Geschichte von Gefühlen und über die Geschichte der Liebe im Besonderen erlangen? Butler schreibt, dass es keine Position außerhalb des von Sprache und Politik gebildeten Feldes der Macht gebe, „sondern nur die

14 Ute Frevert: Was haben Gefühle in der Geschichte zu suchen? In: *Geschichte und Gesellschaft* 35,2 (2009), S. 183–208, hier S. 202.

15 Ebd.

16 Judith Butler: *Das Unbehagen der Geschlechter*. Frankfurt am Main: Suhrkamp 2003, S. 9.

kritische Genealogie seiner Legitimationspraktiken."[17] In diesem Sinne kann es nicht darum gehen, was Gefühle ‚tatsächlich' sind, was an ihnen ‚authentisch' ist, sondern darum, die jeweiligen historischen und politischen Legitimationsstrategien und -praktiken zu beschreiben. Es geht also weniger um die Frage, wie intensiv die jeweiligen Gefühle zwischen den jeweiligen Künstlern und Künstlerinnen ‚tatsächlich' waren, als über die Verhandlung von Gefühlen spezifische Modi der Subjektkonstitution und der sozialen Nahbeziehungen in den Blick zu bekommen. Diese nachzuzeichnen, ist ein genealogisches Verfahren.

In diesem Sinne muss das Konzept der romantischen Liebe, auf das sich zahlreiche Darstellungen von Künstlerpaaren indirekt berufen, selbst historisiert werden. Die Historikerinnen Ingrid Bauer und Christa Hämmerle haben betont, dass es sich bei der romantischen Liebe um eine „kulturelle[] Leitidee [handle], die in Europa [...] erst im Laufe des 19. Jahrhunderts eine hegemoniale Stellung"[18] erhalten habe. Während das vorromantische Liebesideal noch eine „gewisse Egalität der Geschlechter" postuliert habe, sei das bürgerliche Geschlechterverhältnis ganz klar auf Dichotomie und Hierarchie angelegt gewesen. Liebe konnte so „zum ‚Fallstrick', zum besonders starken Moment einer Unterdrückung von Frauen" werden.[19] Spätestens in der zweiten Hälfte des 20. Jahrhunderts ist neben dieses Modell der romantischen Liebe noch das der partnerschaftlichen Beziehung getreten,[20] welches gerade für Künstlerpaare aus der zweiten Hälfte des 20. Jahrhunderts eine große Rolle zu spielen scheint.

Gemeinhin gelten die späten 1960er Jahre bzw. die Zeit um ‚1968' als Phase des Umbruchs und einer zunehmenden Liberalisierung von Geschlechterbeziehungen und Paarkonstellationen. Aktuellere

17 Butler: *Das Unbehagen der Geschlechter*, S. 20.

18 Ingrid Bauer / Christa Hämmerle: Editorial. In: *L'Homme* 24,1 (2013), S. 5–14, hier S. 8.

19 Ebd.

20 Zum noch jüngeren Konzept der Freundschaft in der Ehe vgl. Caroline Arni: Das kultivierte Gefühl. Liebe als Freundschaft in der Ehe um 1900. In: *WerkstattGeschichte* 10,28 (2001), S. 43–60. Zum Konzept der romantischen Liebe und seiner Geschichte vgl. vor allem William M. Reddy: *The Making of Romantic Love. Longing and Sexuality in Europe, South Asia & Japan, 900 – 1200 CE*. London: University of Chicago Press 2012.

Arbeiten hinterfragen jedoch diese These und verweisen auf vielschichtigere Prozesse, wie etwa der zunehmenden Ökonomisierung von Partnerschaften, bei der die Arbeit an der Beziehung auch Arbeit am Selbst und an den eigenen Gefühlen bedeutet.[21] Denn nachdem die Ehe im 20. Jahrhundert mehr und mehr als hegemoniales Beziehungskonzept an Bedeutung verloren hatte, wurden Partnerschaften als soziale Beziehungen gedacht, die nicht gegeben sind, sondern die nach Arbeit verlangten: Beziehungsarbeit. Gefühle sind in diesem Konzept nicht einfach ‚da', sondern Teil eines Aushandlungsprozesses. Erst „[m]it dem Aufstieg der Subjekt-Figur des ‚Singles' als gesellschaftlich verbreiteter und zunehmend akzeptierter Lebensweise", so der Historiker Jens Elberfeld, „büßte die Partnerschaft an ehedem utopischen Gehalt ein."[22] Vieles spricht dementsprechend dafür, dass das Künstlerpaar auch deshalb zum beliebten Forschungsobjekt werden konnte, weil das Konzept der Partnerschaft spätestens seit den 1980er Jahren hegemonial wurde.
Doch möchte ich Beziehungen nicht einfach als Repräsentationen von bestehenden Geschlechterverhältnissen verstehen, sondern sie müssen in ihrer alltäglichen performativen Dimension betrachtet werden. Dabei muss danach gefragt werden, ob Künstlerpaare zur Stabilisierung oder eher zur Destabilisierung bestimmter Geschlechterverhältnisse beitragen und welche Rolle Emotionen dabei spielen. Vieles spricht dafür, dass vor allem Künstlerpaare der zweiten Hälfte des 20. Jahrhunderts wie Marina Abramović & Ulay, Gilbert & George, Pierre et Gilles nicht nur die Verflechtung von Arbeit und Beziehung paradigmatisch inszenieren und so veränderte Geschlechterverhältnisse thematisieren, sondern dass sie viel allgemeiner gesprochen auf ein verändertes Verständnis von Arbeit, Kunst und Selbst verweisen.

21 Vgl. vor allem den sehr erhellenden Beitrag von Jens Elberfeld: Subjekt/Beziehung: Patriarchat – Partnerschaft – Projekt. Psychowissen und Normalisierungspraktiken im Diskurs der Paartheraphie (BRD 1960–1990). In: Maik Tändler / Uffa Jensen (Hrsg.): *Das Selbst zwischen Anpassung und Befreiung. Psychowissen und Politik im 20. Jahrhundert.* Göttingen: Wallstein 2012, S. 85–114.

22 Ebd., S. 110–111.

3. Künstler als (historische) Akteure

Im Liebesdiskurs des späten 19. und 20. Jahrhunderts wird der Kunst – etwa der Literatur und Musik, aber auch der bildenden Kunst – gemeinhin eine große Rolle beigemessen.[23] Sie wird als Repräsentantin bestehender Verhältnisse oder umgekehrt als Vorreiterin bestimmter gesellschaftlicher Wandlungsprozesse gedeutet. In diesem Sinne wird Kunst als Quelle für den (romantischen) Liebesdiskurs herangezogen. Neben der mehr als fragwürdigen Praxis, Kunst dabei nicht in ihrer performativen Dimension ernst zu nehmen, geraten auch Kunstproduzenten selbst selten in den Fokus. Abfällig wird die Beschäftigung mit ihnen und ihren sozialen Beziehungen als Biografismus beschrieben oder – weniger wertend – ins Feld der Kunstsoziologie verwiesen.

Im Folgenden möchte ich danach fragen, wie aus einer historisch und soziologisch reflektierten Perspektive mit ‚Künstlern' und ‚Künstlerpaaren' (jeglichen Geschlechts) als historischen und sozialen Akteuren umgegangen werden kann. Weniger ein kunsttheoretischer als vielmehr ein dezidiert historischer Ansatz steht im Fokus. Letztendlich geht es damit aber auch um die Frage nach der gesellschaftlichen und historischen Funktion von Kunst: Inwiefern reproduzieren, aber vor allem produzieren Künstlerpaare Geschlechterbilder und klassische Beziehungsdynamiken? Wie werden diese mitunter in Frage gestellt? Und welche Rolle spielen Gefühle und Beziehungskonzepte, insofern man sie nicht als gegeben begreift, sondern sie in ihrer soziokulturellen und historischen Spezifität betrachtet?

Systemtheoretisch lässt sich Kunst als soziales Teilsystem in einer funktional ausdifferenzierten Gesellschaft beschreiben. „[D]ie Funktion von Kunst", so Niklas Luhmann, liegt „in der Konfrontation der (jedermann geläufigen) Realität mit einer anderen Version derselben Realität".[24] Die beiden Literaturwissenschaftler Gerhard Plumpe und Niels Werber bringen das auf den Punkt, wenn sie formulieren: „[A]lles was sozial ist – so zwingend und alternativlos es sich

23 Vgl. exemplarisch Niklas Luhmann: *Liebe als Passion. Zur Codierung von Intimität.* Frankfurt am Main: Suhrkamp 2009.

24 Niklas Luhmann: Das Kunstwerk und die Selbstreproduktion der Kunst. In: Hans Ulrich Gumbrecht / Karl Ludwig Pfeiffer (Hrsg.): *Stil. Geschichten und Funktionen eines kulturwissenschaftlichen Diskurselements.* Frankfurt am Main: Suhrkamp 1986, S. 620–672, hier S. 622–623.

auch generieren mag –, ist auch anders möglich."[25] Und genau diese Alternativen werden im gesellschaftlichen Subsystem Kunst gezeigt. Insofern muss man es nicht unbedingt als Fehlleistung interpretieren, wenn die Funktion von Kunst – nämlich Alternativen aufzuzeigen – auf das Leben von Künstlern und Künstlerinnen und auf ihre Beziehungen übertragen wird, sondern als Teil der Systemlogik. Sabine Kampmann hat den vor allem in der Literaturtheorie weiter ausgearbeiteten Ansatz der Systemtheorie für die Kunsttheorie fruchtbar gemacht. Kampmann fasst ‚Künstler' nicht als ontologische Kategorie auf, sondern betont den vielschichtigen Prozess und schlägt den Begriff der „Autorschaft" vor, da es mit diesem „leichter möglich [sei], nach den Funktionen zu fragen, welche die verschiedenen Künstlerbilder und -beschreibungen für die unterschiedlichen gesellschaftlichen Kontexte übernehmen."[26] Damit schließt sie unübersehbar an poststrukturalistische Ansätze, vor allem an die Arbeiten von Michel Foucault und Roland Barthes, an. Nach Foucault liegt die Autorfunktion in der Herstellung einer Einheit.[27] Diese Perspektive betont den Prozess der Subjektivierung und die historisch variable Semantik dessen, was ‚Künstler sein' ausmacht. Auch Kampmann geht von einer Produktion von ‚Autorschaft' in der bildenden (Gegenwarts-)Kunst aus. „Künstler sein" sei prozessual, so Kampmann, ein „Gemacht-Werden und Sich-Selber-zum-Künstler-Machen".[28] Die Subjektivität von Künstlern sei allerdings keineswegs beliebig (und zumeist männlich gedacht), zumal „im 19. Jahrhundert eine Tendenz weg von der Verehrung des künstlerischen Werks, hin zu einer Verehrung des Künstlers selbst zu verzeichnen"[29] sei.

25 Gerhard Plumpe / Niels Werber: Literatur ist codierbar. Aspekte einer systemtheoretischen Literaturwissenschaft. In: Dies. (Hrsg.): *Literaturwissenschaft und Systemtheorie. Positionen, Kontroversen, Perspektiven*. Opladen: Westdeutscher Verlag 1993, S. 9–43, hier S. 27.

26 Sabine Kampmann: *Künstler sein. Systemtheoretische Beobachtungen von Autorschaft: Christian Boltanski, Eva & Adele, Pipilotti Rist, Markus Lüpertz*. München: Fink 2006, S. 8.

27 Vgl. Michel Foucault: Was ist ein Autor? In: Ders.: *Botschaften der Macht. Der Foucault-Reader. Diskurs und Medien*, hrsg. v. Jan Engelmann. Stuttgart: DVA 1999, S. 30–48.

28 Kampmann: *Künstler sein*, S. 8.

29 Ebd., S. 28.

Der Künstler als Star. Diesen Gedanken hat wiederum Andreas Reckwitz weitergedacht, der davon ausgeht, dass sich ab Mitte der 1970er Jahre ein Dispositiv herausgebildet habe, das Menschen – auch Menschen außerhalb des künstlerischen Felds – permanent dazu auffordere, ‚kreativ' zu sein.[30] Reckwitz spricht auch von der „doppelte[n] Bedeutung" von Kreativität:

> Zum einen verweist sie auf die Fähigkeit und die Realität, dynamisch Neues hervorzubringen. Kreativität bevorzugt das Neue gegenüber dem Alten, das Abweichende gegenüber dem Standard, das Andere gegenüber dem Gleichen. Diese Hervorbringung des Neuen wird nicht als einmaliger Akt gedacht, sondern als etwas, das immer wieder und auf Dauer geschieht. Zum anderen nimmt Kreativität Bezug auf ein Modell des ‚Schöpferischen', das sie an die moderne Figur des Künstlers, an das Künstlerische und Ästhetische insgesamt zurückbindet.[31]

Von daher ist es auch nicht weiter verwunderlich, dass ‚der Künstler' als Figur nicht von seinem ‚Werk' getrennt wird. Reckwitz:

> Der Künstler ist wie sein Werk stattdessen Gegenstand einer kulturellen Auratisierung: Er erscheint als Individuum, das zu einer außeralltäglichen Perzept- und Affektproduktion fähig ist und sich darin einer graduellen Leistungsbewertung entzieht.[32]

Das Paarsein kann bei Künstlern und Künstlerinnen wie Gilbert & George, Pierre et Gilles, Christo and Jean-Claude als Teil der Künstleridentität bzw. -subjektivität beschrieben werden. Sie treten dezidiert gemeinsam als ‚Urheber' ihrer Arbeiten in Erscheinung. Darüber hinaus gibt es aber auch vor allem im frühen 20. Jahrhundert solche Künstlerpaare, bei denen zwar beide in demselben künstlerischen Feld arbeiteten, aber gemeinsam nur als Liebespaar auftraten. Dazu zählen etwa Max Ernst & Dorothea Tanning, Raoul

30 Andreas Reckwitz: *Die Erfindung der Kreativität. Zum Prozess gesellschaftlicher Ästhetisierung.* Berlin: Suhrkamp 2012, S. 15.

31 Ebd., S. 10.

32 Ebd., S. 63.

Hausmann & Hannah Höch, Man Ray & Lee Miller, Alfred Stieglitz & Georgia O'Keeffe. Diese Künstler und Künstlerinnen waren alle mehr oder minder unabhängig voneinander tätig. Dabei ist es gerade dieses ‚mehr oder minder', das sie für eine Geschichte der Arbeit und der Gefühle interessant macht. Denn auffällig ist, dass sich alle Paare stark über ihre Arbeit austauschten, auch wenn sie nicht unmittelbar zusammenarbeiteten, und zum Teil erst darüber zu Liebespaaren wurden.[33]

Nun, was macht man mit Künstlerpaaren in ihrer großen historischen, aber auch individuellen Vielfalt? Verweist man sie in das Feld der Popkultur oder tut sie als zeitgenössischen Kitsch ab? Betrachtet man Künstler und in diesem Sinne auch Künstlerpaare als historische Akteure, dann kann es weniger um eine ‚Rehabilitierung' des Künstlerpaares als analytisches Konzept für einen biografistischen Ansatz gehen, als darum zu fragen, wie Künstler und Künstlerinnen Beziehungen eingingen, welche Rolle Gefühle dabei spielten, welche Netzwerke sie bildeten und wie sie sich gegenseitig beeinflussten. Künstler und Künstlerinnen als Akteure zu betrachten, hieße ebenfalls, sich von einem emphatischen Begriff des ‚Künstlers' zu verabschieden und sich vielmehr auf spezifische Modi der Subjektivierung zu konzentrieren und diese zu untersuchen.

4. Ausblick

Ganz offensichtlich gibt es also jenen Mythos vom Künstlerpaar, der sich historisch mit dem seit den 1980er Jahren hegemonialen Konzept von Partnerschaft, aber auch mit der verstärkten künstlerischen Auseinandersetzung mit dem Paarbegriff erklären lässt.[34] Andererseits gibt es historisch betrachtet – zumindest im Feld der

33 Zum Austausch über Kunst bei Künstlerpaaren vgl. etwa Ines Lindner: Medium – Geschlecht – Moderne. Georgia O'Keeffe und Alfred Stieglitz. In: Berger: *LIEBE MACHT KUNST*, S. 227–247; Renée Riese Hubert: Sophie Taeuber and Hans Arp: A Community of Two. In: *Art Journal* 52,4 (1993), S. 25–32.

34 Auch Carola Muysers spricht davon, dass Paare wie Gilbert & George „dem Paarmotiv einen künstlerisch-ästhetischen Wert [hätten] angedeihen lassen." (Carola Muysers: Das Sinnbild Zwilling – Kunst, Kreativität und Autorschaft von Künstlerpaaren heute. In: Berger: *LIEBE MACHT KUNST*, S. 435–448, hier S. 436.)

bildenden Kunst, aber auch in dem der Gestaltung – tatsächlich seit der Jahrhundertwende auch zunehmend mehr Paare, bei denen beide künstlerisch tätig sind. Denn auch wenn eventuell schon früher Künstler und Künstlerinnen zusammengewohnt und -gearbeitet haben mögen: Paare wie die beiden niederländischen Maler Judith Leyster & Jan Miense Molenaer aus dem 17. Jahrhundert oder die beiden französischen Bildhauer Camille Claudel & Auguste Rodin aus dem 19. Jahrhundert stellen die Ausnahme dar. Doch dann, um 1900, scheint es eine ‚Explosion' an Künstlerpaaren im Bereich der bildenden Kunst zu geben: Max & Minna Beckmann, Lovis Corinth & Charlotte Corinth-Berend, Wassily Kandinsky & Gabriele Münter, Paula Modersohn-Becker & Otto Modersohn, um nur einige Beispiele zu nennen.[35] Vor allem im Feld der bildenden Kunst scheinen Künstlerpaare, historisch betrachtet, ein noch recht junges Phänomen des frühen 20. Jahrhunderts darzustellen – ganz im Gegensatz etwa zu Musikerehepaaren, die bereits im 19. Jahrhundert weit verbreitet waren.[36] Eine mögliche Erklärung dafür ist denkbar einfach: Vor Anfang des 20. Jahrhunderts war es Frauen aufgrund ihres Ausschlusses aus der akademischen Welt fast unmöglich, eine künstlerische Ausbildung jenseits von privaten Malschulen zu erhalten. Kunstakademien in Deutschland wurden erst kurz nach dem Ersten Weltkrieg für sie geöffnet. Das heißt, dass Frauen nur Malkurse an privaten Kunstschulen absolvieren, nicht aber an Kunstakademien studieren konnten. Künstlerinnen, wie Paula Modersohn-Becker, waren eindeutig in der Minderheit zu Beginn des 20. Jahrhunderts und wurden abfällig als „Malweiber" bezeichnet.[37] Erst mit der Öffnung des

35 Baumgärtel wiederum betrachtet Lehrer-Vater und Schülerin-Tochter-Beziehungen als erste Künstlerpaare. Bettina Baumgärtel: Künstlerpaare des 18. Jahrhunderts. In: Schaefer / Blühm (Hrsg.): *Künstlerpaare*, S. 34–47, hier S. 35. Und Muysers wiederum spricht umgekehrt von einer „Krisenzeit" für das Künstlerpaar um 1900 – allerdings nicht aus einer quantitativen, sondern vielmehr aus einer qualitativen Perspektive. Vgl. Muysers: Das Sinnbild, S. 436.

36 Darauf verweist Christine Fornoff in ihrem DFG-Projekt „Paare und Partnerschaftskonzepte in der Musikkultur des 19. Jahrhunderts". Vgl. den leider bislang unveröffentlichten Vortrag von ihr: The German-speaking Discourse on the Musician Marriage (Musikerehe) in the Long 19th Century. German Studies Conference, San Diego (USA), 30.10.2016.

37 Vgl. Katja Behling / Anke Manigold: *Die Malweiber. Unerschrockene Künstlerinnen um 1900.* Berlin: Insel 2014.

Feldes für Frauen entstanden vermehrt Netzwerke und soziale Beziehungen in den bildenden Künsten, in denen aus Künstlern auch Paare wurden.

Um ein weiteres Beispiel zu geben: Das Feld der Gestaltung bzw. des Design war Anfang des 20. Jahrhunderts ein noch junges bzw. relativ offenes Feld, das durch seine Nähe zum Handwerk eine größere Transparenz für Frauen bot. So lernten sich z. B. erstaunlich viele Künstler und Künstlerinnen durch das Studium bzw. durch die Arbeit am Staatlichen Bauhaus in Weimar bzw. später in Dessau kennen. Gleichzeitig stellen die Paare am Bauhaus aber auch keine ‚klassischen' Künstlerpaare dar, wie sie in Ausstellungen und Dokumentationen bislang porträtiert worden sind, sondern sie gehören in der Regel – mit Ausnahme von Anni & Josef Albers – zu den eher unbekannten Künstlerpaaren.[38] Auch unterschieden sich die meisten Paare aus dem Kontext des Bauhauses in einem Punkt ganz grundlegend von vielen anderen Künstlerpaaren aus dem frühen 20. Jahrhundert: Viele waren in etwa gleich alt und lernten sich als Studenten kennen.[39] Neben Josef & Anni Albers waren das beispielweise auch Alfred & Gertrud Arndt, Herbert & Irene Bayer, Marianne & Erik Brandt, Etel Fodor-Mittag & Ernst Mittag, Hannes Meyer & Lotte Beese, László & Lucia Moholy-Nagy, Lou Scheper-Berkenkamp & Hinnerk Scheper, Ricarda & Heinz Schwerin, Hans & Elsa Thiemann, Gunta Stölzl & Arie Sharon, aber auch Walter & Ise Gropius. Letztere wird zwar gemeinhin nicht als eigenständige Künstlerin bzw. Gestalterin gezählt, aber sie galt am Bauhaus nicht nur als Organisatorin, sondern sie lektorierte auch Gropius' Artikel und Vorträge und war von daher an der theoretischen Ausrichtung des Bauhauses mitbeteiligt.[40] Mit anderen Worten: Ob also ‚intime Beziehungen' zwischen

38 Zu den Paaren am Bauhaus vgl. auch Magdalena Droste: *Bauhaus 1919–1933. Reform und Avantgarde.* Köln: Taschen 2015, S. 28–29.

39 Bei zahlreichen anderen Künstlerpaaren jenseits des Bauhauses war dagegen der Altersunterschied sehr groß. Klaus von Beyme spricht deshalb auch von starken „Asymmetrien" bei den meisten Künstlerpaaren. Klaus von Beyme: *Das Zeitalter der Avantgarden. Kunst und Gesellschaft 1905–1955.* München: Beck 2005, S. 143–153.

40 Vgl. u. a. Droste: *Bauhaus 1919–1933.* Zu Josef und Anni Albers vgl. auch Nicholas Fox Weber: Anni und Josef Albers. Gemeinsames Leben, gemeinsames Arbeiten. In: Josef Helfenstein / Henriette Mentha (Hrsg.): *Josef und Anni Albers. Europa und Amerika. Künstlerpaare – Künstlerfreunde.* Köln: DuMont 1998, S. 30–35.

Künstlern und Künstlerinnen verbreitet waren oder auch nicht –, ab wann sie vermehrt auftauchten, wo sie sich trafen usw., hängt eindeutig davon ab, welches Feld man sich anschaut und wie durchlässig dieses für Frauen war.

Dabei die Perspektive der Subjektivierung bzw. Subjektwerdung einzunehmen, heißt aber keineswegs, soziale Faktoren auszublenden, sondern sie umgekehrt zu einem wichtigen Bestandteil der Analyse zu machen. ‚Künstler sein' stellt keinen linearen Prozess dar, ganz im Gegenteil: Ambivalenzen und Brüche sind Teil dieses Prozesses und auch widersprüchliche Erfahrungen können dazu gehören. Ebenso basieren aktuellere Ansätze in der Geschichtswissenschaft auf einem Verständnis von Gefühlen, das die Vorstellung eines autonomen Subjekts unterläuft. Emotionen werden dabei, so etwa die Historikerin Daniela Saxer, als „Bestandteil gesellschaftlicher Handlungs- und Deutungszusammenhänge"[41] betrachtet. Gefühle stellen nicht authentische Äußerungen des Subjekts dar, sondern, so Saxer weiter: „Emotionen können vielmehr als eine Schnittstelle zwischen Innen und Außen der Person verstanden werden, ja sogar als ein Phänomen, anhand dessen gesellschaftliche Innen- und Außenräume erst hergestellt werden."[42]

Doch was heißt das nun für eine Beschäftigung mit Künstlerpaaren? Es heißt, den performativen Prozess des ‚Künstler seins', aber ebenso des ‚Paar seins' ernst zu nehmen, ohne moderne Ideologien zu reproduzieren oder plump entlarven zu wollen. Welche Rolle genau Emotionen für diese Prozesse spielen, ist noch zu beantworten. Wenig fruchtbar scheint es aber, von einer bloßen Reproduktion von Geschlechterverhältnissen in den Künsten auszugehen, als vielmehr von einer Produktion. Statt also den Brüchen zwischen der Vorstellung über bestimmte Künstlerpaare und den jeweiligen Biografien nachzugehen, bietet es sich an, konkrete Praktiken und dabei auch emotionale Praktiken näher in den Blick zu nehmen: das heißt, etwa danach zu fragen, wie gearbeitet wurde, wie ein Künstlerpaar wahrgenommen wurde, aber auch wie sie sich selbst wahrnahmen; wie sie miteinander kommunizierten; was sie untereinander thematisierten

41 Daniela Saxer: Mit Gefühlen handeln. Ansätze der Emotionsgeschichte. In: *traverse* 14,2 (2007), S. 15–29, hier S. 15.

42 Ebd., S. 17.

und was nicht; welche Gefühle eine Rolle spielten (und hierbei ist auch an andere Gefühle wie Vertrauen oder Neid zu denken) und welche nicht. Es ist also weniger die Perspektive einer Geschichte der Liebe als die einer Geschichte der Gefühle. Ein genauerer Blick auf Künstlerpaare könnte somit etwa klären, wie ein Nebeneinander von klassischen Beziehungsdynamiken und Geschlechterrollen und ein Aufbrechen derselben möglich ist. Aus diesem Blickwinkel könnte die Geschichte von Künstlerpaaren nicht nur an eine Geschichte der Gefühle und der Sexualität, sondern allgemeiner gesprochen als Geschichte des ‚kreativen Selbst' an eine Geschichte der Subjektivierung im 20. Jahrhundert anschließen.

Nastasia Louveau

1 & 1

Paare und Dualitäten in der Performancekunst des sozialistischen Jugoslawiens

1 & 1 – zur Schau gestellte Künstlerpaare

Im Juni 1974 kuratierte der serbische Künstler Raša Todosijević eine Ausstellung im Studentischen Kulturzentrum (SKC) in Belgrad, einer selbstverwalteten Kultur- und Kunstinstitution, die in Tito-Jugoslawien als sehr offene und aktive Plattform für das Experimentieren mit und die öffentliche Präsentation von Performance- und neuer Medienkunst fungierte.[1] Die Ausstellung trug den Titel *1 & 1* und zeigte die künstlerischen Positionen von vierzehn Künstlerpaaren aus den jugoslawischen Republiken, benachbarten Blockstaaten und westeuropäischen Ländern.[2] Vom kuratorischen Standpunkt aus sollte der kooperative Schaffensprozess zu zweit in den Fokus rücken. Es erscheint als charakteristisch für den jugoslawischen Kontext, dass die Zweierthematik in der Performance- und Konzeptkunst durch Raša Todosijevićs *1 & 1*-Ausstellung so früh als Schwerpunkt gesetzt wird. In diesem kurzen Aufsatz möchte ich in einem ersten Schritt die

1 Für eine gründliche Kontextualisierung und Analyse der Belgrader Kunstszene der 1970er und 1980er Jahre und des Belgrader SKC als führende Institution im Besonderen siehe Seraina Renz' Dissertation: *Kunst als Entscheidung. Performancekunst der siebziger Jahre am Studentischen Kulturzentrum Belgrad.* Unveröffentlichte Dissertation, ETH Zürich, 2015 – voraussichtliche Publikation bei Silke Schreiber, München, 2018.

2 An dieser Stelle möchte ich dem Archiv des Belgrader Studentischen Kulturzentrums (SKC) herzlich danken, das mir den Zugang zum Ausstellungskatalog *1 & 1* sowie zu weiteren wichtigen Archivmaterialien gewährte, die mir beim Verfassen dieses Aufsatzes als Quellen dienten.

1 & 1-Ausstellung vorstellen sowie das Konzept und das Wirkpotential hinter ihrem Namen durch assoziative Bezüge untersuchen. Anschließend möchte ich zwei der vierzehn ausgestellten künstlerischen Positionen näher betrachten: die von Nuša und Srečo Dragan sowie die von Shirley Cameron und Roland Miller. Zum Schluss werde ich auf Todosijevićs Performances eingehen, und zwar sowohl auf seinen Beitrag für *1 & 1* als auch auf frühere und spätere Paararbeiten. Ich bin der Ansicht, dass diese Ausstellung wie ein Fächer verwendet werden kann, anhand dessen die Möglichkeiten, Zweiheit in der Performance-Kunst aufzuzeigen, inventarisiert werden können und ein Denken über neue Formen des Dialogischen in der Kunst durchdekliniert werden kann.

Jeder der bei der *1 & 1*-Ausstellung eingereichten Arbeiten wohnte ein prozessuales Moment inne. So können die Arbeiten in drei Kategorien gegliedert werden: zum einen (a) Mailart-Zusendungen, mit deren Hilfe Künstlerpaare ihre Teilnahme an der Ausstellung bestätigten und die als partizipative Geste oder als deren Spur fungierten; außerdem fanden sich (b) Auszüge aus fotografischen Serien, wie zum Beispiel Bernd und Hilla Bechers *Anonyme Skulpturen*, die einen dokumentarischen, bestandsaufnehmenden Charakter trugen; den Hauptteil der eingereichten Arbeiten bildete jedoch (c) die Dokumentation von Performances in der Form von Diagrammen, Konzepten, Fotografien und/oder Texten. Alle wurden kommentarlos in einem konzisen von Todosijević herausgegebenen Katalog zur Ausstellung abgedruckt. Kunstkritiker Ješa Denegri nimmt zu der *1 & 1*-Ausstellung in der Zeitschrift *Umetnost* im Herbst 1974 kritisch Stellung. Seine Beobachtungen zur künstlerischen Paararbeit und zur „aktuellen Situation der zeitgenössischen Kunst" bleiben recht oberflächlich und allgemeiner Art:

> Eine sehr interessante Diskussion brachte Raša Todosijević ins Rollen, als er in der Galerie des SKC die Ausstellung *Dvoje* organisierte. Er verfolgte das Ziel, jene Fälle aus der zeitgenössischen künstlerischen Praxis, die von einem Künstlerpaar konzipiert oder realisiert worden waren, gemeinsam auszustellen. Indem er diese Tendenz in der zeitgenössischen Kunstproduktion aufmerksam verfolgte, gelang es Todosijević, eine Reihe charakteristischer Werke zu beschaffen. [...] Die in der *Dvoje*-Ausstellung präsentierten Künstler [...] gehören Bewegungen an, die zu einer aktuellen Situation beitragen, für die

> Phänomene der konzeptuellen und Performance-Kunst kennzeichnend sind. Denn Paararbeit ist eine besonders geeignete Form, um Annahmen des künstlerischen Diskurses zu analysieren, oder sie kann, noch häufiger, als Ausdrucksform für die Prozesshaftigkeit von Aktionen und Ereignissen fungieren.[3]

Den geneigten Leser_innen mag hier auffallen, wie Denegri in dieser Passage die Ausstellung nennt: im Text heißt sie *Dvoje*. So ist auch der Aufsatz betitelt. Auf Serbo-Kroatisch ist *Dvoje* eine besondere grammatikalische Form der Zahl Zwei, ein Kollektivzahlwort, das „eine Gruppe zweier Personen unterschiedlichen Geschlechts"[4] bedeutet. So verweist Denegri durch den ganzen Text hindurch auf die Ausstellung; der eigentliche Titel *1 & 1* bleibt ungenannt. Diese Tatsache finde ich bemerkenswert. Die gesamte offizielle Kommunikation um die Ausstellung (ihr Katalog, Flyer, Einladungskarte etc.) ist mit dem Titel *1 & 1* versehen – buchstäblich „eins und eins", eine numerische Gleichung, ja fast ein mathematisches Problem, das zwei separate Einheiten hervorhebt, wobei jede „1" für ein schöpferisch tätiges Individuum steht. Diese zwei Individuen sind durch das „&" wie verbunden, vereinigt, zusammenhängend.[5] Dennoch zirkulieren verschiedene konkurrierende Ausstellungstitel, die gewiss nicht frei von mitschwingenden Bedeutungs- und Konnotationsebenen sind: Neben Denegris „*Dvoje*" verwenden manche teilnehmende Künstlerpaare den Begriff *izložba parova*: die Paarausstellung. So heißt es zum Beispiel in Nuša & Srečo Dragans Mailart-Beitrag, auf den ich später genauer eingehen werde: „Die Teilnahme an der Paarausstellung

3 Ješa Denegri: Dvoje [1974]. In: Ders.: *Studentski Kulturni Centar kao umetnička scena*. Beograd: Studentski Kulturni Centar 2003, S. 79–82, hier S. 79–81 (Übers. NL).

4 Unter den „collective numerals" hält Lila Hammond in ihrer Grammatik des Serbischen Folgendes fest: „двоје/dvoje (a group of two mixed gender beings)." (Lila Hammond: *Serbian. An Essential Grammar*. New York / London: Taylor & Francis / Routledge 2005, S. 255.)

5 Hier sei an Jean-Luc Godards Film *1+1* (One Plus One) aus dem Jahr 1968 erinnert, der Todosijević durchaus bekannt sein könnte. Der Titel *1+1* bezieht sich hier auf die Struktur des Films, die einer Enthierarchisierung und Serienbildung unterliegt: So werden Proben der Rolling Stones neben dokumentarischen Aufnahmen der Black Panthers, in welchen sie Marx rezitieren, zusammengeschnitten. Die Serienbildung wird als Moment der künstlerischen Struktur begriffen, sie soll künstlerisch und politisch fruchtbar gemacht werden. An dieser Stelle geht ein herzlicher Dank an Sabine Hänsgen für die ertragreiche Gedankenassoziation.

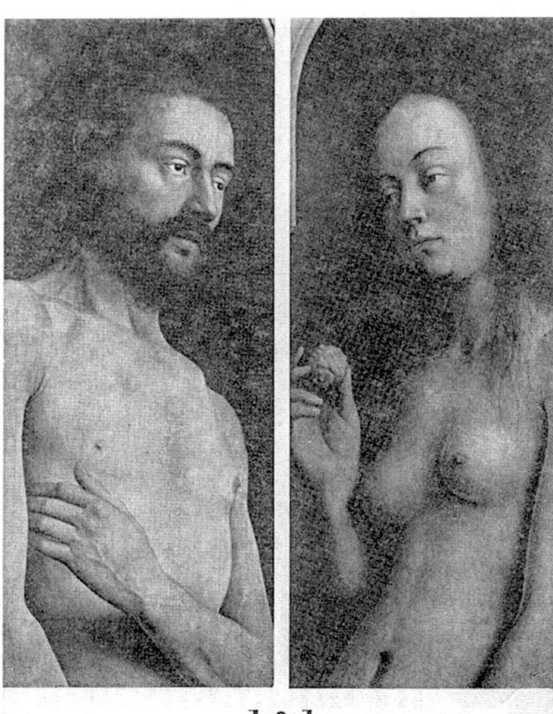

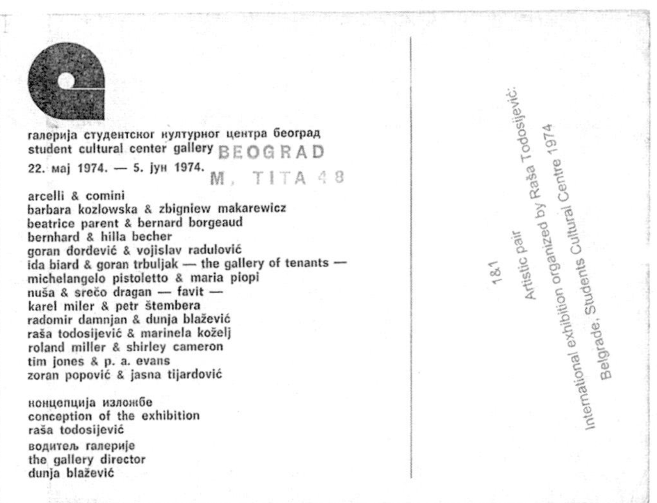

галерија студентског културног центра београд
student cultural center gallery BEOGRAD
22. мај 1974. — 5. јун 1974. M. TITA 48

arcelli & comini
barbara kozlowska & zbigniew makarewicz
beatrice parent & bernard borgeaud
bernhard & hilla becher
goran đorđević & vojislav radulović
ida biard & goran trbuljak — the gallery of tenants —
michelangelo pistoletto & maria piopi
nuša & srečo dragan — favit —
karel miler & petr štembera
radomir damnjan & dunja blažević
raša todosijević & marinela koželj
roland miller & shirley cameron
tim jones & p. a. evans
zoran popović & jasna tijardović

концепција изложбе
conception of the exhibition
raša todosijević

водитељ галерије
the gallery director
dunja blažević

1&1
Artistic pair
International exhibition organized by Raša Todosijević:
Belgrade, Students Cultural Centre 1974

Abb. 1: Dragoljub Raša Todosijević: Einladungspostkarte zur Ausstellung *1 & 1* am Studentski Kulturni Centar, Belgrad, Mai–Juni 1974.

im Studentischen Kulturzentrum [...] ist uns unmöglich."[6] Die distinkten, autonomen Einsen verschmelzen zu einer Zwei – zu einem Paar.[7] Im Serbo-Kroatischen wie im Deutschen bezieht sich das Wort *par*/Paar sowohl auf zusammengehörende Gegenstände als auch auf zwischenmenschliche Beziehungen. Wird eigentlich bei der *izložba parova*, der Paarausstellung, die Vorstellung des Liebespaars aufgerufen? Auf der konnotativen Ebene würde mit dieser Vorstellung ein Bündel von Klischees ins Leben gerufen, das, wenn man es mit dem Schöpfungsakt oder dem kreativen Prozess verbindet, mit weiteren vergeschlechtlichten Klischees (wie dem Pygmalionmythos etc.) in Berührung kommt. Was wird hier, in dieser Paarausstellung, genau zur Schau gestellt? Kunst, die von Paaren geschaffen wird? Paare selbst? Ich möchte an dieser Stelle die Einladungskarte zur Ausstellung (Abb. 1) näher betrachten, um weitere Versuche einer Interpretation zu unternehmen.

Die Einladungskarte zeigt ein Bild auf ihrer Vorder- und die vollständige Liste der teilnehmenden Künstlerpaare sowie praktische Informationen (Datum, Ort) auf ihrer Rückseite. Das Bild stammt nicht aus der Ausstellung selbst und es wurde von keinem der beitragenden Künstlerpaare geschaffen. Es ist die schwarzweiße Reproduktion eines Renaissance-Gemäldes, genauer gesagt eines Diptychons: Adam und Eva des flämischen Renaissance-Malers Jan van Eyck (ein Detail des gewaltigen Polyptychons, das als Genter Altar in die Kunstgeschichte eingegangen ist). Adam und Eva, die einander gegenübergestellt sind und von einem weißen Balken zugleich getrennt wie verbunden werden, ähnlich wie der „gutter" (der Zwischenraum zwischen Panels) in Comics, erwecken eine traditionsreiche Symbolik: Inbegriff und Quintessenz des Paars, verkörpern sie das Duo als biblische, klar gegenderte Konstellation.[8] Unter den zwei Vignetten kann man

6 „Učešće na izložbi parova u Studentskom Kulturnom Centru [...] nama je nemoguće." (Nuša & Srečo Dragan: Ohne Titel. In: Raša Todosijević (Hrsg.): *1 & 1*. Belgrad: Student Cultural Center Gallery 1974, S. 16–17, hier S. 16 (Übers. NL).)

7 Siehe Alain Badiou im Gespräch mit Nicolas Truong und ihre Diskussion der „Bühne der Zwei" / „Two scene" in *Eloge de l'amour*. Paris: Flammarion 2009, sowie Niklas Luhmanns *Liebe als Passion. Zur Codierung von Intimität*. Frankfurt am Main: Suhrkamp 1982, für einige theoretische Überlegungen zu den Figuren des Paars und der Zwei.

8 Auf diese Motivik geht Josch Hoenes in diesem Band vertiefend ein in seinem Beitrag „Performative Akte zwischen Kunst und Sexualwissenschaft. Adam & Eva in Hirschfelds *Bilderteil zur Geschlechtskunde*".

„1 & 1“ in fettgedruckter Schrift lesen, was dazu einlädt, jede „1“ mit jeweils Adam bzw. Eva zu identifizieren. Auf der Einladungskarte sind nur ihre Oberkörper zu sehen: Ihre Körper sind zueinander geneigt, ihre Blicke treffen sich jedoch nicht. Adam hält seinen rechten Arm gegen seinen nackten Brustkorb, wie in einer Geste des Schutzes, während Eva einen kleinen, schrumpeligen Apfel in ihrer rechten Hand parat hält, kurz davor, ihn Adam zu reichen. Somit wird ein bestimmtes Verständnis vom Paar als archaischem Bund von Mann und Frau eingeführt und es werden außerdem konnotative Felder von weiblicher Schuld herbeizitiert. Dieses Bild etabliert mit seiner traditionsbewussten Gattung (Gemälde) wie mit seinem Motiv (Adam und Eva – ubiquitäres, ewiges Sujet der bildenden Künste) für die potentiellen Besucher_innen der Ausstellung eine bestimmte Erwartungshaltung bezüglich der Kunst, die bei der Ausstellung *1 & 1* vorgestellt wird. Weder im Katalog noch bei der Ausstellung selbst wird jedoch auf dieses Bild Bezug genommen, dort erscheint dieses Gemälde von Adam und Eva nirgends. Die Einladungskarte wurde vom Kurator der Ausstellung, Raša Todosijević, als selbständiges Objekt konzipiert. Sicher kann in der Wahl des Motivs eine kritische Distanz und ein Bewusstsein für die ins Spiel gebrachten Bedeutungsfelder gesehen werden. Nichtsdestoweniger identifiziere ich auf dieser Einladungskarte bestimmte vorgefasste Merkmale und Strukturen, die zwar nicht buchstäblich artikuliert sind, aber auch nicht ignoriert werden können. Das Verständnis von Paarperformance und Ko-Autorschaft scheint von dieser Bilder- und Zahlensprache geprägt zu sein; dies sollte bei der weiteren Lektüre präsent bleiben.

„You are in our love“

Schaut man sich einzelne Positionen aus der *1 & 1*-Ausstellung an, stellt sich die Frage, ob eine Kongruenz (der Inhalte, der künstlerischen Herangehensweise, des Verständnisses von Paararbeit wie oben beschrieben) unter den vierzehn ausgestellten Positionen zu finden ist. Ich werde kurz und kontrastiv auf zwei Positionen näher eingehen: auf die Arbeiten von Nuša und Srečo Dragan sowie von Shirley Cameron und Roland Miller.

Nuša und Srečo Dragan stellen sich selbst als ein Künstlertandem aus Ljubljana dar, das Favit 00001 heißt und Videoarbeiten wie Aktionen produziert. Jan Stanisław Wojciechowski beschreibt ihre Arbeit in seiner kurzen Abhandlung *Modern Art of Yugoslavia* (1976) wie folgt: „Their artistic activity, based on revealing relationships between reason and emotion, is expressed in form of films […], tapes […], video tapes […], lectures […]."[9] Im Katalog *The New Art Practice in Yugoslavia 1966–1978* (1978), der einen ausführlichen kritischen Apparat zur jugoslawischen Neuen Kunstpraxis liefert, wird auf ihr Konzept und ihre Praxis näher eingegangen. Tomaž Brejc schildert diese wie folgt:

> For them art is an alternative language, a form of communication, whose outward manifestation is the creative process. The process is totally non-material and is realized only in the medium of the idea: what is shown on the videotape, the photographs or the films they produce is, in their opinion, only an impulse for the spectator's mind. Their work consists therefore of various "impressions of the creative consciousness" […].[10]

Die Arbeiten von Nuša und Srečo Dragan sind nicht an den Bildern, die sie produzieren – z. B. Videoaufnahmen oder Fotografien –, und deren Analyse interessiert, sie sollen ihnen nur als Mittel zum Zweck dienen: Diese Medien liefern in ihrer Sicht interessanterweise eine immaterielle Information, die weder ästhetischen noch ideologischen Wert hat und die ausschließlich die Zuschauenden anregen, ihre Einbildungskraft stimulieren soll.[11] Somit rückt der Kommunikations- und Denkprozess in den Vordergrund: „The resulting communication outlines the joint field of communication of the creative mind of the two artists and the participating spectator."[12] Eine sehr autoreferentielle Praxis. Ihr Beitrag zur *1 & 1*-Gruppenausstellung, den sie extra dafür angefertigt haben, artikuliert eine Antwort auf das Postulat, das im Ausstellungstitel enthalten ist. Es ist eine selbstgemachte Postkarte,

9 N. & S. Dragan. In: Jan Stanisław Wojciechowski (Hrsg.): *Nowoczesna sztuka Jugosławii / Modern Art of Yugoslavia*. Warszawa: Galeria Współczesna KMPIK 1976, S. 2. Den Zugang zu dieser Ausstellungspublikation verdanke ich dem Archiv des Belgrader Studentischen Kulturzentrums (SKC).

10 Tomaž Brejc: Nuša & Srečo Dragan. In: Marjan Susovski (Hrsg.): *The New Art Practice in Yugoslavia 1966–1978*. Zagreb: Gallery of Contemporary Art 1978, S. 19.

11 Ebd.

12 Ebd.

eine Collage, die aus einem Foto der zwei Künstler, einer Briefmarke, einer schreibmaschinengetippten Adresse, gedrucktem Text sowie einer handgeschriebenen Nachricht besteht:

> Dear friends, Nuša & Srečo is [sic!] living like a subject of all subjects of cosmos, now and for ever.
> Participation [in] the exhibition „Pairs" at Studentski Kulturni Centar – Belgrade, which is relation [sic!] of the tree of life – subject – always is and will be impossible for us, voluntarily and unvoluntarily.
> If you wish, you may use this document.
> You are in our love.
> FAVIT [...][13]

Nuša und Srečo Dragan leben „like a subject of all subjects of cosmos", *sie sind eins* (nicht eins plus eins, eins und eins). Aus diesem Grund erweist sich ihre Teilnahme an der Paarausstellung, so ihre Einschätzung, als „impossible". Nichtsdestotrotz akzeptiert das Künstlerpaar, an der Ausstellung teilzunehmen, indem sie dem Organisator erlauben, ebendiese Postkarte, dieses „document" zu verwenden und auszustellen. Sie lassen somit kontradiktorische Interpretationen zu. Ihre elegant – wenn auch in einem recht dürftigen Englisch – geführte Beweisführung endet mit den sibyllinischen Worten: „You are in our love." Dieser Satz sowie der Hinweis auf den Kosmos scheint auf eine eigene holistische Weltanschauung zu verweisen. Es ist hier der Prozess des Antwortens auf die Frage „Was ist *1 & 1*?", der materiell-immaterielle Kommunikationsakt (Postkarte) zwischen dem sendenden Künstlerpaar und dem empfangenden Ausstellungskurator, der sich in diesem künstlerischen Beitrag kristallisiert.
Die von „Roland Miller, Shirley Cameron and friends"[14] – wie sie sich selbst im Ausstellungskatalog nennen – eingereichte Arbeit trägt den Titel *Landscapes and Living Spaces*. Das Künstlerpaar (und ihr nicht näher definiertes Gefolge von „friends") aus Wales hat zwei ‚Artist Statements' eingereicht sowie eine Graphik, die eine Fotografie, ein Diagramm und etwas Text zusammenführt, die eine im Juni 1973 in Amsterdam ausgeführte Performance dokumentieren. Der Titel

13 Nuša Dragan / Srečo Dragan: O.T. In: Todosijević (Hrsg.): *1 & 1*, S. 16.

14 Roland Miller / Shirley Cameron: Landscapes and Living Spaces. In: Ebd., S. 26–27, hier S. 26.

Landscapes and Living Spaces bezieht sich auf eine Serie von gleichnamigen Performances, die das Künstlerpaar zwischen 1974 und 1975 realisierte und in denen sie Privatleben und öffentlichen Raum in Beziehung setzten. In Shirley Camerons Statement ist eine Beschreibung der eingereichten Arbeit zu finden: „drawings we did as 'music score' for our daily activities in the pool and park by the Stedelijk Museum, Amsterdam, and photographs of some of those activities."[15] Der kurze Text gewährt weiter Einsicht in die theoretische und praktische Positionierung des Künstlerpaars, er ist aber auch zugleich eine Erzählung, eine Mise-en-récit ihrer Paararbeit, die sie mit Hilfe der beiden Artist Statements konstruieren:

> My sculpture was about relationships in general, also about the female and the male, but though its form was this, its content was not. I met Roland and loved him, and the work he was doing, and the way he was doing it. Since then, three and a half years ago, we have worked together and have done about 120 different pieces of work. He and I, our artistic personalities, and the particular environment we work in, is what the work is about and how it is — form and content.[16]

Shirley Cameron, die eine Ausbildung als bildende Künstlerin und Bildhauerin durchlaufen hat, beschreibt ihre Schwierigkeiten, sich als Künstlerin zu behaupten, ihre Identität als Künstlerin zu finden bis sie Roland Miller kennenlernt. Sie leben nun als Paar und haben zusammen eine Form der künstlerischen Selbstverwirklichung erreicht – in dem Sinne, dass sie sein Verständnis und seine Praxis von Kunst angenommen hat (das Durchführen von Performances) und sie diese Praxis zu zweit fortgeführt haben. Roland Millers Statement übernimmt einige Muster aus Camerons Text und verflicht sie mit eigenen Argumenten:

> I started working as a visual artist using performances after I had done some writing and filming and theatre — I found that a 'group' of actors was impossible to express individual experience. With one other person — a partner — I can form an Experience that is open to everyone to share. The human situation of man/woman is extended, physically and imaginatively, from the single artist/

15 Ebd., S. 26.
16 Ebd.

> performer into the lives of the spectators. We are neither of us dependent on other, but, like colours and mass, in sculpture, our ideas and actions are complementary. Through working with and loving a fellow artist I hope to extend both art and humanity.[17]

Sie inszenieren sich beide als Künstlerpersönlichkeiten mit eigener Biographie, es besteht jedoch eine klare Kluft, ein ungleiches Verhältnis zwischen den beiden. Während Cameron mit Bildhauerei experimentierte und ihren Zugang zur Performancekunst durch ihre Begegnung mit Miller fand, hatte Miller eigene Erfahrungen mit solch diversen kreativen Tätigkeiten wie „writing and filming and theatre", bis er auf eigenem Weg auf die Performancekunst kam, so lautet ihre gemeinsame Erzählung. Miller scheint derjenige zu sein, der für die Konzeption ihrer künstlerischen Paararbeit immer die Verantwortung trägt. Cameron ist zwar interessiert an konzeptuellen Fragen, an „relationships" und an dem Erforschen des Weiblichen und des Männlichen, sie beurteilt aber ihre Arbeit als unfähig, diese Problematiken zu übersetzen oder nur ansatzweise zu beantworten. Miller hingegen findet diese Fragestellungen in seiner eigenen Arbeit bereits ausreichend beantwortet, und zwar können seine Antworten auf die Performancekunst und ihr Umfeld übertragen werden: „the human situation of man/woman is extended, physically and imaginatively, from the single artist/performer into the lives of the spectators."[18] Miller macht in seinem kurzen Text einen stilistisch geschickten Zug: Er ruft die Bildhauerei, d.h. das ursprüngliche Medium und den Expressionsmodus seiner Partnerin, auf. Er nennt die für die Bildhauerei zentralen Merkmale von Farbe und Masse, um im übertragenen Sinne das Band zu beschreiben, das ihn mit Cameron als Künstlerpaar verbindet, um ihre Komplementarität zu suggerieren und sie beide als die untrennbaren Facetten einer Medaille zu inszenieren. Shirley Camerons Statement endet mit einem abrundenden Satz: „He and I, our artistic personalities, and the particular environment we work in, is what the work is about and how it is — form and content." Roland Millers letzter Satz weitet den Gegenstand auf und erinnert an Nuša

17 Miller / Cameron: Landscapes, S. 26.

18 Ebd.

and Srečo Dragans Ansatz: „Through working with and loving a fellow artist I hope to extend both art and humanity."[19] Hier gehe es nicht mehr nur um die Form und den Inhalt ihrer Lebenskunst und ihres Kunstlebens als Paar, sondern um die Menschheit als Ganzes. Erklingt hier nicht etwa ein Echo auf Nuša and Srečo Dragans letzten Satz? „You are in our love" – die allumfassende Liebe als Antwort auf die mathematische Gleichung? Bei Nuša and Srečo Dragan erschien jedoch der Autorschaftsmodus durch die Verschmelzung der Künstlerpersönlichkeiten zu einer Eins weniger als eine (Künstler-)Stilisierung entlang von starren Gendervorstellungen.

Wenden wir uns nun dem Ideengeber und Kurator der *1 & 1*-Gruppenaustellung zu, Raša Todosijević, und ziehen wir seine Paarperformances in Betracht, die er fast ausschließlich zusammen mit seiner Lebenspartnerin Marinela Koželj ausführte; ich hoffe so, auf noch unbeantwortete Fragen eingehen zu können.

Raša Todosijevićs Obsession?

Für die *1 & 1*-Ausstellung reichten Raša Todosijević und Marinela Koželj eine Fotografie und einen Text ein, welche die Performance *Pijenje vode – inverzije, imitacije i konstrasti* (Wasser trinken – Inversionen, Imitationen und Kontraste) dokumentierten, die einige Wochen zuvor, am 19. April 1974, in der Galerie des Belgrader SKC während des 3. Aprilski Susreti Festivals – des zur künstlerisch-kulturellen Institution gewordenen „Apriltreffens" – stattgefunden hatte. Die schwarzweiße Fotografie zeigt Todosijević und Koželj während der Performance, wie sie vor einer beschrifteten Wand auf Stühlen sitzen; der Text ist eine von Todosijević in der ersten Person verfasste Beschreibung der Performance:

> The work which I entitled „Drinking water — inversions, imitations, and contrasts" [...] lasted approximately 35 minutes. During that time I drank 26 glasses of tap water. Just before the beginning I took a fish weighing 1 kilogram 200 gr. out of a previously prepared fish tank and threw it in front of the spectators. I drank the water trying to synchronize my rhythm of swallowing with the

19 Ebd.

> supposed rhythm of breathing of the fish, which remained out of the water all the time. [...] Due to the large quantity of liquid in my body I sporadically vomited over the table in front of me. [...] The hall in which this took place was rather cold in that time of year, so before the beginning I suggested to the girl who collaborated with me in the performance to wear something very warm to underscore in the awareness of the viewer the contrast between the semi-nudity of my body and the warmth of the jacket she wore. [...]
> I started and finished the work with a series of inversions and essential contrasts and it was [an] *artificial*, intellectually organized demonstration of my idea. [...]
> I have not had any intention to describe a state of facts or some nature relation, but to show by means of thought-out inversion, or [of a] simple act and define the artistic gesture — the art.[20]

Todosijević geht es hier darum, „die künstlerische Geste – die Kunst" zu definieren. So endet sein Text; die Beschriftungen auf der Wand, welche als Hintergrund für die Performance dient, scheinen ähnlichen Fragestellungen nachzugehen: „presumption about art", „decision as art" etc.[21] Todosijević definiert die künstlerische Geste als verdichtete Handlung, die durch Wiederholung und Kontrast charakterisiert ist, was Rhythmus schafft. Hier sei an Erika Fischer-Lichtes *Ästhetik des Performativen* erinnert, in welcher der Kategorie Rhythmus eine besondere Bedeutung zukommt. Fischer-Lichtes Ausführungen zum Rhythmus lassen sich auf Todosijevićs Performance und sein Konzept übertragen:

> Im Rhythmus wirken Voraussehbares und Nichtvoraussehbares zusammen. Er entsteht durch Wiederholung *und* Abweichung vom Wiederholten. Wiederholung allein gäbe keinen Rhythmus. Rhythmus läßt sich in diesem

20 Raša Todosijević / Marinela Koželj: O.T. In: Raša Todosijević (Hrsg.): *I & I*, S. 24–25, hier S. 24, die adaptierte Übersetzung ins Englische zit. n. Raša Todosijević: O.T. In: Zdenka Badovinac / Mika Briški (Hrsg.): *Body and the East. From the 1960s to the Present.* Ljubljana: Moderna Galerija 1998, S. 94–95, hier S. 94.

21 Es wird außerdem auf Größen der Kunstgeschichte angespielt, die im 20. Jahrhundert an der Neudefinition von Kunst mitgewirkt haben: Marcel Duchamp und Joseph Beuys kommen auf verspielte Weise in diesen Beschriftungen vor: So liest man „R. Mutt 1917" und „Josephine Beuys".

Sinne als ein Ordnungsprinzip beschreiben, das seine permanente Transformation voraussetzt und in seinem Wirken vorantreibt.[22]

Den Begriff verwendet Todosijević drei Mal im Katalogtext – selbst diese Wiederholung flößt dem Performance-Text so etwas wie einen poetischen Rhythmus ein. Auffallend ist hier jedoch vor allem die Tatsache, dass Todosijević all dies ganz allein tut. Erst in der Mitte des Texts erwähnt er Marinela Koželj als „the girl who collaborated with me in the performance", was eine klare Distanzierung und Hierarchisierung beinhaltet. Außerdem scheint Koželj an der Konzeption der Performance selbst völlig unbeteiligt zu sein. Diese hierarchisch strukturierte Konstellation und das implizierte Autorschaftsregime erinnern somit an das Cameron/Miller-Duo und seine kurz umrissene, stereotyp gegenderte (Arbeits-)Dynamik. Noch herausfordernder und fruchtbarer für die Diskussion erscheint es mir, Todosijevićs und Koželjs Performances als ein Ganzes, als eine Serie in all ihrer chronologischen (Dis-)Kontinuität zu betrachten: Auf diese Weise wird es möglich, eine Genealogie im Foucault'schen Sinne zu rekonstruieren. Dieser Performance aus dem Jahr 1974 ging eine Performance voran, die Todosijević zusammen mit Koželj 1973 unter dem Titel *Decision as Art* ausführte; es folgte zwischen 1976 und 1978 eine Performance mit dem Titel *Was ist Kunst?*, die Todosijević in verschiedenen Konfigurationen mit unterschiedlichen Partnerinnen performte. Die erste Aufführung von *Was ist Kunst?* fand 1976 bei dem von Ursula Krinzinger organisierten Künstlertreffen in Brdo, Slowenien, statt und wurde zusammen mit der österreichischen Künstlerin Patricia Hennings performt.[23] Erst spätere Wiederholungen fanden dann mit Marinela Koželj statt, von denen ein ikonisches Video erhalten ist. Im Interview mit dem Kunsthistoriker Hans-Ulrich Obrist kommentiert Todosijević die erste Aufführung von *Was ist Kunst?* in ziemlich frivoler Manier:

22 Erika Fischer-Lichte: *Ästhetik des Performativen.* Frankfurt am Main: Suhrkamp 2004, S.233.

23 Raša Todosijević: Was ist Kunst, Patricia Hennings? In: Ursula Krinzinger (Hrsg.): *BRDO 1976.* Innsbruck: Ursula Krinzinger 1976, keine Seitenangabe.

> There was one Austrian girl, Patricia Hennings, she had an oriental face, she was South American. So I put her face in front of the camera and began shouting, "*Was ist kunst? Was ist kunst?*" And people said, "Such a simple thing to do. It sounds very good. Why didn't we think of that?" So later on I started my performance beating my wife, putting a collar on and hitting like someone doing a police interrogation. *Was ist Kunst?* was a good chance to make an ironic comment on that mentality.[24]

Todosijević begreift die Paarperformance, wie er sie praktiziert, nicht als das Arbeitsverhältnis von zwei Künstlerpersönlichkeiten, soviel wird aus diesen Beispielen deutlich. In diesem Interview zeigt er außerdem, dass Paarperformance für ihn im ungleichen, gegenderten Verhältnis oder im Thematisieren ebendieses Verhältnisses liegt, wobei das Orientalische, das Weibliche, das Andere als Auslöser fungieren. In *Was ist Kunst?* wird ein Machtverhältnis in Szene gesetzt, eine Konfiguration des männlichen Blicks, der männlichen Autorschaft und Autorität, ganz im Sinne von Laura Mulveys „male gaze" und ihrer Entblößung der gegenderten Schaulust.[25]

Was ist Kunst? ist der Inbegriff einer theoretischen Performance. Die Video-Performance, die sowohl als Spur des flüchtigen Ereignisses als auch zugleich als eigenständiges Werk existiert, besteht aus wenigen Elementen: Sie lässt sich auf eine minimalistische Komposition reduzieren. Das Gesicht einer schönen Frau in statischer Nahaufnahme mit neutralem Gesichtsausdruck – ab und an eine männliche Hand, die über das Frauengesicht fährt, es anfasst, anpackt, mit Farbe anmalt – eine mal anflehende, mal aggressiv brüllende, einschüchternde männliche Stimme, die aus dem Off kommt – und der stets auf Deutsch wiederholte Satz: „Was ist Kunst?" In diesem sehr eng und statisch gehaltenen Arrangement nimmt die Künstlerstimme sehr viel Raum ein, sie füllt den Raum und zieht die Aufmerksamkeit auf sich.[26]

24 Hans Ulrich Obrist: Art Is the Basis, Beer Is the Basis, Beans Are the Basis. In: *Spike Art Quarterly* 15 (2008). http://old.spikeart.at/en/a/magazin/back/Portrait_Rasa_Todosijevic (Zugriff am 13.04.2016).

25 Laura Mulvey: Visual Pleasure and Narrative Cinema. In: Dies.: *Visual and Other Pleasures*. Basingstoke / New York: Palgrave Macmillan 2009, S. 14–30.

26 Siehe Fischer-Lichte: „Auch wenn sich bei ihnen [den Performance-Künstlern] die Stimme – sprechend oder singend – mit Sprache verbindet, hört sie nicht auf, ihr Eigenleben zu führen und die Aufmerksamkeit des Hörers auf dieses Eigenleben zu lenken." (Fischer-Lichte: *Ästhetik des Performativen*, S. 223.)

Fischer-Lichte schätzt die Lautlichkeit als ein konstitutives, paradigmatisches Merkmal von Performancekunst ein. Der erklingende und verklingende Laut „vermittelt [dem Rezipienten] nicht nur ein Raumgefühl [...]; er dringt in seinen Leib ein und vermag häufig, physiologische und affektive Reaktionen auszulösen."[27] Die stets wiederholte Frage, „Was ist Kunst?", gewinnt den Aspekt eines absurden Singsangs oder eines Mantras. Die Lautstärke und die Prosodie, die rhythmische Wiederholung, aber auch das Zusammenspiel des Lauts mit dem Bild des unbewegten Frauengesichts, das das Gehör verkörpert, welches diese körperlose Stimme vernimmt, lösen im Rezipienten Affekte aus: Es macht einen nervös, ungeduldig oder löst ein ungewolltes, ungemütliches Lachen aus. Hier findet ein Spiel mit Präsenz und Absenz statt. Hierzu ist Fischer-Lichtes Betrachtung über das Affizieren des Performancekörpers durch Stimme aufschlussreich:

> Die enge Beziehung zwischen Körper und Stimme zeigt sich vor allem im Schrei, im Seufzen, Stöhnen, Schluchzen und im Lachen. Sie werden unübersehbar in einem Prozeß hervorgebracht, der den ganzen Körper affiziert: Er krümmt sich, verzerrt sich in Kontorsionen oder spannt sich aufs Äußerste an.[28]

In Todosijevićs Performance *Was ist Kunst?* bleibt jedoch der Körper, der schreit, seufzt, anfleht, schluchzt, flüstert, in seiner Gänze durchweg außer Sicht, dieses Affizieren bleibt in Absentia, es kann nur erahnt, imaginiert werden. Zeitweise ist eine männliche Hand zu sehen, als metonymische Verkörperung des Künstlers oder als Werkzeug des Schaffensprozesses. Diese Hand ist aber ein ‚stummer' Körperteil und sie ist das Vehikel, das versucht, einen anderen Körper zu affizieren: Diese Hand fährt über das Gesicht der zum Objekt gemachten Frau, trägt mit groben Gesten Farbe auf, hält ihr im Laufe der Performance mehrmals den Mund zu und zwingt sie, die bereits schweigt, somit noch mehr zum Verstummen. Und während all dies stattfindet, erklingt ständig die Frage „Was ist Kunst?" als einzig wahrer Konnex zwischen dem Sprechenden und dem Zuhörenden: zwischen dem fragenden Künstler und seinem Kunstobjekt, aber auch zwischen dem Künstler und seinem Rezipienten. Fischer-Lichte schreibt über diesen Konnex:

27 Ebd., S. 209–210.
28 Ebd., S. 219.

> Sie [die Stimme] übermittelt nicht länger Sprache, ist vielmehr selbst Sprache, in der ein leibliches In-der-Welt-Sein sich ausspricht und den Zuhörer anspricht. Sie ist reine Aus- und Ansprache. In der Materialität der Stimme tritt so nicht nur die gesamte Materialität der Aufführung in Erscheinung – als Lautlichkeit, weil die Stimme als Laut erklingt; als Körperlichkeit, weil sie sich mit dem Atem dem Körper entringt; als Räumlichkeit, weil sie sich als Laut im Raum ausbreitet und an das Ohr des Zuhörers und des sich in der Stimme Verlautbarenden dringt. [...] [S]ie spricht den, der sie vernimmt, in seinem leiblichen In-der-Welt-Sein an. Sie füllt den Raum zwischen beiden, setzt sie zueinander in ein Verhältnis, stellt eine Beziehung zwischen ihnen her. Mit seiner Stimme berührt der, der sie zu Gehör gibt, den, der sie vernimmt.[29]

Was hat diese metatheoretische Performance *Was ist Kunst?* und die künstlerische, performative Beantwortung der Frage mit Zweisamkeit eigentlich zu tun? Inwiefern ist die Frage mit ihrer performativen Beantwortung in Form einer Paarperformance verzahnt? Inwiefern gehören Kommunikation und Dialog im Kern zu dieser Frage und deren Beantwortung? So wie es bei der Performance *Wasser trinken – Inversionen, Imitationen und Kontraste* darum ging, „die künstlerische Geste – die Kunst zu definieren“[30], scheint es bei *Was ist Kunst?* zentral, wenn schon keine Antwort, keine genaue Definition zu geben, so wenigstens die Frage nach der Kunst und ihren Grenzen zu stellen und diese mit Hilfe der performativen Paarkonstellation zu formulieren. Als hätte sich Todosijević Rainer Maria Rilkes berühmten Ratschlag an den jungen Dichter zu Herzen genommen: „zu versuchen, die Fragen selbst liebzuhaben wie verschlossene Stuben und wie Bücher, die in einer sehr fremden Sprache geschrieben sind.“[31] Weiter schreibt Rilke: „Forschen Sie jetzt nicht nach den Antworten, die Ihnen nicht gegeben werden können [...]. Leben Sie jetzt die Fragen. Vielleicht leben Sie dann allmählich, ohne es zu merken, eines fernen Tages in die Antworten hinein.“[32] Derweil scheinen Todosijevićs (Paar-)Performances miteinander im Dialog zu stehen: So wirken die Titel *Was ist Kunst?* (1976–78) und *Decision as Art* (1973) wie ein zeitversetztes Gespräch.

29 Fischer-Lichte: *Ästhetik des Performativen*, S. 226–227.

30 Todosijević / Koželj: O.T., S. 24 (Übers. NL).

31 Rainer Maria Rilke: *Briefe an einen jungen Dichter*. Leipzig: Insel 1929, S. 23.

32 Ebd.

Anstelle eines Fazits — „I'll Exhibit Marinela"

1971 hatte die Leiterin des künstlerischen Programms des Belgrader Studentischen Kulturzentrums (SKC) Biljana Tomić die Idee für eine Ausstellung, die nicht die aktuellen Arbeiten der jungen SKC-Künstler_innen zeigen würde, sondern ihre Lieblingsgegenstände, kleine Besitztümer, regelrechte Ready-mades im Duchamp'schen Sinne. Die Ausstellung bekam den Titel *Drangularijum* (Sammelsurium).[33] Während alle beteiligten Künstler_innen sich der Aufforderung, Gegenstände einzureichen, anpassten, entschied sich Todosijević, eine Arbeit auszustellen, die er „Marinela, blaues Nachtschränkchen und ein kleiner Calder" nannte. Marinela, ihres Nachnamens beraubt, als sie zum Objekt, zum Exponat gemacht wird, sitzt auf einem Stuhl neben einem Nachtschränkchen und einem hängenden Kunstwerk, das als ein Mobile von Alexander Calder identifiziert werden kann. Todosijevićs Arbeit wird noch nicht als „Performance" konzipiert, enthält aber bereits die transiente, körperliche Komponente seiner zukünftigen Experimente: Er gibt ihr den Untertitel *Tableau vivant* (auf Serbo-Kroatisch *tablo vivan*), was gleichzeitig den Bezug zur akademischen Malerei herstellt als auch an eine traditionsreiche Theaterpraxis erinnert und somit den lebendigen, performativen Aspekt einführt. In dieser ganz frühen Arbeit sind bereits viele Elemente enthalten, die die weitere Paararbeit von Todosijević mit Koželj definieren wird: die unverfrorene Lust am Experimentieren, die Obsession mit den Parametern und Grenzen der Kunst, das ungleiche, gegenderte Verhältnis der Einheit Todosijević/Koželj, die Frage nach der Autorschaft...

Beginnt man damit, die Schlüsselbegriffe der angeführten künstlerischen Paararbeiten systematisch zu erfassen, die Terminologie, die von den Künstlern selbst verwendet wird, so entsteht so etwas wie eine theoretische Toolbox, die es näher zu definieren gilt: „repetition", „contrast", „inversions", „rhythm", „group" vs. „partner" vs. „couple" ... Es ist ferner durchaus denkbar, eine Typologie von Paarperformances und ihren Autorschaftsmodi vorzunehmen: In den herangezogenen Beispielen haben wir es zum einen mit kooperativer Autorschaft zu tun, wie bei Nuša und Srečo Dragan oder Shirley Cameron und

33 Jelena Vesić: Drangularijum – Ready-Made Exhibition or Peoples' Curio Cabinet. In: *Parallel Chronologies. An Archive of East European Exhibition*. http://tranzit.org/exhibitionarchive/drangularijum-skc-gallery-belgrade/ (Zugriff am 13.10.2015).

Roland Miller. Diese kooperative Autorschaft setzt einen gleichberechtigten künstlerischen Beitrag voraus, d. h. zwei künstlerische Positionen, die entweder miteinander verschmelzen oder aber einander ergänzen. Zum anderen entsteht bei Todosijević/Koželj – und in geringerem Maße bei Cameron/Miller – eine Form von Autorschaft, die zwar Paarperformances hervorbringt, der jedoch durchweg ein strukturierendes, hierarchisches Verhältnis zugrunde liegt: Der Urheberkünstler braucht ein Pendant, ein Gegenüber, das er in einem *top/bottom*-Verhältnis jedoch zum Objekt macht. Es scheint, als wäre die Ausstellung *1 & 1* nicht das geworden oder geblieben, was sie ausrief, denn die beteiligten Künstler_innen haben sich den Titel und die Fragestellung appropriiert und eine eigene Interpretation daraufgesetzt. Sie birgt jedoch in ihrer Heterogenität und Vielstimmigkeit noch viel Potential, das weiter zu untersuchen sich mit Sicherheit lohnt.

Maxi Grotkopp

Work Love Not War!

Performance-Paare in den 1960er und 1970er Jahren

Im Februar des Jahres 1968 konnten die Bürger Wiens Zeugen eines außergewöhnlichen Geschehens werden. (Abb. 1) Auf der Kärntnerstraße, inmitten des Zentrums der Stadt, führte eine junge Frau einen jungen Mann an einer Hundeleine spazieren, wobei der Mann auf allen Vieren neben der Frau herkrabbelte. Da beide schlicht und alltäglich gekleidet waren und sich auch im Verhalten nicht grundsätzlich von den anderen Passanten unterschieden, gab es keinerlei Erklärung für diese merkwürdige, abweichende Erscheinung und gerade deshalb war ihr Anblick umso irritierender. Diese Aktion mit dem Titel *Aus der Mappe der Hundigkeit* von VALIE EXPORT und Peter Weibel wurde zweimal aufgeführt. Eine Woche zuvor hatte EXPORT ihren Arbeits- und damaligen Lebenspartner zur Wiener Galerie St. Stefan ‚ausgeführt'. Als sie dabei von einer Frau gefragt wurde, ob der Hund denn auch Papier esse, antwortete sie: „Nein, er ist kein Hund, es ist der Weibel."[1] Ein Kommentar, der vermutlich nicht viel zur Klärung der Situation beitrug.

Aber was genau war so irritierend an dieser Situation? Wie oben beschrieben, trugen VALIE EXPORT und Peter Weibel alltägliche Kleidung und gaben so keinerlei Hinweis darauf, dass sie ‚Künstler' waren (nicht, dass diese Information notwendigerweise ihre

1 VALIE EXPORT: Gegen das Männlich-Dominante habe ich mich gewehrt. In: *Profil*, 22.07.2015. http://www.profil.at/oesterreich/valie-export-gegen-maennlich-dominante-5768948 (Zugriff am 31.10.2016).

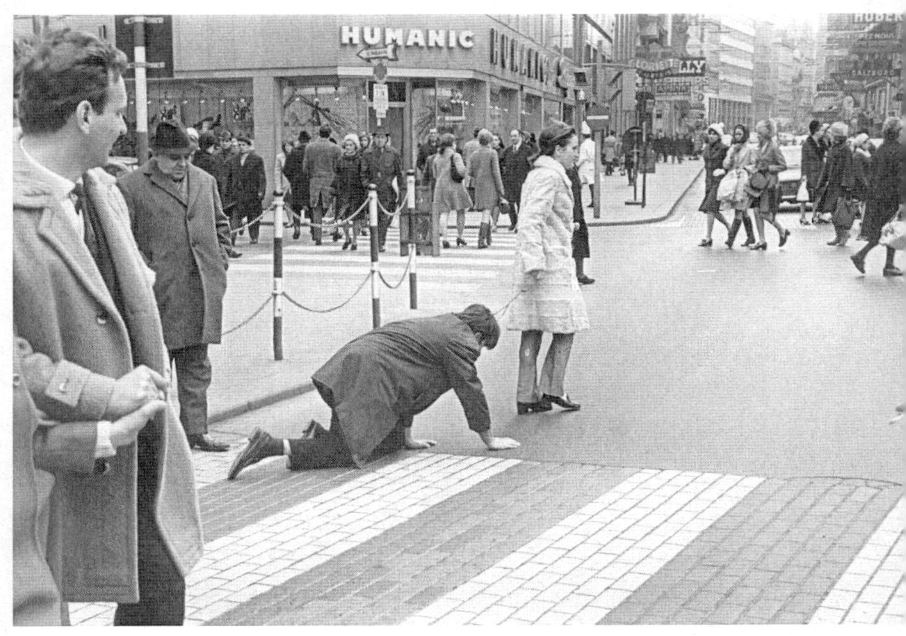

Abb. 1: VALIE EXPORT / Peter Weibel: *Aus der Mappe der Hundigkeit*, 1968.

Handlungen erklärt hätte). Zudem fand ihre Aktion auf einer öffentlichen Straße statt, nicht innerhalb eines Theaters, eines Museums oder irgendeiner anderen Institution, welche das Geschehen allein durch den Schauplatz als Kunst gerahmt hätte. Des Weiteren war die konkrete Handlung des ‚Gassi-Gehens', die sie ausführten, etwas ganz Alltägliches – mit Ausnahme der Tatsache, dass der Hund eigentlich ein Mann war. Die oben zitierte Anekdote ist hier insofern signifikant, als sie zeigt, dass VALIE EXPORT ihre Aktion nicht in einem metaphorischen Sinne oder als fiktionale „Als-ob"-Situation verstanden wissen wollte. Hätte sie geantwortet: „Oh ja, der Hund liebt es, Papier zu essen!", wäre sie einen fiktionalen Vertrag eingegangen, was die Aktion wiederum gerahmt, reguliert und somit normalisiert hätte. Indem sie aber die fiktionale Ebene zurückwies, beharrte sie darauf, das Geschehen als das wahrzunehmen, was es war: „direkte aktion."[2]

2 Peter Weibel / Mitarbeit VALIE EXPORT (Hrsg.): *Wien: Bildkompendium Wiener Aktionismus und Film*. Frankfurt am Main: Kohlkunstverlag 1970, S. 26.

Natürlich kann die Aktion als feministisches Statement über patriarchale Geschlechterhierarchien interpretiert und so ‚stabilisiert' werden. VALIE EXPORT insbesondere ist bekannt für ihre feministischen Aktionen, bei denen sie häufig mit Strategien des Rollentauschs arbeitet. Die Performance könnte ebenso auch als grundsätzliche Reflexion über die Bedingungen des Menschseins und als Kommentar über die körperlichen Einschreibungen von Machtrelationen gelesen werden. Aber was half das den damaligen Betrachter*innen, wenn man nicht einmal mit Sicherheit wusste, ob das, was man gerade wahrnahm, wirklich Kunst war oder nur ein Witz oder das Tun von ‚Verrückten'? Wie sollte man sich verhalten?

Die Performancekunst formierte sich in den 1960er Jahren aus dem Bestreben, alle vermeintlichen Gewissheiten vom Tisch zu wischen: Vorstellungen dessen, was Kunst oder Theater sei, die Unterscheidung zwischen Kunstwerk und Künstler*in, die Trennung von Performer*in und Zuschauer*in, die Grenzen von Kunst und Leben, Kategorien des Öffentlichen und des Privaten, Zuschreibungen von Identität, von Geschlechtertrennung, kurz alle diskursiven Normierungen des Denkens und Handelns, allen voran auch des Dualismus von Körper und Geist.[3]

Es ist eben diese Widerständigkeit gegenüber dem Kategorialen, die es so schwer macht, Performancekunst anders als in negativen Begriffen zu beschreiben. Als hybrides Genre vereint sie verschiedene Medien und ästhetische Modi in einer flüchtigen Erfahrung im Hier und Jetzt, die nicht in identischer Weise wiederholt oder reproduziert werden kann. Der Performer verkörpert im Gegensatz zum institutionellen Theater keine in einem Dramentext präfigurierten Rollen. Er oder sie repräsentiert nichts außer sich selbst. Der Körper als Material in seiner physischen Präsenz wird so gleichsam Fokus des Interesses, Objekt der Analyse und Agent. Die spezifische Ästhetik dieser performativen Erfahrung kann so – mit Erika Fischer-Lichte – als Schwellenerfahrung, als ein Zustand der „Zwischenexistenz",[4]

3 Zur Geschichte und Entwicklung der Performancekunst siehe u. a. die Arbeiten von RoseLee Goldberg: *Performance Art: From Futurism to the Present.* London: Thames & Hudson 1979; dies.: *Performance: Live Art since the 60s* [1998]. New York: Thames & Hudson 2004.

4 Erika Fischer-Lichte: *Ästhetik des Performativen.* Frankfurt am Main: Suhrkamp 2004, S. 305.

beschrieben werden, in welchem die Teilnehmenden nicht mit Sicherheit wissen, welche Verhaltensregeln gelten – die einer Alltags- oder die einer Kunstwirklichkeit. Im Eröffnen dieses Möglichkeitsraums, in der Miteinbeziehung und auch Provokation der Teilnehmenden liegt das utopische Potential der Performancekunst. Durch Tabubruch und Normüberschreitung zielt sie auf eine Veränderung der Wahrnehmung – des Ästhetischen ebenso wie des Sozialen und des Politischen.

Zugleich ist Performancekunst – in dem Maße, in dem auch die direkte, sinnliche Erfahrung ein zentrales Moment des politischen Bewusstseins wurde – seit ihren Anfängen eng mit politischem Aktivismus verbunden. Seien es Auseinandersetzungen mit dem Vietnamkrieg, dem Kolonialismus, der Bürgerrechtsbewegung, dem Feminismus, den Lesben- und Schwulenbewegungen, der sexuellen Revolution oder dem Umweltschutz und Anti-Atomkraft-Protesten: Die politischen und sozialen Bewegungen der 1960er Jahre waren bekannt dafür, die Grenzen zwischen Demonstration, Happening und Performance zu unterlaufen.

Mein Beitrag möchte sich im Folgenden eben dieser berühmt-berüchtigten Zeit um und nach 1968 widmen, einer Zeit die mit den Schlagworten der Gegenkultur, der Infragestellung gesellschaftlicher Normen und Konventionen und der sexuellen Revolution ins kollektive Gedächtnis eingegangen ist. Im Zentrum steht dabei die Figur des Paares, genauer des Performancekunst-Paares, in welchem die Maxime der Zusammenführung von Kunst und Leben ihre scheinbar radikalste Erfüllung findet. Die Fragestellung nach dem Paar zu Zeiten der Kommune – wie man es polemisch formulieren könnte – kündigt dabei ein Spannungsverhältnis und eine Gleichzeitigkeit von Gemeinschaftsformen an. Der Begriff der Kommune soll hier aber nicht nur in seiner konkreten, engen Wortbedeutung, sondern als Sinnbild für all die neuen kollektiven Formen des Miteinanders verstanden werden, die in jener Zeit ‚jenseits' von romantischen Liebes- und bürgerlichen Ehe- und Familienkonzepten proklamiert und erprobt wurden. Vor diesem Hintergrund erlangt die Figur des Paares eine anachronistische und widersprüchliche Brisanz: Die Frage danach, wie sich Paare vor und mit dem spezifischen kulturellen Kontext um 1968 konstituieren und inszenieren, vermag – so die Hypothese – Aufschluss über die Ambivalenzen und Spannungsfelder dieser Zeit der ‚freien Liebe' ebenso wie über die spezifische Medialität und Ästhetizität der sich zu dieser Zeit formierenden Performancekunst zu geben.

Bereits 1967 begannen VALIE EXPORT und Peter Weibel die Arbeit an ihren „Expanded Cinemas", in welchen sie Elemente von Film und Fotografie mit Performancekunst verbanden. Berühmt geworden ist hier vor allem das *Tapp und Tastkino*[5], eine Arbeit von VALIE EXPORT, welche von ihr auch als „Body Action, Social Action, Sexual Action, Realfilm, 1. Straßenfilm, 1. Mobiler Film, 1. Echter Frauen-Film"[6] bezeichnet wurde – im Erfinden der diversen Kategorien manifestiert sich zugleich deren Dekonstruktion.

Im November 1968 stand VALIE EXPORT auf dem Karlsplatz in München – erneut einem zentralen Ort des öffentlichen Lebens und zum gewählten Zeitpunkt des Feierabendverkehrs noch zusätzlich belebt. Vor ihre nackte Brust hatte sie einen Karton geschnallt, der an der Vorderseite zwei Löcher hatte, die von einem kleinen Vorhang verhangen waren. Durch ein Megaphon sprechend lud Weibel, der neben Export stand, die Öffentlichkeit zum Besuch des „Kinos" ein. Für zwölf Sekunden durfte jeder Besucher mit seinen Händen das *Tapp und Tastkino* betreten. Export stoppte die Zeit mit einer Uhr.[7] Weibel begleitete die Aktion des Weiteren verbal durch eine Rede über die „entfremdete kommunikation" im Kino und die Filmindustrie, die den „exhibitionismus auf der leinwand" und den „voyeurismus im publikum" nur förderten.[8] Die Aktion fand ein weites Medienecho. VALIE

5 UA am 11.11.1968 bei der Maraisiade – Junger Film ‚68, Saal des WIFI der Bundeskammer, Wien. Die zweite Vorstellung fand am 13.11.1968 in München am Stachus statt. Es folgten zahlreiche Aufführungen in verschiedenen Städten. Nur einige Vorführungen wurden von einer Rede von Peter Weibel begleitet.

6 Zit. n. Andrea Zell: *Valie Export. Inszenierung von Schmerz: Selbstverletzung in den frühen Aktionen.* Berlin: Reimer 2000, S. 32.

7 Im von VALIE EXPORT und Peter Weibel herausgegeben *Bildkompendium* wird die Dauer von 12 Sekunden angegeben (Weibel / EXPORT (Hrsg.): *Bildkompendium*, S. 261), VALIE EXPORT spricht aber an anderer Stelle auch von 33 Sekunden (vgl. VALIE EXPORT: On Work of the Late 1960s: In Conversation with Devin Fore. In: Amelia Jones (Hrsg.): *Sexuality.* London: Whitechapel / Cambridge: MIT Press 2014, S. 103–105, hier S. 105). Da das *Tapp und Tastkino* zahlreiche Aufführungen in verschiedenen Städten erlebte, könnten die unterschiedlichen Angaben auf unterschiedliche Aufführungen zurückzuführen sein.

8 Weibel / EXPORT (Hrsg.): *Bildkompendium*, S. 261.

EXPORT wurde u. a. als „größte Kulturschande Westdeutschlands"[9] bezeichnet, als Verführerin und Hexe beschimpft. Marlene Streeruwitz hebt in ihrer Analyse der Berichterstattung der Performance hervor, dass die Presse in den gezeigten Bildern ebenso wie in ihrer Rhetorik stets die Position einer männlichen Perspektive einnahm,[10] welche die Frau zum Objekt degradierte und somit das ambivalente Potential der Aktion vollkommen untergrub. Dass eine lebendige Frau in Fleisch und Blut ihre Brüste anbot, eigenmächtig über ihren Körper verfügte und den Zugang zu ihm kontrollierte und somit ihren Objektstatus hinter sich ließ, schien etwas Undenkbares zu sein.

Neben den zwei hier erwähnten Aktionen veranstalteten VALIE EXPORT und Peter Weibel noch eine ganze Reihe gemeinsamer Performances, die ihnen neben Presseskandalen auch Gefängnisstrafen einbrachten. Zudem machten sie viele Solo-Arbeiten und arbeiteten auch in verschiedenen Gruppenkonstellationen. Besonders auffällig ist jedoch in Bezug auf ihre Zusammenarbeit, dass ihr Paar-Sein eben auch außerhalb ihrer Aktionen so gut wie nicht thematisiert wird – weder von ihnen selbst noch von der Presse oder der Forschung.[11] Das ist insofern erstaunlich, als beispielsweise das *Tapp und Tastkino* eine neue Dimension erhält, wenn man weiß, dass der Mann, der die Zuschauer*innen einlädt, die Brüste zu erfühlen, auch der sexuelle Partner dieser Frau ist. VALIE EXPORT und Peter Weibel waren aber – so scheint es – explizit nicht daran interessiert, ihre Aktionen in diesem Rahmen wahrnehmbar zu machen. Nicht ihre persönliche, exklusive Zweierbeziehung stand so im Vordergrund der Performances, sondern grundsätzliche Bedingungen zwischenmenschlicher und -geschlechtlicher Beziehungen überhaupt.

Zum Zeitpunkt der oben erwähnten Performances waren EXPORT und Weibel mit den avantgardistischen Künstlerkreisen der

9 Weibel / EXPORT (Hrsg.): *Bildkompendium*, S. 261.

10 Marlene Streeruwitz: Wer sieht. Wer sagt. Wie. Kann das. In: Neue Gesellschaft für Bildende Kunst (Hrsg.): *VALIE EXPORT. Mediale Anagramme.* Berlin: Vice Versa 2003, S. 183–187.

11 Und die Frage ist berechtigt, woher man dann überhaupt weiß, dass sie ein Liebenspaar waren. Als eine der wenigen Quellen sei hier verwiesen auf Michael Schwarz: Performances von Künstler(ehe)paaren. In: *Kunstforum 28* (1978), S. 192–213.

Wiener Gruppe und der Wiener Aktionisten assoziiert.[12] So sehr Performancekunst ein transnationales Phänomen war und ist, so spielt der spezifische nationale Kontext bei der Formierung speziell dieser Kunstbewegungen eine zentrale Rolle. Politik und Gesellschaft im Nachkriegsösterreich waren extrem konservativ, katholisch und repressiv, was Sexualität betraf. Eine Auseinandersetzung mit der NS-Vergangenheit fand in Form einer Abgrenzung statt, in welcher man eine österreichische Geschichte als klar getrennt von der deutschen ansah. Die Selbstkonstitution des Wiener Bürgertums erfolgte über eine Rückbesinnung auf eine scheinbar eigenständige, ‚ehrenwerte' kulturelle Identität, versinnbildlicht in Persönlichkeiten wie Mozart und Epochen wie dem Jungendstil. Gegen eine solche Haltung wandten sich die künstlerischen Interventionen der Aktionist*innen. Mit einem reichhaltigen Verweis- und Assoziationsspektrum auf kulturelle Symbole und rituelle Praktiken ausgestattet, zielten ihre Aktionen auf die Befreiung von psychischen Restriktionen. Unter Berufung auf die psychoanalytische Theorie Sigmund Freuds, und hier insbesondere auf das Konzept der Sublimation, verstanden sie ihre Handlungen als Befreiungsakte, die den direkten Zugang zum Triebverhalten ermöglichen sollten. Die bevorzugte ästhetische Strategie dieser Befreiung von kulturellen, sozialen Zurichtungen und Deformationen bestand dabei im Brechen von Tabus insbesondere der Körperfunktionen: Die Aktionen waren so meist aggressiv und explizit pornographisch und beinhalteten Handlungen des Urinierens, Defäkierens sowie diverse sexuelle Praktiken.[13]

Die Rolle des heterosexuellen Paares ebenso wie die Rolle der Frau im Wiener Aktionismus ist dabei extrem schwierig.[14] Gemeinhin werden

12 Wobei sich VALIE EXPORT teilweise auch explizit vom Kreis der Aktionisten abgrenzt. Vgl. Gabriele Lutz: Expanded Cinema. In: Eva Badura-Triska / Hubert Klocker (Hrsg.): *Wiener Aktionismus. Kunst und Aufbruch im Wien der 1960er-Jahre.* Köln: König 2012, S. 158–161, hier S. 158.

13 Zum Wiener Aktionismus und zur Situation in Österreich siehe u. a. Badura-Triska / Klocker (Hrsg.): *Wiener Aktionismus*; Danièle Roussel: *Der Wiener Aktionismus und die Österreicher. Gespräche.* Klagenfurt: Ritter 1995.

14 Siehe die beiden Aufsätze von Johanna Schwanberg: Zur Rolle der ‚Modelle' und/oder Akteurinnen im Wiener Aktionismus. In: Badura-Triska / Klocker (Hrsg.): *Wiener Aktionismus*, S. 122–123; Geschlechterverhältnisse und Geschlechter(de)konstruktionen. In: Ebd., S. 204–205.

mit der Kunstbewegung in erster Linie männliche Protagonisten wie Günter Brus, Otto Mühl, Hermann Nitsch oder Rudolf Schwarzkogler verbunden. Das Beispiel von Anna Brus, der Frau von Günter Brus, zeigt, dass die Lebenspartnerinnen sehr wohl an den Aktionen ihrer Männer beteiligt waren. Aber Frauen wurden dabei in der Regel nicht als gleichrangige Kollaborationspartner angesehen, sondern als Modelle, die als Material und Objekt dienten – wenn auch nicht selten im Modus der Anbetung und Verehrung.[15] Interessanterweise aber spielten das Verheiratet-Sein und das Familie-Haben eine wichtige Rolle in der Darstellung der Aktionisten durch die Presse. So wurde Günter Brus nach der skandalösen Aktion *Kunst und Revolution* (1969) von den Zeitungen wiederholt als ‚Familienvater' adressiert. Der *Express* vom 10. Juni 1968 zeigt ein Foto des agitierenden mit offenem Mund schreienden Brus mit der Bildunterschrift „FAMILIENVATER Günter Brus, 28, seine Notdurft verrichtend."[16] Es scheint, dass in dem Maße, in dem die Aktionisten ‚private' Körperfunktionen und Sexualität ‚öffentlich' machten und so die Grenzen des Privaten und des Öffentlichen hinterfragten, die Presse im Gegenzug die Notwendigkeit sah, ihr ‚familiäres Privatleben' zu inszenieren, um so eine Normalität ins Feld zu führen, von der ihre Handlungen abwichen. Vor dem Hintergrund der Inszenierung des ‚normalen', bürgerlichen Familienvaters konnten die Aktionen so als noch normabweichender und verurteilungswürdiger beschrieben werden.

Allerdings hat diese Darstellung auch noch eine andere Seite, eine der bewussten Selbstinszenierung: Das *Wiener Wochenblatt* zeigt am 22. Juni 1968 unter der Überschrift „So lebt der Chef-Nackerte von der Uni"[17] ein Bild von Anna und Günter Brus im Bett. Die Oberkörper entblößt, die gemeinsame Bettdecke jeweils bis zur Brust gezogen, liegen sie entspannt je auf einen Ellbogen gestützt, Anna Brus ihren Mann von der Seite anblickend, während Günter Brus' Blick schräg nach vorne aus dem Bild geht. Die Bildunterschrift lautet:

15 Lohnenswert wäre es hier bestimmt auch, die Bearbeitungen des Hochzeitsrituals in dieser Zeit näher zu untersuchen. Hier finden sich verschiedenste Beispiele, bei den Aktionisten ebenso wie in der internationalen Performancekunstszene (z. B. Rudolf Schwarzkogler: *Aktion Hochzeit* (1965), Milan Knížák: *Wedding Ceremony* (1975), Vlasta Delimar / Željko Jerman: *Weddings* (1978, 1982)).

16 Zit. n. Roussel: *Der Wiener Aktionismus und die Österreicher*, S. 160.

17 Ebd., S. 221.

„Rädelsführer Brus privat: mit seiner Frau Anna." Der Beitrag wird weiter ergänzt durch eine Großaufnahme von Anna Brus mit der Bildunterschrift „Ehegattin Anna Brus: ‚Wir sind eine normale Familie'."[18]
Was auf den ersten Blick in das obige Schema der Inszenierung zu passen scheint, eröffnet jedoch im Beitragsinhalt eine ganz andere Dimension. Denn der Artikel führt diese Darstellung auf den expliziten Wunsch von Günter Brus zurück:

> Eines vorweg: Dieser magere, blonde Chefnakkerte [sic!] von der Wiener Universität, den WieWo knapp vor der Verhaftung befragte, legt Wert darauf, als seriöses Familienoberhaupt zu gelten. „Ich liebe meine kleine Tochter", beteuert er und weist auf die 14 Monate alte Diane [sic!], die in ihrem blauen Samtkleidchen unter einem großen Bild des chinesischen Staatschefs Mao Tse-tung in ihrem Gitterbett Allotria treibt.[19]

Diese Selbstinszenierung erscheint weniger verwunderlich, wenn man weiß, dass es eine Unterschriftenaktion gab, welche das Ziel hatte, Anna und Günter Brus das Sorgerecht für ihre Tochter zu entziehen.[20]
Warum die Partner*innen bzw. die Liebesbeziehungen der Akteure in den Aktionen und Performances bei aller Forderung nach Befreiung von sozialen und psychischen Restriktionen und aller Offenlegung von Sexualität keine zentrale und gleichberechtigte Rolle spielten, ist hier nicht abschließend zu klären (nicht zuletzt, weil es im Bereich der Spekulation verbleiben würde). Die Frage ist auch insofern knifflig, als ihre Beantwortung in Aporien münden würde: Denn wenn es in den Aktionen um eine grundsätzliche Darstellung und Herstellung von Gemeinschaft ginge, die man bewusst frei vom ‚persönlichen' Leben halten wollte, dann würden die Performances etwas von ihrem Programm der Direktheit, von der Zusammenführung von Kunst und Leben einbüßen – was immer die Kunst proklamieren würde, ‚privat' leben die Künstler*innen in (traditionellen) heterosexuellen Paarbeziehungen.

18 Ebd., S. 222.
19 Ebd.
20 Ebd., S. 23.

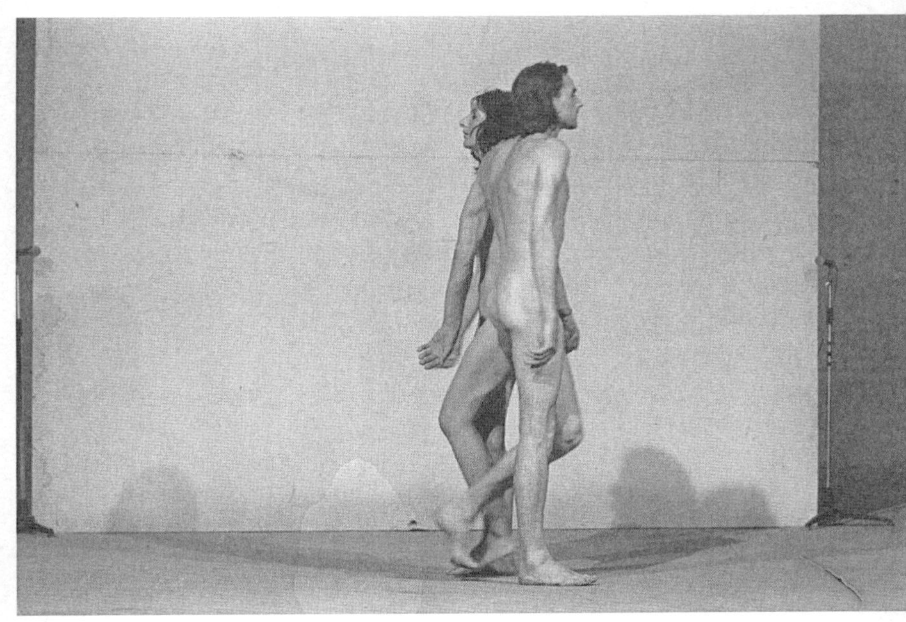

Abb. 2: Ulay / Marina Abramović: *Relation in Space*, Performance, 58 Min., XXXVIII. Biennale di Venezia, Giudecca, Venedig, Juli 1976.

Allein die unterschiedlichen Ansprüche, die an das Konzept des Paares gestellt werden, zeigen, wie relevant und zugleich problematisch die Figur des Paares in den späten 1960er und 1970er Jahren ist. Der kritische Impetus der Performancekunst birgt hier – in seinen Produktionsbedingungen ebenso wie im interaktiven, performativen Vollzug – ein Potential der Gleichheit, ein Potential, die Macht- und Geschlechterhierarchien zu überwinden, die sich in die Geschichte des Künstlerpaares in den Figuren des Genies und seiner Muse eingeschrieben haben. Dieses Potential bleibt bei den Aktionisten jedoch, so scheint es, weitestgehend ungenutzt. Die Aktionen von VALIE EXPORT und Peter Weibel unterscheiden sich hier insofern, als dass sie deutlich eine feministische Haltung der Selbstermächtigung und Entobjektivierung der Frau einnehmen. Zwischenmenschliche Beziehungen werden hierbei stets in ihren Machtrelationen und -hierarchien evident.

Einen dezidiert anderen Ansatz verfolgen einige Jahre später dann die Arbeiten von Marina Abramović und Ulay, die ihr spezifisches Paar-Sein sowie das Konzept und die Möglichkeit von Beziehung im Allgemeinen explizit unter den Vorzeichen des Ähnlichen, Gleichen und der Gleichberechtigung verhandeln (selbstverständlich nicht ohne dabei Fragen der Differenz und des Anderen mit zu verhandeln). Für den Zeitraum von zwölf Jahren, von 1976 bis 1988, waren sie ein Liebes- und Kunst-Paar, lebten eine „Synchronizität von Privatleben und Beruf."[21] Die Performances der ersten Jahre ihrer Zusammenarbeit, bekannt geworden unter dem Überbegriff der *Relation Works*, stellen meist in nüchternen, formalen Arrangements Fragen nach dem Verhältnis von zwei Körpern in Raum und Zeit. Inwiefern diese Performances dabei die individuellen Körper der Performer, die Relation zwischen ihnen und somit das Paar als Figur hervorbringen, die beständig im Prozess von Ähnlichkeit und Differenz oszilliert, zeigt sich bereits bei ihrer ersten gemeinsamen Performance *Relation in Space* (La Biennale di Venezia, Juli 1976) in eindringlicher Weise. Vor einer weißen Leinwand laufen hier die beiden Performer beständig aufeinander zu bzw. aneinander vorbei. (Abb. 2) Ihre nackten Körper berühren sich dabei im Moment, in dem sie aneinander vorbeilaufen, was bei dem stetig zunehmenden Tempo ihrer Laufbewegung schließlich zu heftigen Zusammenstößen führt. Dieses Aufeinandertreffen der Körper entfaltet sein gewaltsames Potential neben der visuellen auch explizit über eine auditive Dimension. So sind links und rechts der Leinwand Mikrophone aufgestellt, die das Aufeinanderklatschen der nackten Haut aufnehmen und verstärkt im Raum hörbar machen.

In diesem Miteinander-Gegeneinander der Körper wird die zwischenmenschliche Beziehung in ihrer performativen Dimension evident: nicht als etwas von Natur aus Gegebenes, sondern als durch Handlungen hervorgebracht. So berühren und verbinden sich ihre Körper nicht nur im Aufprall, sondern sie setzen sich durch das Ausführen der gleichen Laufbewegungen sowie durch ihre physische Ähnlichkeit ‚in Beziehung zueinander'. Der scheinbar so prosaische Aufbau der Performance generiert dabei ein äußerst heterogenes Bild- und Assoziationsareal: Das Paar erscheint einander zu- und abgewandt, im Aufprall zu verschmelzen oder sich gewaltsam zu konfrontieren. Die fotografische Dokumentation spielt bei der Wahrnehmung dieser ‚Bilder bzw. Szenen von Beziehung' eine konstitutive Rolle.

21 Friedemann Malsch: Kämpfer und Liebende. 12 Jahre Marina Abramović/Ulay. In: *Kunstforum* 106 (1990), S. 228–245, hier S. 229.

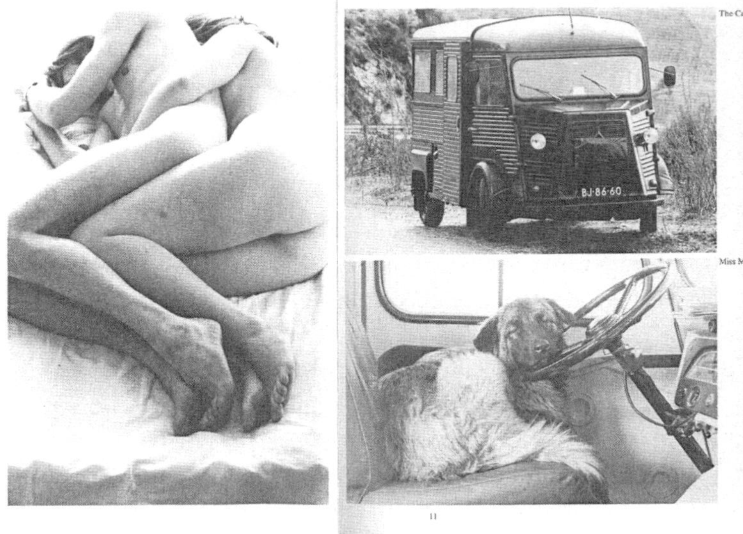

Abb. 3: Katalogdoppelseite aus Marina Abramović / Ulay: *Relation Work and Detour*. Amsterdam: Idea 1980, S. 10–11.

Grundsätzlich ist die Dokumentation der Performances in verschiedensten Medienformaten von großer Wichtigkeit für die Wahrnehmung der Arbeiten. Im Gegensatz zu VALIE EXPORT und Peter Weibel inszenieren Abramović und Ulay hier aber ebenso ihre gemeinsame Lebensführung. Als „Art Vital" betiteln sie dabei das Programm, dem sie Arbeit und Leben gleichermaßen unterstellen: „no fixed living-place, permanent movement, direct contact, local relation, self-selection, passing limitations, taking risks, mobile energy, no rehearsal, no predicted end, no repetition."[22] Für einen Zeitraum von vier Jahren verfolgen sie eine radikal mobile Existenzform, leben und reisen ohne festen Wohnsitz in einem kleinen Transporter durch Europa. Dieses ‚private' Leben wird ebenso öffentlich gemacht, indem es beispielsweise in Ausstellungskatalogen publiziert wird. Der von Abramović und Ulay selbst herausgegebene Band *Relation Work and Detour* (1980) zeigt so neben Bildern des Performance-Zyklus der *Relation Works* Fotos ihres Busses, der Hündin Miss Miš Mali Malivić sowie ein Bild des Paares, nackt und im Schlaf eng umschlungen. (Abb. 3) Letztere Abbildung wird dabei mit der Erklärung versehen:

22 Marina Abramović / Ulay: *Relation Work and Detour*. Amsterdam: Idea 1980, S. 19.

„The photograph we received from an anonymous person."[23] Die Angabe einer anonymen Person, die dieses Foto ohne die Kenntnis der beiden gemacht haben soll, fungiert als ‚Beweis' für die Zusammenführung von Kunst und Leben. Das Zusammenspiel des Bilds mit seiner angeblichen Entstehung produziert einen Authentizitätseffekt, der einerseits sagt: ‚Wir inszenieren uns nicht (nur) bewusst vor der Kamera als Zweiheit, wir leben so beständig, auch in Momenten des scheinbaren Unbeobachtet-Seins' und andererseits ihre Körper als öffentliche, stets zugängliche und den Blicken anderer ausgesetzte zeigt. Und so wie ihre Performances von einer Ästhetik der Ähnlichkeit geprägt sind – Miriam Dreysse beschreibt das Paar als mit einem „androgynen Zwillingsmodell" experimentierend[24] –, so zieht sich das Motiv der Ähnlichkeit auch durch die Visualisierungen ihrer Lebensführung. Eine zwillingshafte Verbundenheit wird dabei nicht zuletzt durch die Betonung ihres gemeinsamen Geburtsdatums unterstützt. Beide wurden in der Tat am 30. November, Abramović 1946 und Ulay 1943, geboren und sie feierten diesen gemeinsamen Tag meist mit speziellen Performances. Der bereits zitierte Katalog enthält auch Bilder ihrer Geburtsurkunden, welche im Rahmen der Performance *Communist Body – Capitalist Body* am 30. November 1979 in Amsterdam auf einem Tisch ausgestellt waren.[25] Darüber hinaus enthält der Katalog Fotografien, die dokumentieren, dass und wie sie ihre Haare, angeblich schon bevor sie sich trafen, in der gleichen Art und Weise mit einer Holznadel hochsteckten oder dass sie sich nach der Performance *Relation in Movement* (1977) die Zahl 3 auf den jeweils linken Mittelfinger tätowieren ließen.[26]

Ihre Paar-Auftritte eröffnen so eine Vielfalt von Perspektiven auf den Begriff von Beziehung: von formalistischen Experimenten über Körper und Materialität in Raum und Zeit bis hin zu Visualisierungen affektiver und spiritueller sowie anderer Formen von Verbundenheit.

23 Ebd., S. 10.

24 Siehe dazu auch Miriam Dreysse: Glückliche Ehe? Die Hinterfragung heterosexueller Paarbeziehungen in den darstellenden Künsten in diesem Band; dies.: „How to knit my own private political body". Modelle gemeinschaftlichen Arbeitens in der Performancekunst. In: Kati Röttger (Hrsg.): *Welt – Bild – Theater*, Bd. 1: Politik des Wissens und der Bilder. Tübingen: Narr Francke Attempto 2010, S. 193–207, hier S. 198.

25 Abramović / Ulay: *Relation Work and Detour*, S. 165.

26 Ebd., S. 14–15.

Die *Relation Works* von Abramović und Ulay – und hier beziehe ich mich auf die Performances, die explizit durch einen Titel, einen Ort und Zeitpunkt gerahmt sind, ebenso wie auf ihre gesamte Inszenierung als Paar einschließlich ihrer Lebensweise – führen dabei entlang bzw. durchqueren historische Diskurse und ‚Bilder' von zwischenmenschlichen Beziehungen. So können ihre Auftritte daraufhin befragt werden, inwiefern traditionelle Beziehungskonzepte – der romantischen Liebe (z. B. explizit in *Breathing in / Breathing out*, 1977), der biologischen Verwandtschaft (in der Bearbeitung des Zwillingsmodells, welches ihre Auftritte insbesondere in den Jahren 1976–1980 leitmotivisch durchzieht), der Geschlechterbeziehung (z. B. *Rest Energy*, 1980), der Arbeitsbeziehung (z. B. *Work Relation*, 1978) etc. – verhandelt, (re)produziert oder kritisiert werden. Beziehung wird in den gemeinsamen Performances so evident als *Arbeit*, als Prozess einer (künstlerischen) Produktion.
Im Aufwerfen eben dieser Frage – ‚working love not war' – waren sie keineswegs allein: Yoko Ono und John Lennon veranstalteten ihre *Bed-Ins* für den Weltfrieden (1969), im gleichen Jahr traten Gilbert und George erstmals als lebende Skulpturen auf und sangen *Underneath the Arches*. 1973 verbrachten Linda Montano and Tom Marioni drei Tage mit Handschellen aneinander gefesselt und 1983–84 performten Montano und Tehching Hsieh ihr berühmtes *Rope Piece*, in welchem sie sich für den Zeitraum eines ganzen Jahres mit einem zweieinhalb Meter langen Seil aneinander banden.[27] Eine Analyse müsste hier selbstverständlich die einzelnen Arbeiten genauer differenzieren. Nicht alle diese ‚Paare' waren erklärte Liebespaare außerhalb ihrer Performances (wo immer das auch sei), die Arbeiten bezogen sich auf unterschiedliche politische Aktualitäten usw. Aber allen diesen Arbeiten war gemein, dass sie Beziehungen ganz grundsätzlich zur Debatte stellten: Das Paar-Sein wurde so sicht- und erfahrbar als Ergebnis performativer Praktiken.

27 Vgl. dazu auch Doris Kolesch: Gemeinsam, Zusammen, Ensemble. Figurationen des Paares in den performativen Künsten, in diesem Band.

Die Beschäftigung mit kollektiven Arbeitsprozessen und -methoden in der Kunst gerade auch der 1960er und 1970er Jahre ist nicht neu.[28] Berühmte Beispiele hierfür sind im amerikanischen Raum neben Andy Warhols Factory und George Maciunas' Flux-Houses natürlich die von Richard Schechner 1967 gegründete Performance Group und das Living Theater, das bereits 1947 von Julian Beck und Judith Malina ins Leben gerufen wurde – auch ein Kunst-Paar, welches aber selbsterklärt nicht monogam lebte. Für den deutschsprachigen Raum sei hier zumindest die Schaubühne am Halleschen Ufer erwähnt. Die Perspektive auf die Zusammenarbeit von Performancepaaren kann jedoch, unter Berücksichtigung der mit ihr einhergehenden Diskurse von Sexualität, Emotionalität und Intimität, die utopischen Impulse und ‚Entzauberungen', die Ambivalenzen und Widersprüche der kulturellen Situation der 1960er und 1970er Jahre, welche sich im Spannungsfeld von Individuum und Kollektiv ereigneten, auf neue Art und Weise fassbar machen.

Die Generation der 68er-Bewegung verfolgte eine Neudefinition des Politischen, die das Politisch-Werden des Privaten und den Einschluss aller Lebens- und Beziehungsformen beinhaltete. Gleichzeitig trennte die Proklamation der ‚freien Liebe' sexuelle Handlungen von persönlichen Beziehungen und von Emotionalität – und grundsätzlich erscheint Emotionalität auch als auffällig abwesend in vielen Performances, die das Thema der Sexualität verhandeln. Individuelle Emanzipation und kollektive Erfahrung waren die zwei Säulen dieser sozial-politischen Entwicklung. Der Wahlspruch „Make love not war" war in diesem Sinne nicht nur eine Verhaltensempfehlung, sondern auch eine Theorie der menschlichen Natur – sexuell befriedigte Menschen seien nicht fähig zur Gewaltausübung – und somit eine grundsätzliche Aufforderung, sich auf experimentelle Seinsweisen

28 Wobei die 1960er und 1970er Jahre hier nicht abgesondert, sondern als Teil eines Langzeitprozesses in Relation zu historischen wie zeitgenössischen Praktiken beschrieben werden. Dreysse: How to knit; Federica Martini: Material and Immaterial Spaces of Collaboration: Artist-run Spaces and Collective Labour Modes. In: Rachel Mader (Hrsg.): *Kollektive Autorschaft in der Kunst. Alternatives Handeln und Denkmodell.* Bern: Lang 2012, S. 175–188; Hubert Klocker: Die Entwicklungen in der zweiten Hälfte der 1960er-Jahre. Zusammenarbeiten und Fraktionsbildungen. In: Badur-Triska / Klocker (Hrsg.): *Wiener Aktionismus*, S. 162–165, hier S. 162; Mark S. Weinberg: *Challenging the Hierarchy: Collective Theatre in the United States.* Westport: Greenwood 1992.

einzulassen und das Bewusstsein zu erweitern. Mit den neuen Freiheiten kamen jedoch auch neue Zwänge, indem der Hedonismus zu einer Form der politischen Pflicht wurde.[29]
Gerade die Arbeiten der Performance-Paare der 1970er und frühen 1980er Jahre geben Zeugnis von einer großen Skepsis gegenüber dieser Haltung: Vielmehr kreisen sie um die Idee, dass ‚Liebe' zu komplex sei, um schlichtweg ‚gemacht' (‚made') zu werden, sondern dass sie mit Abramović und Ulay ein hartes Stück Arbeit – eben *Relation Work* – sei. In dieser selbstreflexiven Wendung gewinnt die Figur des Paares Kontur, sowohl als Produkt von bürgerlich-kapitalistischen Machtgefügen wie auch als Entwurf einer idealen, utopischen Vereinbarkeit von Sexualität, Emotionalität und gleichberechtigter Partnerschaft. In dieser Ambivalenz liegt das Vermächtnis des ‚Summer of Love', an dem sich Performancekunstpaare – (re)produzierend, dekonstruierend – bis heute abarbeiten. Allen hier genannten Beispielen ist gemein, dass sie Beziehung als vieldimensionalen, medialisierten und performativen Prozess generieren. Und es stellt sich die Frage, inwiefern die performative Verfasstheit von Beziehung ebenso wie der Performancekunst das Potential entfaltet, mit und über die Figur des Paares Binarismen und Dualismen hinter sich zu lassen. Was also wäre – so ließe sich entlang der hier skizzierten Beispiele fragen –, wenn man das Paar nicht einfach als die kleinstmögliche Gemeinschaft oder als bloße Erweiterung eines narzisstischen Subjekts begreift, sondern als etwas ganz anderes?

29 Diese hier stark verkürzten, schlaglichtartigen Aussagen basieren in erster Linie auf den Arbeiten von Ingrid Gilcher-Holtey sowie Dagmar Herzog. Siehe u. a. Ingrid Gilcher-Holtey (Hrsg.): *1968. Vom Ereignis zum Gegenstand der Geschichtswissenschaft.* Göttingen: Vandenhoeck & Ruprecht 1998; dies.: *1968. Eine Zeitreise.* Frankfurt am Main: Suhrkamp 2008; Dagmar Herzog: *Sexuality in Europe. A Twentieth-Century History.* Cambridge: Cambridge UP 2011.

II.
Konstellationen

Doris Kolesch

Gemeinsam, Zusammen, Ensemble

Figurationen des Paares in den performativen Künsten

Aus der Perspektive der Theaterwissenschaft und der Performance Studies stellt der vorliegende Beitrag exemplarische Paarbildungen aus der Performance-Kunst und dem Gegenwartstheater vor und präsentiert erste Überlegungen zur Relevanz und Signifikanz von Paarbeziehungen in den Künsten. Diese Überlegungen wären in weiteren Forschungen zu vertiefen, zu erweitern und zu differenzieren, was zweifelsohne auch in einigen Beiträgen des vorliegenden Bandes zum Thema *Kunst-Paare* geschieht.

Der suchende, sich weder auf einen Begriff noch auf ein Begriffspaar, sondern auf die offene Trias „Gemeinsam, Zusammen, Ensemble" festlegende Titel des Textes zeigt dabei an, dass Kunst-Paare im Folgenden paradoxerweise als Figuren der Überschreitung etablierter Dualismen und Dichotomien aufgefasst werden, und gerade nicht als vermeintlich selbstgenügsame Zweisamkeiten. Entsprechend diskutiert der vorliegende Beitrag anhand von drei Paarkonstellationen aus den Künsten folgende Fragen:

1) Wie vermag erstens die Figur des Paares in der Kunst etablierte Konzepte und Vorstellungen von Individuum und Gruppe, von Individualität und Kollektivität zu hinterfragen?

2) Wie fordern zweitens Paarfigurationen Konzepte des künstlerischen Schaffensprozesses sowie von Autor- und Künstlerschaft heraus? Wie tragen sie dazu bei, alternative Praktiken von Arbeiten, Leben

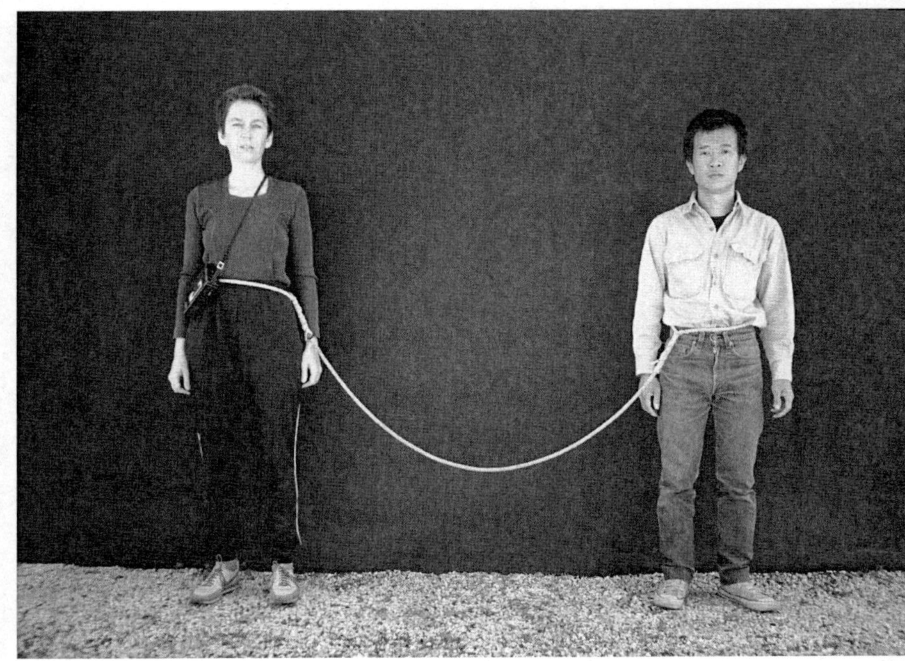

Abb. 1: Linda Montano / Tehching Hsieh: *Art/Life One Year Performance 1983–1984 (Rope Piece)*, New York.

und Lieben zu konturieren und die Grenzen zwischen Privatem und Öffentlichem zu verschieben?
3) Wie wird in dem von Kunst-Paaren eröffneten Spielraum der Grenzverschiebung und Transgression die Frage nach der Bestimmung des Menschen und des Menschlichen selbst thematisch?

Die Provokation des Paares durch ein Paar

Zunächst zum ersten Beispiel und zur Herausforderung des Paares durch ein Paar. Im Juli 1983 veröffentlichten die Künstler_innen Linda Montano und Tehching Hsieh folgende Erklärung:

> July, 1983
> STATEMENT
> We, LINDA MONTANO and TEHCHING HSIEH, plan to do a one year performance.

> We will stay together for one year and never be alone. We will be in the same room at the same time, when we are inside. We will be tied together at the waist with an 8 foot rope. We will never touch each other during the year.
> The performance will begin on July 4, 1983, at 6 p.m., and continue until July 4, 1984, at 6 p. m.
> – Linda Montano
> – Tehching Hsieh[1]

Es blieb nicht bei diesem Statement von Linda Montano und Tehching Hsieh; sondern die beiden setzten ihr Vorhaben in ihrem *Rope Piece* in der Zeit von Juli 1983 bis Juli 1984 in die Tat um: Ein Jahr lang lebten sie aneinandergebunden, teilten einen gemeinsamen Zeit-Raum, was nicht bedeutete, dass sie alles zusammen machten, aber doch, dass sie in diesem Jahr niemals etwas alleine machen konnten. Der oder die andere war immer da, wie ein Schatten, ein Doppelgänger, ein Spiegelbild. Dabei, und das ist zu betonen, waren Montana und Hsieh kein Liebespaar, sie durften sich in dem Jahr, in dem sie aneinander gebunden waren, nicht berühren und sie hatten keinen Sex miteinander. Die Künstlerin und der Künstler lernten sich über eine Annonce kennen, in der Hsieh, der vorher schon mit seinen drei jeweils ein Jahr dauernden *One Year Performances* (*Cage Piece*, 1978–79; *Time Clock Piece*, 1980–81; *Outdoor Piece*, 1981–82) für Aufmerksamkeit in der Kunstszene gesorgt hatte, jemanden für eine kollaborative *durational performance* suchte. (Abb. 1)
Roland Barthes hat in seiner Vorlesung am Collège de France *Wie zusammen leben* das Paar „als Phantasma par excellence" bezeichnet. Das Paar stehe paradigmatisch für Vorstellungen, wie Menschen „‚harmonisch' zusammenleben, ‚gut' miteinander auskommen" können: „Was gäbe es Faszinierenderes, was wäre beneidenswerter?: Paare, Gruppen, sogar (gelungene) Familien. Das ist der Mythos (das Trugbild?) im Reinzustand, der reine Romanstoff."[2]

1 Alex Grey / Allyson Grey: The Year of the Rope: An Interview with Linda Montano & Tehching Hsieh. In: Linda Frye Burnham / Steven Durland (Hrsg.): *The Citizen Artist: 20 Years of Art in the Public Arena. An Anthology from High Performance Magazine 1978–1998*. Gardiner, NY: Critical Press 1998, S. 29–40, hier S. 29.

2 Roland Barthes: *Wie zusammen leben. Simulationen einiger alltäglicher Räume im Roman. Vorlesung am Collège de France 1976–77*, aus d. Franz. v. Horst Brühmann. Frankfurt am Main: Suhrkamp 2007, S. 40.

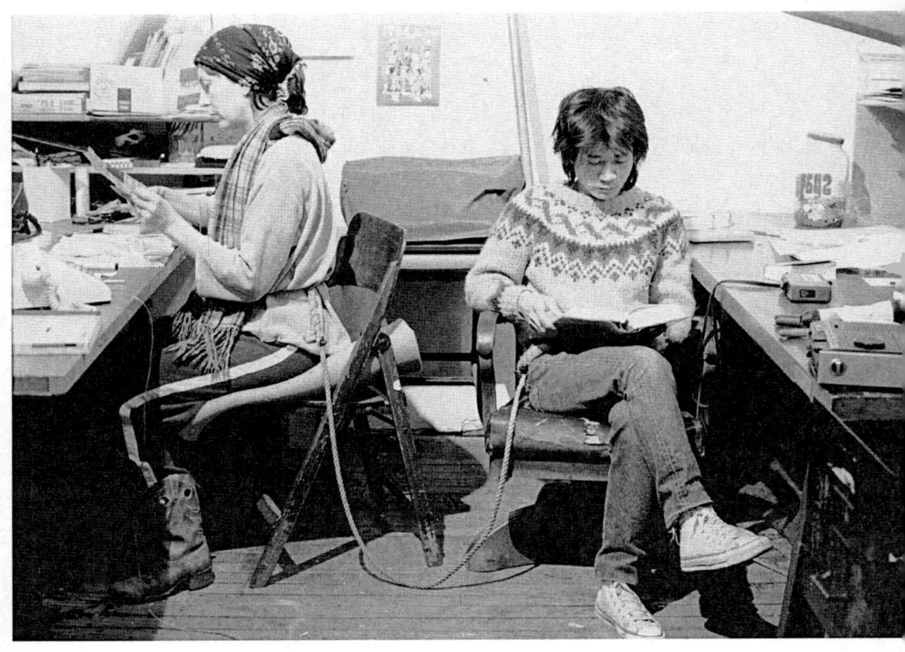

Abb. 2: Linda Montano / Tehching Hsieh: *Art/Life One Year Performance 1983–1984 (Rope Piece)*, New York.

Dieser Mythos, dieses Trugbild, wird von Montana und Hsieh aufgerufen und zugleich entzaubert: Nichts Faszinierendes, nichts Beneidenswertes ist daran, ein Jahr lang an jemanden mit einem Seil gebunden zu sein, alles zusammen machen zu müssen, ohne doch zusammen sein zu können: keine Berührung, kein physischer Kontakt, kein Sex.

So führt dieses Kunst-Paar (wie viele andere in der Kunst) die phantasmatische Figur der Verbindung vor, nimmt die symbolische Dimension der Verbindung wörtlich und zeigt damit paradoxerweise eine Trennung an, stellt Faszinosum und Skandalon in einem dar und aus. (Abb. 2)

Paarbildung ist immer eine Gruppenkonfiguration, daher ist sie für die kollektive Kunst des Theaters so spannend, denn im Paar erst konfiguriert und strukturiert sich eine Gruppe, etabliert sich ein Denken in Binarismen: hier das Paar und dort die anderen.

Der Prozess der Paarbildung zeigt Ähnlichkeiten, aber auch Differenzen zur theatralen Urszene: Als theatrale Urszene kann das Heraustreten des ersten Schauspielers, des Protagonisten aus der

Geschlossenheit des Chors gelten. Das antike Theater begann mit dem Hervortreten eines Körpers, einer Stimme, einer Gestalt vor den Resonanzraum des Chores, um zu protestieren, Widerstand zu leisten, zu klagen und anzuklagen gegen die ungerechten Götter.
Im Paar nun treten zwei zusammen aus dieser Gemeinschaft des Chores, sind weder einzeln noch kollektiv. So entsteht im Paar in der Abwendung und Ablösung von der Gemeinschaft eine intermediäre soziale Figur, die Gesellschaft weder als bloße Summe Einzelner zu denken erlaubt noch als kollektive Gemeinschaft oder Gruppe.
So schreibt Einar Schleef in *Droge Faust Parsifal*, einer Art theatertheoretischer und künstlerischer Selbstverständigung in Notaten, autobiographischen Skizzen, Reflexionen und Fragmenten, zum antiken Chor:

> Der antike Chor ist ein erschreckendes Bild: Figuren rotten sich zusammen, stehen dicht bei dicht, suchen Schutz beieinander, obwohl sie einander energisch ablehnen, so, als verpeste die Nähe des anderen Menschen einem die Luft. Damit ist die Gruppe in sich gefährdet, sie wird jedem Angriff auf sich nachgeben, akzeptiert voreilig angstvoll ein notwendiges Opfer, stößt es aus, um sich freizukaufen. Obwohl sich der Chor des Verrats bewußt ist, korrigiert er seine Position nicht, bringt vielmehr das Opfer in die Position des eindeutig Schuldigen. Das ist nicht nur ein Aspekt des antiken Chores, sondern ein Vorgang, der sich jeden Tag wiederholt. Der Feind-Chor, das sind zunächst nicht die Millionen Nichtweißer, Verreckender, Kriegsplünderer und Asylanten, sondern die Andersdenkenden, vor allem der, der die eigene Sprache spricht, ihn gilt es zuerst auszulöschen, egal wie.[3]

Der Chor bildet keine friedliche Gemeinschaft, er basiert auf Aggression, gewaltsamen Ein- und Ausgrenzungen und auf der ansteckenden, formierenden Kraft des Opfers für den Weiterbestand der Gruppe.
Das Paar führt hier eine dritte Perspektive zwischen Gemeinschaft und ausgeschlossenem Opfer ein, wobei weniger interessant ist, was das Paar verbindet, als wie es, in der Verbindung von Distanz und Differenzierung, individuelle Identität bewahrt. Linda Montano und Tehching Hsieh führen das anschaulich vor: Wie agiert man

3 Einar Schleef: *Droge Faust Parsifal*. Frankfurt am Main: Suhrkamp 1997, S. 14.

zusammen, obwohl man sich nicht berühren darf? Wie hält man Distanz, wenn man aneinander gebunden ist?
Diese Performance ist vielleicht gerade deshalb so eindrücklich und stark, weil sie zahlreiche etablierte Konzepte und Vorstellungen menschlicher Identität und Individualität ebenso wie gesellschaftlichen Zusammenlebens und sozialer Interaktion aufruft und zugleich unterläuft. Um nur einen weiteren Aspekt zu nennen: Die heterosexuelle Matrix wird vom *Rope Piece* durch die Kollaboration einer Künstlerin und eines Künstlers vermeintlich bestätigt, zugleich aber laufen wesentliche Bestimmungen des heterosexuellen Paares hier ins Leere. Es gibt keinen Sex, es gibt kein Telos des Paares, es werden keine geschlechtsbezogenen Rollen- und Verhaltenszuschreibungen ausagiert.
Und noch ein letzter Gedanke zu Montana und Hsieh: Die extreme Dauer der Performance, genau ein Jahr, weist darauf hin, dass das Zusammenleben eines Paars nicht nur ein räumliches Phänomen ist, sondern vor allem auch ein zeitliches. Das Seil markiert die räumliche Verbindung und gibt deren Grenzen vor, der gewählte Zeitraum von einem Jahr macht das Gleiche im Medium der Zeit. Das Paar, so könnten wir sagen, existiert als exponierte Zeitgenossenschaft, die weit mehr ist als eine bloße kalendarische Synchronie. Diese besondere Form von Zeitlichkeit zu untersuchen, wäre m. E. für weitere Forschungen durchaus lohnenswert.

Alternative Figurationen von Arbeit, Liebe und Leben

Vor kurzem war in einem meiner Seminare eine Absolventin des Instituts für Theaterwissenschaft der Freien Universität Berlin zu Gast, die auch als Theatermacherin und Performerin erfolgreich ist. Sie arbeitet in einer Performancegruppe, die mit installativen Theaterräumen und partizipativen Game-Settings neue szenische Kommunikationsmodelle erprobt. Die zunehmende Digitalisierung von Kommunikation und die Veränderungen unserer Gegenwart durch Soziale Medien werden dabei thematisiert und zugleich *in actu* durchgespielt.[4] Das Spiel mit der flüchtigen theatralen Zufallsgemeinschaft des Publikums wird als Spiel über aktuelle sowie zukünftige Gesellschaftsformen

4 Siehe http://www.interrobang-performance.com (Zugriff am 21.09.2016).

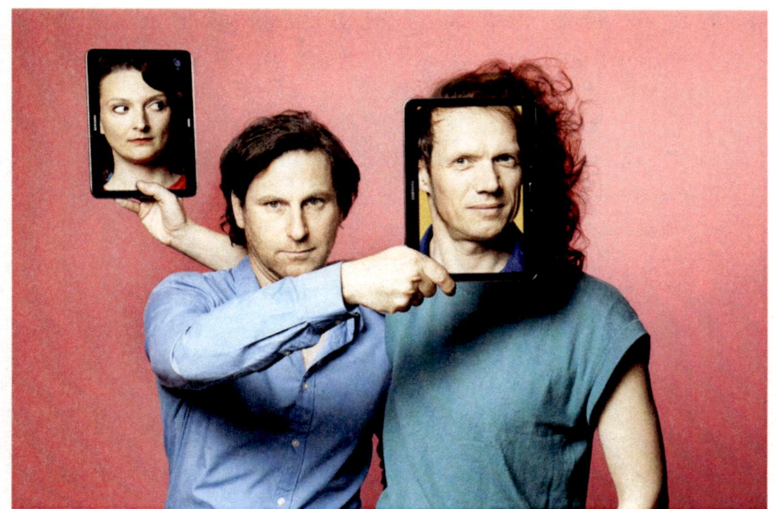

Abb. 3: Interrobang: *To Like or Not To Like. Ein Big Data Spiel.* Premiere: 11. Juni 2015, Schauspiel Leipzig.

und Wertesysteme inszeniert. Die Gruppe mit dem Namen *Interrobang* – ein Kunstwort zur Bezeichnung eines Sonderzeichens, welches die Funktion des Fragezeichens und des Ausrufezeichens bündelt – besteht derzeit aus drei festen Mitgliedern. Für jeweilige Produktionen werden dann weitere Künstler_innen verschiedenster Sparten hinzugenommen.

Als die Performerin die gemeinsame Arbeit der Gruppe beschrieb, vermerkte sie kurz in einem Halbsatz: „also mit T. bin ich zusammen." Ein Künstler- und Liebespaar also, eingebettet in eine Performancegruppe. (Abb. 3)

Spielt das eine Rolle? Warum müssen wir das wissen? Erschiene hier schon eine neue „Kategorie" am Horizont, die in der, wie die Herausgeberinnen des Bandes betonen, durchaus entwicklungsfähigen geisteswissenschaftlichen Forschung zu Zweierbeziehungen noch gar nicht thematisiert ist: das unbekannte Paar, das Paar, dessen intime Verbindung aus welchen Gründen auch immer der Öffentlichkeit nicht bekannt ist? Das Paar als Geheimnis, von dem niemand oder nur wenige Insider wissen? Und warum wird es gleichwohl als relevant erachtet, dass von dieser Beziehung gewusst wird?

Warum also spielt die Liebesbeziehung zwischen zwei Künstler_innen, die gemeinsam arbeiten, eine Rolle? Unterstellen wir Befangenheiten? – Die aber gibt es auch unter engen Freunden, und niemand zwingt dazu oder sieht sich gezwungen, dass Performancekollektive *en détail* explizieren, wie ihre freundschaftlichen Relationen jeweils bestimmt werden könnten. Besteht hier ein Bekenntniszwang des Liebespaars – und weshalb?
Mit Blick auf die Performance-Kunst und jüngere Arbeiten im Grenzbereich von Performance, Theater, Installation und Intervention lässt sich festhalten, dass die Performance-Kunst nicht nur ein neues Verhältnis zwischen Performer_innen und Zuschauer_innen etablierte und das fiktive theatrale „Als-ob" aufkündigte, sondern dass zentral auch neue Formen der Zusammenarbeit, der künstlerischen Produktion erprobt und entwickelt wurden, die explizit als künstlerische Entwürfe einer anderen, nicht entfremdeten Arbeit verstanden wurden. Zahlreiche Künstlerkollektive insbesondere seit den 1960er Jahren verstanden sich nicht nur als Produktionskollektive innerhalb des Theater- und Kunstkontextes, sondern als Kollektive, in denen das Verhältnis von Arbeit und Leben, auch von Arbeiten und Lieben neu gestaltet wurde. Entsprechend wurde versucht, demokratische Ideale der hierarchiefreien Organisation durchzusetzen, ökonomische Gleichheit durch einen Einheitslohn für alle Beteiligten herzustellen und die kapitalistische Arbeitsteilung aufzukündigen. Stand im Hintergrund vieler Experimente der 1960er Jahre Marx' Konzept der „freien Arbeit", so steht der gemeinsame Prozess des Arbeitens an einem neuen Theaterverständnis jenseits etablierter Kunstinstitutionen, Förderstrukturen und Künstlerklischees im Zentrum zahlreicher gegenwärtiger Theater- und Performancekollektive.[5] Entsprechend ist das Durchbrechen der bürgerlichen Trennung zwischen Privatem und Öffentlichem, zwischen Arbeits- und Privatleben bewusst Teil eines künstlerischen Programms, das den Bereich der Ästhetik verlässt und eher die grundlegende gesellschaftliche *Aufteilung des Sinnlichen* thematisiert, um mit Jacques Rancière zu sprechen.[6]

5 Vgl. hierzu Annemarie Matzke: *Arbeit am Theater. Eine Diskursgeschichte der Probe.* Bielefeld: Transcript 2012, bes. Kap. 9 „Kollektive Kreativität: Tun und Lassen".

6 Jacques Rancière: *Die Aufteilung des Sinnlichen. Die Politik der Kunst und ihre Paradoxien*, aus d. Franz. v. Maria Muhle / Susanne Leeb / Jürgen Link. Berlin: b_books 2006.

Von daher ist es nur folgerichtig, dass in der Neo-Avantgarde, der Performance-Kunst und der hybridisierten, entgrenzten Kunstszene seit den 1960er Jahren auffällig viele Paare Arbeits- und Privatleben teilen. Julian Beck / Judith Malina vom Living Theatre, Abramović / Ulay, EVA & ADELE, Fischli & Weiss, Gilbert & George, Pierre et Gilles und viele andere mehr können hier angeführt werden. Wobei die letztgenannten Paare schon anzeigen, dass es ihnen nicht nur um andere Praktiken künstlerischer Kreativität und Arbeit geht, sondern auch um eine Erweiterung und Transgression gesellschaftlicher Paarkonzepte, nicht nur mit Blick auf die heterosexuelle Matrix.
Und wie verfahren wir eigentlich mit Künstlerpaaren, die während einer Phase ihres künstlerischen Schaffens ein Liebespaar waren, sich dann privat trennten, aber weiterhin gemeinsam Kunst machen, wie Elmgren & Dragset? Welche Konzepte von künstlerischer Arbeit, von kollaborativen kreativen Prozessen müssen wir entwickeln, um derartige Phänomene und Entwicklungen angemessen reflektieren zu können? Und wie wäre das methodisch konkret zu leisten?
Zudem könnte man kritisch fragen, ob die emphatische Aufladung des Paares als möglicher Keimzelle alternativen künstlerischen Lebens, als Initial einer kapitalismuskritischen oder gar antikapitalistischen Ökonomie nicht die Vollendung des Paares als Phantasma darstellt, das eingangs schon anlässlich von Montanos und Hsiehs *Rope Piece* problematisiert wurde? Zugleich komme ich damit zum dritten und letzten Beispiel.

Paarungen des Trans-Humanen

Es gibt, und vielleicht ist das *ein* Grund für die phantasmatische Besetzung des Paares, eine körperliche Evidenz des Paares: Unsere Augen, Ohren, Arme, Beine, Hände und Füße unterstützen das Bild einer vermeintlich natürlichen Zweiheit. Der Mythos der androgynen Kugelwesen, der uns aus Aristophanes' Lobrede auf den Eros aus Platons *Symposium* überliefert ist, inszeniert diesen Mythos und betont dabei die schier übermenschliche Perfektion des dritten Menschengeschlechts:

> Unsere ehemalige Naturbeschaffenheit nämlich war nicht dieselbe wie jetzt, sondern von ganz anderer Art. Denn zunächst gab es damals drei Geschlechter unter den Menschen, während jetzt nur zwei, das männliche und das

weibliche; damals kam nämlich als ein drittes noch ein aus diesen beiden zusammengesetztes hinzu, von welchem jetzt nur noch der Name übrig ist, während es selber verschwunden ist. [...] Ferner war damals die ganze Gestalt jedes Menschen rund, indem Rücken und Seiten im Kreise herumliefen, und ein jeder hatte vier Hände und ebenso viele Füße und zwei einander durchaus ähnliche Geschlechter auf einem rings herumgehenden Nacken, zu den beiden nach der entgegengesetzten Seite von einander stehenden Gesichtern aber einen gemeinschaftlichen Kopf, ferner vier Ohren und zwei Schamteile, und so alles übrige, wie man es sich hiernach wohl vorstellen kann. Man ging aber nicht nur aufrecht wie jetzt, nach welcher Seite man wollte; sondern, wenn man recht schnell fortzukommen beabsichtigte, dann bewegte man sich, wie die Radschlagenden die Beine aufwärtsgestreckt sich überschlagen, so, auf seine damaligen acht Glieder gestützt, schnell im Kreise fort. Es waren aber deshalb der Geschlechter drei und von solcher Beschaffenheit, weil das männliche ursprünglich von der Sonne stammte, das weibliche von der Erde, das aus beiden gemischte vom Monde, da ja auch der Mond an der Beschaffenheit der beiden anderen Weltkörper teil hat; eben deshalb waren sie selber und ihr Gang kreisförmig, um so ihren Erzeugern zu gleichen. Sie waren daher auch von gewaltiger Kraft und Stärke und gingen mit hohen Gedanken um, so daß sie selbst an die Götter sich wagten.[7]

Diese berühmte Passage wurde vielfach so interpretiert, dass das Eine (der Körper) von sich aus virtuell gespalten ist. Die Grundeinheit bildet entsprechend das Paar, woraus eine unauflösliche Dialektik zwischen der virtuellen Spaltung des Einen und der Wiederherstellung der Einheit als vereinigtes Paar entsteht.

Dieses heterosexuelle Phantasma der erotischen Verschmelzung der zusammenpassenden Hälften wird von queeren Paarfigurationen aufgerufen und zugleich herausgefordert und überschritten. Exemplarisch möchte ich hier auf das Paar Mensch-Tier eingehen, das die Grenzen zwischen Mensch und Tier aufzeigt und zugleich verwischt. (Abb. 4)

Geradezu kanonisch steht dafür Joseph Beuys' Aktion *I like America and America likes me*, wenngleich auch zahlreiche weitere Beispiele

7 Platon: Das Gastmahl [Symposion], aus d. Altgriech. v. Franz Susemihl. In: Ders.: *Sämtliche Werke in drei Bänden*, Bd. I, hrsg. v. Erich Loewenthal. Darmstadt: WBG 2004, S. 657–727, hier S. 681–682.

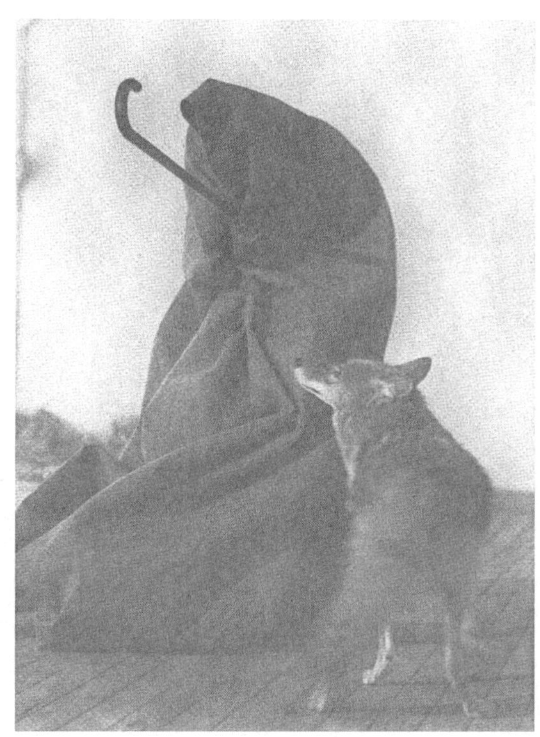

Abb. 4
Joseph Beuys:
I like America and America likes me,
René Block Galerie,
New York, 1974.

angeführt werden könnten, wie Carolee Schneemanns *Infinity Kisses I* und *II* (1981–1988).

I like America and America likes me fand vom 21. bis 25. Mai 1974 in der René Block Galerie statt. Beuys wurde am New Yorker Flughafen bei der Ankunft in eine große, dicke Filzdecke vollkommen eingewickelt und in einem Rettungswagen in die René Block Galerie in Downtown Manhattan gefahren. Dort teilte sich der Künstler vier Tage und Nächte lang den Galerieraum mit einem wilden Kojoten, „little John“ genannt.

Der Künstler war mit einer großen Filzdecke, einem Hirtenstab, Handschuhen und einer Triangel, die er gelegentlich spielte, ausgestattet. Jeden Tag ließ Beuys das *Wall Street Journal* in die Galerie bringen, der Kojote knabberte gelegentlich daran und urinierte darauf, weil er das ausgelegte Stroh nicht annahm. Im Laufe der Zeit konfigurierte sich die Relation zwischen Mensch und Tier

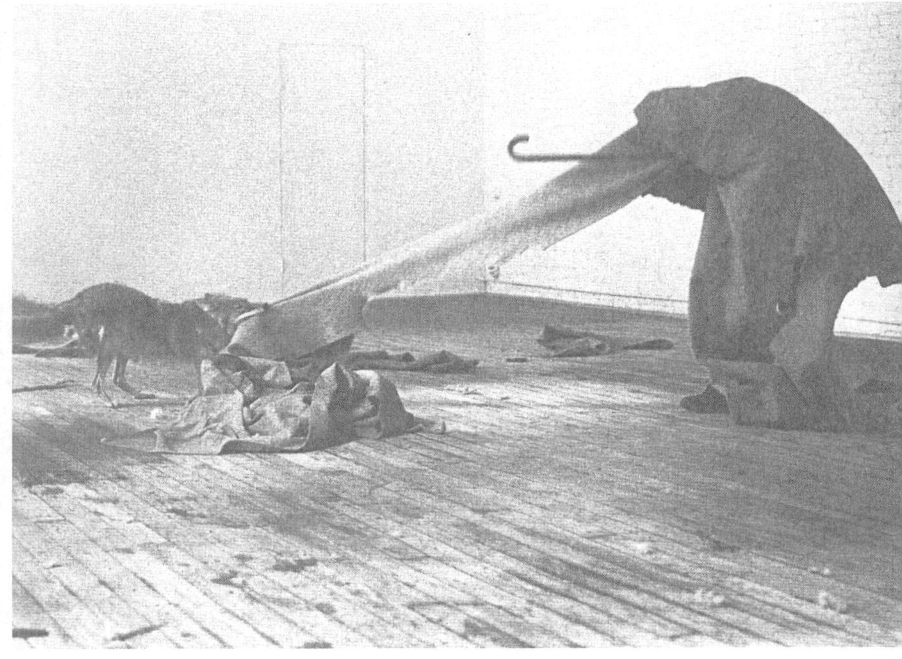

Abb. 5: Joseph Beuys: *I like America and America likes me*, René Block Galerie, New York, 1974.

auf unterschiedlichste Weisen, der Kojote zeigte sich von aggressiv-verängstigt über desinteressiert bis hin zu zutraulich. (Abb. 5)
Beuys hatte den Kojoten als mythisches, heiliges Tier der amerikanischen Ureinwohner_innen gewählt, er wollte mit dieser Aktion auf das, wie er es nannte, amerikanische Trauma anspielen, die unaufgearbeitete Ausbeutung, Unterdrückung und Vernichtung des „roten Mannes“ (Beuys) durch die amerikanischen Siedler. Mit dem wilden Tier, dessen Wildheit durch den Galeriekontext und die Namensgebung „little John“ ausgestellt und eingehegt in einem wurde, suchte er eine Kommunikation, einen Kontakt mit den anderen, nicht-menschlichen Energien und dem Sensorium des Kojoten vor dem Hintergrund seiner holistischen, ökologischen Kunstauffassung.
Für die Frage nach der – historisch wie kulturell ja nie ganz eindeutigen und nie stabilen – Grenze zwischen Mensch und Tier ebenso wie für Überlegungen zum Post- oder auch Trans-Humanen ist Beuys' Performance signifikant. Denn nicht nur verliert das Tier mit und in der Aktion seine ausgestellte Wildheit, auch Beuys nähert sich

durch das Einhüllen seines gesamtes Körpers samt des Kopfes in die übergroße Filzdecke und durch die von ihm eingenommenen Posen im Raum der Skulptur, der Plastik im Raum an, so dass sowohl die Grenze zwischen Mensch und Tier als auch die Grenze zwischen belebt und unbelebt durchlässig wird. So zeigt die Aktion in den Worten Lynn Turners die „undecidability into the divisions between subjects and species once thought to be decisive."[8]

An drei exemplarischen Kunst-Paaren hat der vorliegende Beitrag Herausforderungen von Paarmodellen und Paarkonzepten durch eine konkrete Paarinszenierung untersucht, die Rolle des Paares beim Entwurf alternativer Auffassungen von Arbeit, Liebe und Leben thematisiert sowie schließlich das transgressive Potential von Kunst-Paaren mit Blick auf Konzepte des Menschlichen und Nicht-Menschlichen herausgearbeitet. Schon dieser kursorische, längst nicht systematische Einblick zeigt, inwiefern die performativen Künste nicht nur bezüglich ihrer Themen und Inhalte, sondern insbesondere auch durch ihre formale Gestaltung und Verfasstheit als Experimentierfeld sozialer und gesellschaftlicher Veränderungen fungieren.

8 Lynn Turner: When Species Kiss: Some Recent Correspondence between Animots. In: *Humanimalia* 2,1 (2010), S. 60–86. http://www.depauw.edu/humanimalia/issue03/pdfs/Turner%20pdf.pdf (Zugriff am 20.09.2016).

Jenny Schrödl

Paare, Duos, Doppelgänger

Zweierbeziehungen und Gender in der Performancekunst

Zweierkonstellationen finden sich in der Performancekunst seit den 1960er Jahren vielfach – dabei werden Beziehungsentwürfe ebenso wie Geschlechtervorstellungen verhandelt. Zu denken ist beispielsweise an: VALIE EXPORT und Peter Weibels Aktionen im Wien der 1960er Jahre, bei denen sie geschlechtsspezifische Wahrnehmungsgewohnheiten ebenso zur Schau stellten wie Macht- und Hierarchieverhältnisse zwischen den Geschlechtern;[1] an die monumentalen Werkserien von Gilbert & George, die immer auch Männlichkeit und Homosexualität thematisieren;[2] an Marina Abramović und Ulays Performancereihe *Relation Works*, in der sie Prozesse des Ähnlich-Werdens zwischen Mann und Frau ebenso präsentierten wie sie sich der „Untersuchung der Beziehungen auf formaler, sinnlicher und sozialer Ebene"[3] widmeten – oder auch an zeitgenössische Duos wie Iggy Malmborg und Johannes Schmit mit ihrer Performanceserie

1 So z. B. *Aus der Mappe der Hundigkeit*, Wien 1968 (vgl. http://peter-weibel.at/index.php?option=com_content&view=article&id=27:aus-der-mappe-der-hundigkeit-1968&catid=2:mixed-media&lang=de&Itemid=11 (Zugriff am 25.11.2016)) sowie *Tapp und Tastkino*, Wien 1968 (vgl. http://www.valieexport.at/en/werke/werke-einzelseiten/chronologie-zu-tapp-und-tastkino/ (Zugriff am 25.11.2016)).

2 Vgl. Karoline Künkler: Das kreative Duo als ästhetische Form. Zur gemeinschaftlichen Selbstgestaltung von Abramović / Ulay und Gilbert & George. In: Barbara Schaefer / Andreas Blühm (Hrsg.): *Künstlerpaare – Liebe, Kunst und Leidenschaft*. Ostfildern: Hatje Cantz 2008, S. 364–374, hier S. 368–371.

3 Vgl. Friedemann Malsch: Marina Abramovic / Ulay. Kämpfer und Liebende. In: *Kunstforum* 106 (1990), S. 228–243, hier S. 231.

white on white,[4] bei der sie Privilegien weißer Männer problematisieren; an Jeremy Wade und Marysia Stokłosa mit ihrem Duett *Glory* (Premiere: Februar 2006, Dance Theater Workshop, New York), bei dem sie sich in einem Teil nackt, in einen tiefen Kuss versunken, in verschiedenen Positionen durch den gesamten Raum winden,[5] oder an Beatrice Fleischlin und Anja Moser mit ihrer Performance *Come on Baby – ein uneindeutiges Angebot* (UA: 04.01.2010, Sophiensäle Berlin), die sich auf die Suche nach verschiedenen Männlichkeiten begeben und dabei ein großes Spektrum an diversen Körperlichkeiten und uneindeutigen Menschen aufmachen[6] – um nur eine kleine Auswahl zu nennen.

Vor diesem Hintergrund thematisiert dieser Beitrag unterschiedliche Verhandlungen von Zweierbeziehungen[7] und Gender in der Performancekunst, mit dem Ziel, ein gewisses Spektrum der Auseinandersetzungen vorzustellen. Generell stehen Zweierbeziehungen mit Gender in einem engen Zusammenhang. Für viele Formen der Zweierbeziehung ist die Geschlechtszugehörigkeit der jeweiligen Personen konstitutiv. Gleichzeitig (re-)produzieren die intersubjektiven Relationen in ihrem Vollzug gesellschaftlich anerkannte Geschlechtervorstellungen und/oder Geschlechtsunterschiede; die heterosexuelle Paarbeziehung gilt in der westlichen Kultur als die zentrale Institution der (Re-)Produktion der Geschlechtsdifferenz.[8]

4 http://www.whiteonwhite.eu/ (Zugriff am 25.11.2016).

5 http://www.jeremywade.de/desktop.html (Zugriff am 25.11.2016).

6 http://www.come-on-baby.de/fleischlin_meser/konzept_COME_ON_BABY.html (Zugriff am 25.11.2016).

7 Den Begriff der „Zweierbeziehung" entlehne ich Karl Lenz, der diesen gegenüber anderen Begriffen wie romantische Beziehung, Liebesbeziehung, Ehe oder Partnerschaft privilegiert und etabliert (vgl. Karl Lenz: *Soziologie der Zweierbeziehung. Eine Einführung.* 4. Aufl. Wiesbaden: VS 2009, S. 45–61). Allerdings verstehe ich den Begriff in einem weiteren Sinne als Lenz nicht nur als Liebesbeziehung, sondern auch als Geschwister-, Eltern-Kind-Beziehungen, Freundschaftsbeziehungen oder als andere nahe, aber nicht genau definierbare Beziehungsformen. Ansonsten stimme ich mit zentralen Elementen der Definition von Lenz überein: So gehören zu Zweierbeziehungen eine Kontinuität und relative Dauer, das Vorhandensein persönlichen Wissens, emotionale Bindung, die Etablierung einer gemeinsamen Wirklichkeit sowie Dimensionen der Macht oder Interdependenz. Zweierbeziehungen vollziehen sich in körperlichen, emotionalen und/oder geistigen Nahverhältnissen; sie sind historische, also prinzipiell wandelbare und veränderliche Größen, die im Kontext einer jeweiligen Zeit und Kultur situiert sind.

8 Vgl. ebd., S. 61.

Auch Sexualitäten werden durch Beziehungsformen gestiftet. In diesem Sinne stellt Stefan Hirschauer mit Rekurs auf die Semantik, die Ende des 19. Jahrhunderts als Leitunterscheidung unserer Sexualitäten entwickelt wurde, heraus:

> Statt des sexuellen Geschmacks klassifizieren wir einen Typ von Beziehung, den wir über die Geschlechtszugehörigkeit ihrer beiden Enden bestimmen: als gleich/homo oder verschieden/hetero. Man kann also schon an der Wahl der Bezeichnung ablesen, dass es um Beziehungssinn ging.[9]

Zweierbeziehungen sind also an der Produktion, affirmativen Reproduktion und/oder Subversion von Zweigeschlechtlichkeit und Sexualität, von Männlichkeits- und Weiblichkeitsbildern, von geschlechtsspezifischen Verkörperungen, Verhaltensweisen oder Emotionalitäten ganz wesentlich beteiligt.

Auch in der Performancekunst seit den 1960er Jahren bis zur Gegenwart werden, wie oben kurz dargestellt, Zweierbeziehungen im Zusammenhang mit geschlechtsspezifischen Thematiken verhandelt – zu fragen ist, welche Geschlechter- und Beziehungsvorstellungen mit welchen Strategien und Techniken in Szene gesetzt werden und inwiefern damit vorherrschende Beziehungs- und Geschlechtermodelle reproduziert oder eher unterlaufen werden. Als Gegenstand der Untersuchung bieten sich sogenannte Künstler*innenpaare besonders an. Allerdings ist die Fokussierung auf das ‚Paar', und damit verbunden auf das ‚Liebespaar', meines Erachtens eine vorschnelle Beschränkung der vielfältigen und diversen Auseinandersetzungen mit Zweierbeziehungen in der Performancekunst. Der Fokus muss wesentlich über das (Künstler*innen-)Paar hinaus auf weitere Konstellationen gerichtet werden – vor diesem Hintergrund verhandelt dieser Beitrag drei unterschiedliche Arten von Zweierbeziehungen: (Künstler*innen-)Paare, Duos und Doppelgänger. Ziel dieses Beitrags ist es somit, den in diesem Sammelband diskutierten Paar-Begriff durch die beiden Konzepte des Duos und des Doppelgängers wesentlich zu erweitern und zu öffnen.

9 Stefan Hirschauer: Geschlechts(in)differenz in geschlechts(un)gleichen Paaren. Zur Geschlechterunterscheidung in intimen Beziehungen. In: *GENDER* Sonderheft 2 (2013), S. 37–56, hier S. 46.

Hat die Theaterwissenschaft im Zuge des *performative turn* neue und wegbereitende Konzepte des Relationalen und Intersubjektiven vor allem in Bezug auf das Verhältnis von Bühne und Publikum hervorgebracht, so ist die inszenierte Beziehung zwischen zwei Personen – trotz der relativen Häufigkeit von Zweierkonstellationen auf der Bühne – bislang kaum erforscht. In den letzten Jahren richtete sich das theaterwissenschaftliche Forschungsinteresse hingegen forciert auf das Solo auf der einen Seite und auf das Chorische sowie Kollektive auf der anderen Seite. Gleichzeitig erscheint es sinnvoll, Solo, Duo und Kollektiv nicht allein für sich und gegeneinander abgrenzend zu denken, sondern ebenso nach den Übergängen und Gemeinsamkeiten zu fragen. Nicht zuletzt aus dem Grund, da auch solistische und chorische Konstellationen etwas über duale Verhältnisse aussagen können und umgekehrt; dies wird in meinen folgenden Betrachtungen ebenfalls eine Rolle spielen, insofern ich mit Beispielen aus der Performancekunst umgehe, die auf den ersten Blick keine duale Präsentationsform darstellen oder diese bewusst dekonstruieren. Das Thema der Zweierbeziehungen wird damit von seinen Rändern und Grenzen her angegangen und bestimmt.

(Künstler*innen-)Paare

Zu den wesentlichen Merkmalen des Künstler*innenpaares zählt, dass es aus zwei Menschen besteht, die künstlerisch tätig sind und zwar oftmals im Rahmen einer Liebesbeziehung. Viele Künstler*innenpaare schaffen gemeinsam ein Werk, manche arbeiten aber auch parallel an ihren je eigenständigen künstlerischen Arbeiten – für beide Varianten steht der Begriff Künstler*innenpaar, obgleich mich hier vor allem die erste Variante interessiert. Der dualen Arbeit an einem künstlerischen Werk liegt nämlich eine Provokation und Subversion des aus der Romantik stammenden Ideals eines individuellen Künstlergenies zugrunde. In diesem Sinne formuliert etwa Catherine Grenier: „Die romantische Figur des Genies und folglich das einsame Kunstschaffen, wie Rainer Maria Rilke es zelebrierte, werden für unzulänglich erklärt und durch die Form der gemeinsamen Kunstpraxis widerlegt."[10] Das Künstler*innenpaar umfasst zudem eine Grenzüberschreitung

10 Catherine Grenier: L'artiste à deux têtes. In: *Kunstforum* 106 (1990), S. 124–127, hier S. 125.

zwischen Kunst und Leben, zwischen Arbeit und Freizeit: So spielen zahlreiche Künstler*innenliebespaare gerade mit der Verdopplung ihrer Zweierbeziehung in Leben und Kunst, mit einer Oszillation zwischen realer und fiktiver Beziehung innerhalb einer ästhetischen Inszenierung, die eine besondere Spannung und Faszination erzeugt. Zahlreiche kunsthistorische Anthologien und Ausstellungen zu diesem Thema der letzten 20 Jahren bezeugen dieses Faszinosum Künstler*innenpaar.[11] Künstler*innenpaare, besonders nicht-gleichgeschlechtliche, rufen Fragen nach Geschlechterdifferenz sowie nach Gleichheit bzw. Ungleichheit zwischen den Geschlechtern auf. „Im Allgemeinen", so Linda Nochlin, „ist es nun einmal der männliche Partner, der im Vordergrund steht – oder zumindest war das in der Vergangenheit so."[12] Traditionell wird die Kunst bzw. der Künstler in der abendländischen Kultur- und Kunstgeschichte als männlich entworfen: „Das Selbstverständnis des kunsthistorischen Diskurses", schreibt Silke Wenk, „ist zentriert auf die Figur des männlichen Schöpfers; maßgeblich ist der weiße, heterosexuelle Mann."[13] Zahlreiche Künstler*innenpaare reproduzieren derartige traditionelle Mythen von Männlichkeit und Schöpferkraft, so wie sie Geschlechterhierarchien innerhalb von Paarbeziehungen fortschreiben. So hat Renate Berger eindrücklich geschildert, wie Künstler*innenpaare zu Beginn des 20. Jahrhunderts, z. B. Lovis Corinth und Charlotte Berend-Corinth oder Pablo Picasso und Françoise Gilot, hierarchische Beziehungen nach dem Muster ‚männliches Künstlergenie – weibliche Muse' lebten und (re-)produzierten.[14] Allerdings finden sich in Geschichte und Gegenwart ebenfalls zahlreiche Künstler*innenpaare, die Re-Visionen und De-Konstruktionen solcher Vorstellungen vornehmen.

Ein Beispiel dafür ist das wohl berühmteste heterosexuelle Liebespaar der Performancegeschichte: Marina Abramović und Ulay, deren Liebes- und Arbeitsbeziehung von 1976 bis 1988 andauerte. Bei ihnen

11 Vgl. Renate Berger (Hrsg.): *Liebe Macht Kunst. Künstlerpaare im 20. Jahrhundert*. Köln: Böhlau 2000; Mark Gisbourne: *Künstlerpaare / Double Act*. München / Berlin / London / New York: Prestel 2007; *Kunstforum* 106 u. 107 (1990); Schaefer / Blühm (Hrsg.): *Künstlerpaare*.

12 Linda Nochlin: Wenn Künstler Paare sind. In: Schaefer / Blühm (Hrsg.): *Künstlerpaare*, S. 10–11, hier S. 10.

13 Silke Wenk: Mythen von Autorschaft und Weiblichkeit. In: Kathrin Hoffmann-Curtius / Silke Wenk (Hrsg.): *Mythen von Autorschaft und Weiblichkeit im 20. Jahrhundert*. Marburg: Jonas 1997, S. 12–29, hier S. 12.

14 Renate Berger: Leben in der Legende. In: Berger (Hrsg.): *Liebe Macht Kunst*, S. 1–34.

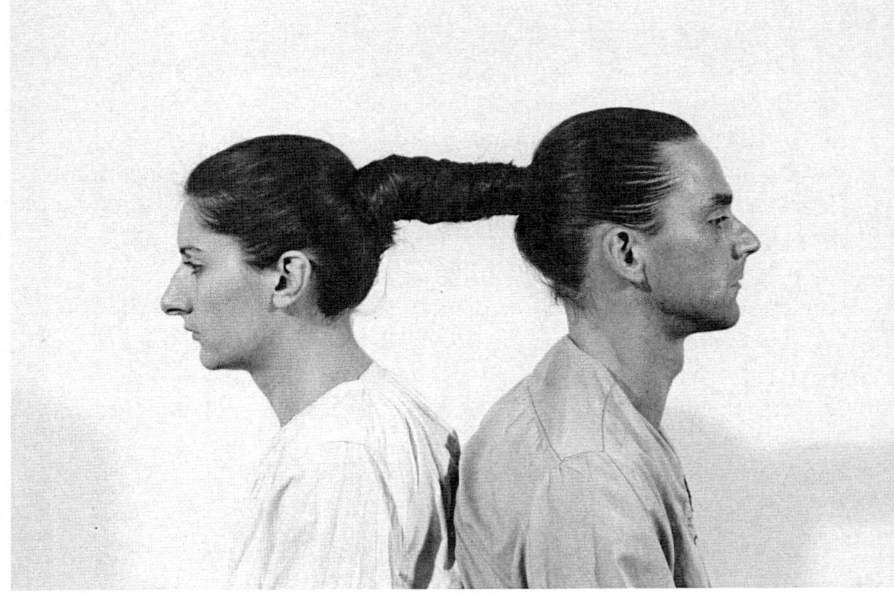

Abb. 1: Ulay / Marina Abramović: *Relation in Time*. Studio G7, Bologna, Italy, 1977.

spielen Aspekte von Gleichberechtigung und Gleichheit statt hierarchisierter Differenz und ungleicher Arbeits- und Rollenverteilung eine zentrale Rolle. In der Performance *Relation in Time* (Premiere: Oktober 1977, Studio G7, Bologna) (Abb. 1) z. B. wird das Prinzip der Ähnlichkeit und Egalität besonders deutlich: beide sind in geschlechtsneutralen Hemdblusen gekleidet, tragen ihr Haar jeweils lang und nach hinten gebunden, führen die gleiche körperliche Haltung des Sitzens aus; die Position Rücken an Rücken stellt zudem die Ähnlichkeit der Gesichtszüge und Profillinien heraus. In dieser Position verharren sie 16 Stunden und, nachdem das Publikum eingetreten ist, noch eine weitere Stunde, bevor sich das Haar dann selbst entflechtet. Die Gleichheit der Geschlechter und die Nivellierung von Geschlechterunterschieden – und damit auch das Unterlaufen einer reinen Re-Produktion von Zweigeschlechtlichkeit – kommt ebenfalls bei der Vorstellung von sich als Künstlerliebespaar zum Tragen. Von Anfang an sind es die Ähnlichkeiten und Analogien in Bezug auf Aussehen, bezüglich des gemeinsamen Geburtstages oder der ähnlichen

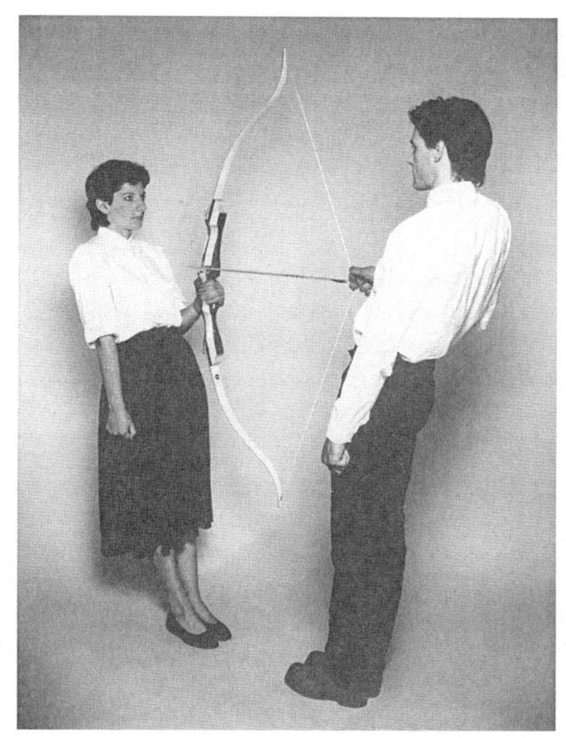
Abb. 2
Ulay / Marina Abramović: *Rest Energy*. Performance for Video, 4 min., ROSC' 80, Dublin, 1980.

Lebens- und Kunstphilosophie, die das Paarverständnis von Abramović und Ulay prägen. Thomas McEvilley brachte diesen Mythos 1983 wie folgt auf den Punkt: „Marina and Ulay exhibit remarkable similarities of physiognomy, personal style, and life-purpose."[15] Man könnte auch sagen: Sie entwickeln die Vorstellung einer partnerschaftlichen Künstler*innen-Liebe, die sich gleichfalls vom Bild des männlich konnotierten Genies und der weiblich konnotierten Muse löst. Allerdings ist die Position des Künstler*innenpaares bezüglich Geschlechterfragen durchaus ambivalent. Widersetzen sie sich einerseits traditionellen Gegenüberstellungen und Rollenverteilungen von Mann und Frau, so scheinen sie sich in anderen Performances geradezu affirmativ auf diese zu beziehen, z. B. in *Rest Energy* (Premiere: August 1980, ROSC'80, Dublin). (Abb. 2) Hier hält Ulay den Bogen

15 Zit. n. Malsch: Marina Abramovic / Ulay. Kämpfer und Liebende, S. 229.

und Pfeil, nimmt die vermeintlich aktive Rolle ein, während der Pfeil auf Marinas Herz gerichtet ist, sie den vermeintlich passiven Part übernimmt. Beide sind zudem, entgegen vieler vorangegangener Performances, geschlechterstereotyp gekleidet: sie in Bluse und Rock, er in Hose und Hemd. Dennoch ist die Frage nach eindeutigen geschlechtlichen Rollenverteilungen auch hier nicht einfach zu lösen: Schließlich halten sie beide den Bogen und beugen sich nach hinten, erzeugen und halten so gleichermaßen die Spannung, wie sie beide die Verantwortung übernehmen, so dass die Frage von Passivität und Aktivität sowie Männlichkeit und Weiblichkeit also auch hier nicht einfach je einem Part eindeutig zuteilbar ist. Insgesamt sind Abramovićs und Ulays Performances weder als bloße Affirmationen noch als reine Subversionen lesbar – sie produzieren stets eine Mehrdeutigkeit, in der letztlich beide Dimensionen miteinander verbunden sind.[16]
Nun sind Künstler*innenpaare bekanntlich nicht automatisch heterosexuelle, sondern eben auch gleichgeschlechtliche Paare, wie etwa Gilbert & George, Pierre et Gilles, Wrench & Franks, Elmgreen & Dragset oder Blue Noses – und das forcierte Auftreten gleichgeschlechtlicher, vor allem männlicher Paare im Rahmen der Kunst seit den 1960er Jahren hat nicht zuletzt dazu geführt, das Künstler*innenpaarverständnis wesentlich von heteronormativen Vorstellungen zu lösen. Eines dieser gleichgeschlechtlichen Paare ist auch EVA & ADELE, die seit Anfang der 1990er Jahre bis heute bei diversen Großereignissen der Kunstszene auftreten, z. B. bei der Biennale in Venedig oder der Art Basel, in stets identischen, extravaganten, meist in Rosatönen gehaltenen Kostümen, mit zauberhaftem Lächeln und offensiv dargebotener Freundlichkeit. (Abb. 3) Sie verfolgen in Bezug auf die Inszenierung von Gender eine Strategie der Veruneindeutigung, ein Queering. Diese Veruneindeutigung beziehen sie einerseits auf die jeweilige Geschlechtsidentität: Trotz einer Fokussierung auf Weiblichkeit unterlaufen beide eine eindeutige Geschlechtlichkeit – vor allem die Glatze, aber auch die Größe und Statur Evas spielen bei der Verwirrung von Geschlechtsidentität eine

16 Zudem entwickelt das Künstlerpaar im Laufe der gemeinsamen Tätigkeit bis 1988 verstärkt ein Körper- und Beziehungskonzept, welches sich von westlichen Konzepten und deren Besetzung durch soziologische, psychologische und geschlechtsspezifische Bedeutungen immer mehr zu entfernen sucht. Vgl. Helge Meyer: *Schmerz als Bild. Leiden und Selbstverletzung in der Performance Art.* Bielefeld: Transcript 2008, S. 197–198.

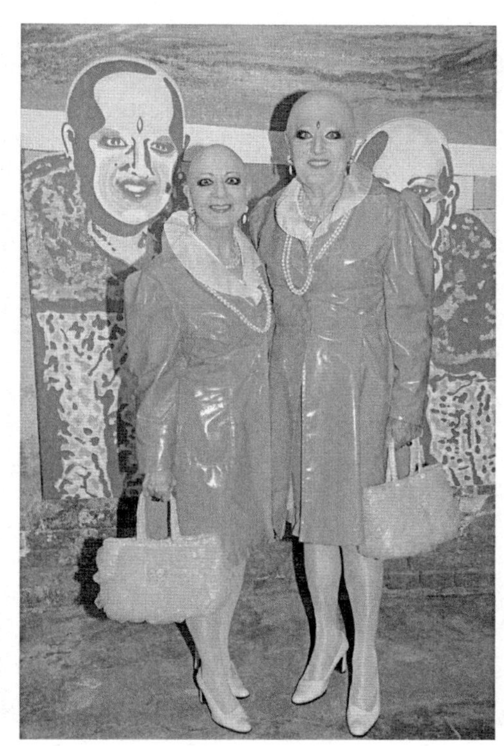

Abb. 3
EVA & ADELE auf ihrer Vernissage „Futuring" in der Bötzow-Brauerei in Berlin, 25. April 2013.

entscheidende Rolle.[17] Andererseits veruneindeutigen sie in ihrem Auftritt als Liebespaar die sexuelle Identität ihrer Beziehungsform: Lesbar sind sie als heterosexuelles, als transsexuelles und schließlich auch als lesbisches Liebespaar. Damit stellen sie eine, in unserer Kultur unübliche, ja nicht-anerkannte Fluidität und Vieldeutigkeit sexueller Identität aus. Zwar lassen sie sich durch ihre Verpartnerung im Jahr 2001 auf den ersten Blick problemlos als homosexuelles Paar einordnen, was auch oftmals von Seiten der Kritik und Presse getan wird. Allerdings widersetzen sich EVA & ADELE diesen eindeutigen Zuschreibungen u. a. durch Kommentare wie diese: „Grundsätzlich empfinden wir uns als homosexuelle Menschen im klassischen Sinn. Und wir denken, dass unser Paarsein ein Stück weiter geht, als

17 Vgl. zur Genderperformance von Eva und Adele u. a. Sabine Kampmann: *Künstler sein. Systemtheoretische Beobachtungen über Autorschaft.* München: Fink 2006, S. 155–162.

eindeutig lesbisch oder eindeutig schwul zu sein, weil wir viel mehr Geschlecht in einem Menschen sehen.“[18] Hier wird also neben der Annahme einer bestimmten sexuellen Identität diese zugleich abgelehnt und damit von einer Eindeutigkeit zur Uneindeutigkeit verschoben, ein Prozess, den man mit José Muñoz auch als *desidentification* bezeichnen kann.[19] Das Beharren darauf, ‚mehr Geschlecht‘ zu sein als eindeutig lesbisch oder schwul, legt eine Kritik an diesen Identitätskategorien ebenso nahe wie an Heteronormativität und Homonormativität. EVA & ADELE praktizieren eher im Sinne der Queer Theory eine Infragestellung der Kohärenz von Identitätskategorien. Anhand der Künstler*innenpaare Abramović und Ulay sowie EVA & ADELE deutet sich bereits ein breites und diverses Spektrum der Auseinandersetzung mit Paar- und Geschlechtermodellen in der Performancekunst an. Gleichzeitig stellt die ausschließliche Fokussierung auf das Künstler*innenpaar aber eine einseitige Beschränkung dar, wie ich eingangs bereits dargelegt habe. Das Konzept des Künstler*innenpaares reduziert Zweierbeziehungen einerseits auf Liebesbeziehungen; andererseits setzt es die stetige Anwesenheit zweier Personen (eben des Künstler*innenpaares) innerhalb der ästhetischen Inszenierung voraus. Diverse Performance-Künstler*innen setzen sich aber gerade mit ganz anderen Beziehungsformen auseinander, so wie sie das formale Strukturmerkmal Zwei im Sinne der Präsenz zweier Personen unterwandern oder gar verabschieden. Um diese Inszenierungsweisen näher zu bestimmen, möchte ich die Konzepte des Duos und des Doppelgängers vorschlagen und im Folgenden näher ausführen.

18 Eva Blomberg: EVA & ADELE – ein gleichgeschlechtliches Paar, das für die Zukunft lächelt (Interview). In: *FAZ*, 31.07.2001. http://www.faz.net/aktuell/feuilleton/interview-eva-adele-ein-gleichgeschlechtliches-paar-das-fuer-die-zukunft-laechelt-132732.html (Zugriff am 18.11.2016).

19 José Esteban Muñoz: *Disidentifications. Queers of Color and the Performance of Politics.* Minneapolis / London: University of Minnesota Press 1999.

Duos

Das Konzept des Duos ist prinzipiell mehrdeutiger und offener angelegt als das des Paares, auch wenn die Begriffe durchaus ineinander übergehen. In Abgrenzung zum Paar kann das Duo aber ganz verschiedene Beziehungsformen umfassen – über die Liebesbeziehung hinaus also z. B. Freundschaften, Geschwisterbeziehungen, Eltern-Kind-Beziehungen oder Arbeitsbeziehungen. Ebenso werden als Duos Zweierkonstellationen bezeichnet, die sich einer genauen Einordnung in diese paradigmatischen und konventionalisierten Beziehungsformen geradezu entziehen: Hier ist also unklar, ob es sich um Freund*innen, Kolleg*innen, Verwandte oder alles zusammen bzw. nichts davon handelt. Beispiele solcher Duos finden sich viele in der zeitgenössischen Performance- und Tanzszene, ja der Witz und die Anziehungskraft zahlreicher Duo-Auftritte scheint gerade in dieser Uneindeutigkeit und Offenheit der Beschreibung der Beziehung zweier Menschen zu bestehen. Man denke etwa an Jared Gradinger & Angela Schubot mit ihrer Tanzperformance *what they are instead of* (Premiere: April 2009, Haus der Kulturen der Welt, Berlin), in der die beiden Performer*innen sich auf verschiedenen Wegen ineinander verschlingen und rhythmisch lautstarke Atemgeräusche von sich geben. Sie suchen so nach einer Entgrenzung der je individuellen Körper in einen einzigen gemeinsamen Körper. Bezeichnungen dafür aber, wer die Personen sind oder in welcher Beziehung sie zueinander stehen, sind aufgrund der Entpsychologisierung nicht zu machen.[20] Ein weiteres Beispiel ist Sheena McGrandles und Zinzi Buchanans *Steve and Sam's Man Power Mix* (Premiere: 10.01.2015, Sophiensäle, Berlin): Hier treten die beiden Performerinnen völlig ernst und ohne Parodie in Drag auf, zerquetschen Orangen und zerreißen Lauch, stellen Rigips-Platten auf, heben Neonröhren hoch, laufen über einen imaginären Laufsteg und imitieren dabei für Männermodels typische Posen.[21] Auch in dieser Performance bleibt völlig offen, wer die beiden Personen sind und in welcher Beziehung sie zueinander stehen. Entscheidend ist vielmehr die Dynamik, die zwischen den beiden Personen und dem Publikum entsteht, sowie die

20 Vgl. http://www.jaredgradinger.com/index.php?/project/what-they-are-instead-of/ (Zugriff am 25.11.2016).

21 Vgl. http://www.sheenamcgrandles.com/man-power-mix.html (Zugriff am 25.11.2016).

körperliche Kraft und Intensität, die sie mit den Tätigkeiten ebenso verbrauchen wie hervorbringen. Dabei werden vor allem der Raum und die Dinge als zentrale Instanzen des Dritten ausgelotet, die neben dem menschlichen Duo ein Eigenleben und eine Eigenwirksamkeit zu entwickeln beginnen.

Erstaunlicherweise ist der Begriff ‚Duo' in der Theaterwissenschaft und angrenzenden kunstwissenschaftlichen Disziplinen kaum etabliert, gerade auch im Vergleich zu Konzepten des Solos, des Chores oder des Kollektiven.[22] Allerdings gibt es bereits stärker etablierte Kategorien, die mit dem Begriff in Zusammenhang stehen: das ‚Komikerduo' etwa, das in Form von Harlekin und seinem Rivalen Pierrot bereits in der Commedia dell'arte auftaucht, aber auch im Volkstheater, Kabarett (Doppelconference) und Zirkus (Weißclown und dummer August) zu Hause ist, so wie es in Film und Fernsehen (Laurel und Hardy u. v. a.) vorkommt; zentrales Motiv ist hier die Verschiedenheit, ja Gegensätzlichkeit der beiden Figuren in Aussehen (dick/dünn), Charakter (gut/böse) oder Intelligenz (schlau/dumm),[23] die zusammen aber eine sich ergänzende Einheit ergeben.

Ebenso ist der ‚Dialog' ein grundlegender theater- und literaturwissenschaftlicher Begriff, der bis in die Antike reicht und bis heute vor allem im dramatischen Theater eine zentrale Bedeutung hat. Hier mag auch ein Grund dafür liegen, warum sich theaterwissenschaftlich bislang so wenig mit dem Duo/Dialog beschäftigt wurde: Die Dialogform wurde innerhalb des dramatischen Theaters zur Norm erklärt und gleichsam in diversen Theaterformen des 20. und 21. Jahrhunderts zu Gunsten des monologischen und chorischen Theaters

22 Vgl. exemplarisch zum Solo: Rebecca Schneider: Solo Solo Solo. In: Gavin Butt (Hrsg.): *After Criticism. New Responses to Art and Performance.* Malden, MA: Blackwell 2005, S. 23–47; und zum Chor bzw. Kollektiven: Hajo Kurzenberger: *Der kollektive Prozess des Theaters. Chorkörper – Probengemeinschaften – theatrale Kreativität.* Bielefeld: Transcript 2009.

23 Vgl. https://de.wikipedia.org/wiki/Komikerduo (Zugriff am 17.11.2016). Da *Wikipedia* bezüglich der Wissenschaftlichkeit nach wie vor umstritten ist, möchte ich zu diesem Link erläuternd hinzufügen, dass das Stichwort ‚Komikerduo' äußerst umfassend erläutert und gut recherchiert wurde. In keinen der anerkannten Lexika oder wissenschaftlichen Nachschlagewerke im deutschsprachigen Raum ist der Begriff auch nur annähernd so gut und ausführlich beschrieben worden wie hier, in den meisten Lexika ist er noch nicht einmal zu finden. Vor diesem Hintergrund sehe ich es als gerechtfertigt an, diese Quelle – mit aller gebotenen Distanz – zu nutzen.

radikal in Frage gestellt;[24] somit scheint die Auseinandersetzung mit dem solistischen und/oder chorischen Theater vor dem Horizont postdramatischer Theaterformen und der Performancekunst zunächst naheliegender. Darüber hinaus ist an Konzepte von ‚Duett' und ‚Duo' in Musik, Oper und Musikwissenschaft zu denken; interessant ist dabei beispielsweise, dass der musikwissenschaftliche Begriff des Duetts ein Gesangsstück für zwei Singstimmen mit Begleitung bezeichnet, bei der beide Stimmen simultan verknüpft, also gewissermaßen zu einer Stimme werden,[25] während der Begriff des Duos unter anderem ein bestimmtes Verhältnis zwischen beiden Stimmen umfasst, welches hierarchisch oder egalitär, auf jeden Fall aber verschieden gestaltet werden kann.[26]

Nicht zuletzt hat das Duo mit Begriffen wie ‚Pas de Deux', ‚Duett' oder ‚Paartanz' eine lange Tradition in Ballett, Tanz und in der Tanzwissenschaft. Beim Paartanz etwa, der sich Ende des 18. Jahrhunderts herausbildete, zeitgleich mit der Entstehung des neuen bürgerlichen Geschlechter- und Rollenmodells, treffen wir wieder auf die Figur des Gegensätzlichen (männlich/weiblich, führen/folgen), das zusammen eine Einheit bildet,[27] auch dies analog zum sich im 18. Jahrhundert etablierenden Zweigeschlechtermodell, bei dem ausschließlich zwei Geschlechter und diese als genuin verschieden, aber zugleich komplementär gedacht werden. Dieses hier nur angedeutete Begriffsspektrum aus diversen Bereichen von Tanz, Musik, Kleinkunst und Theater bietet bereits Möglichkeiten, Erscheinungsformen und Bedeutungen des Dualen in den Künsten nachzuvollziehen und nach dem Eigen- und Mehrwert von Duo-Präsentationen zu fragen, aber durchaus auch nach den Übergängen von Solo, Duo, Chor bzw. Kollektiv.

24 Vgl. Jens Roselt: Dialog/Monolog. In: *Metzler Lexikon Theatertheorie*, hrsg. v. Erika Fischer-Lichte / Doris Kolesch / Matthias Warstat. Stuttgart / Weimar: Metzler 2014, S. 68–73.

25 „In der Oper beispielsweise tendiert das Duett (meist Liebesduett) zu simultaner Verknüpfung der Singstimmen." (Julia Liebscher: Duett. In: *Die Musik in Geschichte und Gegenwart. Allgemeine Enzyklopädie der Musik begründet von Friedrich Blume*, hrsg. v. Ludwig Finscher, Sachteil 2. 2., neubearb. Ausg. Kassel: Bärenreiter 1995, Sp. 1572–1577, hier Sp. 1572.)

26 Vgl. Ulrich Mazurowicz: Duo. In: Ebd., Sp. 1585–1591.

27 Vgl. Melanie Haller: *Abstimmung in Bewegung. Intersubjektivität im Tango Argentino*. Bielefeld: Transcript 2014, S. 93–94.

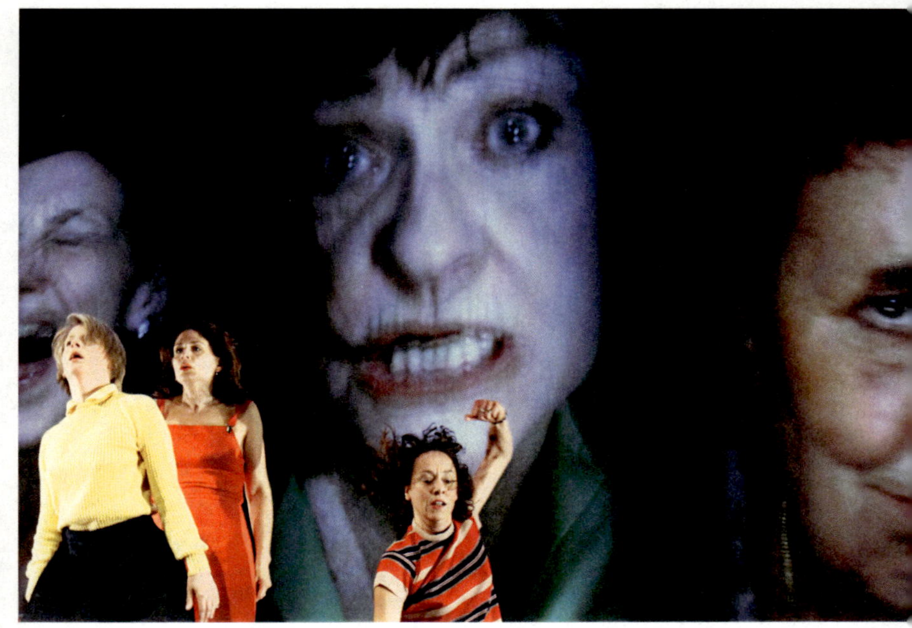

Abb. 4: She She Pop: *Frühlingsopfer*, 2014, Hebbel am Ufer, Berlin.

Einen offenen und weiten Begriff des Duos verfolgen zum Beispiel She She Pop mit ihrer Inszenierung *Frühlingsopfer* (UA: 10.04.2014, Hebbel am Ufer, Berlin),[28] in der sie das Prinzip der Zweiheit aufrufen und präsentieren, zugleich aber auch dekonstruieren. Zunächst einmal steht nicht nur ein Duo und eine Zweierbeziehung zur Debatte, sondern gleich vier: Drei Performerinnen und ein Performer thematisieren die Beziehungen zu ihren Müttern. Des Weiteren sind die Duo-Partnerinnen – hier die Mütter – eben nicht physisch anwesend, sondern durch überlebensgroße Videoprojektionen präsent. (Abb. 4) Und nicht zuletzt werden die dualen Beziehungen ins Kollektive aufgebrochen, ja eine Art ‚duales Kollektiv' geschaffen. Durch abwechselnd herausgeschleuderte Sätze wie „Einige von uns sind für ihre Mutter der wichtigste Mensch auf der Welt", „Einige von uns sind selbst Mutter", „Einige von uns hätten gern mal einen mütterlichen Rat" erfolgt eine Verallgemeinerung und Entindividualisierung;

28 Vgl. http://www.sheshepop.de/produktionen/fruehlingsopfer.html (Zugriff am 25.11.2016).

personelle Zuweisungen sind kaum zu machen. Mit der Verallgemeinerung und Depersonalisierung der je besonderen Zweierbeziehungen wird aber forciert auf die gemeinschaftliche Dimension und den gesellschaftlichen Kontext verwiesen, der jede persönliche Beziehung bestimmt. Dabei arbeiten She She Pop präzise ein Grundprinzip ihrer Mutter-Kind-Beziehungen heraus, welches als „verbale Vermeidungsgeschichte"[29] charakterisiert werden kann. Diskussions- und Streitpunkte, kritische Fragen, die lieber nicht angesprochen werden sollen, sind entsprechend ein zentrales Motiv.

She She Pops Inszenierung *Frühlingsopfer* ist also als ein Beispiel für die Erweiterung des Blicks auf duale Darstellungsformen und Inszenierungen von Zweierbeziehungen zu verstehen. Im Aufbruch der dualen in eine kollektive Darstellungsweise werden bestimmte Aspekte von ‚Zweierbeziehungen', hier der Mutter-Kind-Beziehung, deutlich, die sonst eher verdeckt sind. Dazu gehören auch geschlechtsspezifische Thematiken in Mutter-Kind-Beziehungen – das grundlegende Thema ist nach eigenen Angaben der Performancegruppe „die Frage nach dem weiblichen Opfer in der Familie und in der Gesellschaft."[30] Da diese Frage heute aber eher als unzeitgemäß gilt, überblenden sie sie mit der 100 Jahre alten gleichnamigen Inszenierung von Igor Strawinsky (*Le Sacre du Printemps*). Diese Überblendung eröffnet einen Raum, in dem Thematiken wieder sag- und zeigbar werden: Zwar sind sich alle darin einig, dass das Opfer einer Jungfrau, wie es Strawinsky inszenierte, sowie das damit verbundene Frauen- und Weiblichkeitsbild mehr als passé seien („Niemand von uns ist Jungfrau" oder „da sind wir 100 Jahre weiter" heißt es dazu in der Performance), doch die Frage des Verzichts zwischen Menschen sich längst nicht erledigt hat, ja wesentlicher Bestandteil von Gemeinschaften sei.

Durch die Mütter werden dann auch in einer Szene divergierende, für das Westdeutschland der 1960er und 1970er Jahre typische weibliche Lebensläufe thematisch: Eine der Mütter hat für Mann und Kind(er) auf ihre Arbeit und Karriere verzichtet. Eine andere gab ihre Kreativität auf, eine weitere Mutter hat hingegen auf nichts verzichtet

29 Christine Wahl: ‚Frühlingsopfer' von She She Pop: Tanz die Mutter. In: *Spiegel Online*, 11.04.2014. http://www.spiegel.de/kultur/gesellschaft/she-she-pop-mit-fruehlingsopfer-im-berliner-hau-a-963877.html (Zugriff am 17.11.2016).

30 Vgl. den Ankündigungstext der Performance: http://www.sheshepop.de/produktionen/fruehlingsopfer.html (Zugriff am 17.11.2016).

und sich selbst verwirklicht. Zugleich machen die Performer*innen gestisch, mimisch und verbal ihre Opferungen an die Mütter deutlich: So erzählt eine Person z. B., dass sie ein Opfer bringt, indem sie die Mutter schont und nie ganz ehrlich zu ihr ist. Eine andere erzählt, wie sie ihre Mutter als Kind umsorgt hat, als diese krank war, sich selbst also in ihrem Kindsein zurückgenommen hat. In solchen eher unspektakulären Gesten des Uneigennützigen und des Verzichts wird in der Performance dargestellt, wie das Thema des Opfers weiterhin in zwischenmenschlichen Beziehungen präsent ist, ohne prinzipiell negativ oder geschlechtsspezifisch besetzt zu sein. Gleichzeitig bleibt die Inszenierung eine Antwort nach dem Status des weiblichen Opfers in Familie und Gesellschaft schuldig, oder anders gewendet: Die Inszenierung entzieht sich ganz bewusst einer finalen Antwort und entfaltet ihr Potential eher über die Eröffnung eben dieser Frage, auf die sich jeder Zuschauer und jede Zuschauerin ebenso zurückgeworfen fühlt wie die Akteurinnen und der Akteur.

Doppelgänger

Bringt das Konzept des Duos eine Öffnung der Vorstellung von Zweierbeziehungen in inhaltlicher wie formaler Hinsicht mit sich, so lässt sich mit dem Begriff des Doppelgängers eine weitere Dimension von Zweierbeziehungen stärker konturieren: nämlich die der Erinnerung und Imagination. Das Motiv des Doppelgängers weist eine lange mythologische, literarische, bildnerische sowie filmische Tradition auf und umfasst entsprechend zahlreiche divergierende Definitionen: von Jean Pauls Definition im *Siebenkäs* (1796–97) als „Leute, die sich selber sehen“[31] über das „Zweite Gesicht“[32] oder das „Alter Ego“ bis hin zur heute geläufigsten Definition von einer „Person, die jemandem zum Verwechseln ähnlich sieht.“[33] Das Doppelgängermotiv, das vor allem in der deutschen Romantik seine Blütezeit erlebte, ist eng an die Identitätsfrage und -problematik gekoppelt: Verdopplung

31 Zit. n. Sven Herget: *Spiegelbilder. Das Doppelgängermotiv im Film.* Marburg: Schüren 2009, S. 11.

32 Vgl. Birgit Fröhler: *Seelenspiegel und Schatten-Ich. Doppelgängermotiv und Anthropologie in der Literatur der deutschen Romantik.* Marburg: Tectum 2004, S. 8.

33 Vgl. http://www.duden.de/suchen/dudenonline/Doppelg%C3%A4nger (Zugriff am 14.11.2016).

oder Spaltung des Ich tauchen dabei ebenso auf wie die Idee einer Verschmelzung zweier Einheiten zu einer. Wesentliches Merkmal des Doppelgängermotivs ist Ähnlichkeit – was meint das Konzept der Ähnlichkeit? Wenn es um die begriffliche Fassbarmachung des Phänomens geht, scheiden sich die Geister, wiederholt wurde das Konzept der Ähnlichkeit als wissenschaftlich nicht brauchbar abqualifiziert; es sei ein „vager Begriff“[34], der sich klassischen formalen Regeln von Definitionen zu entziehen scheint. Dazu passt, dass das Paradigma der Differenz und *différance* im 20. Jahrhundert eine enorme Konjunktur erlebte, während man sich mit dem Phänomen der Ähnlichkeit erst verstärkt in jüngerer Zeit auseinanderzusetzen beginnt. Ähnlichkeit ist nach Dorothee Kimmich durch Kontextabhängigkeit bestimmt und besitzt eine „besondere Affinität zu räumlichen Modellierungen von Nähe und Ferne“[35], ja sie impliziere so etwas wie eine „qualitative Nähe“[36]. Darüber hinaus stellt sie eine Figur des Kontinuierlichen dar und braucht zwar Differenzen, um wahrnehmbar zu sein, „stellt aber niemals einen Bruch oder Gegensatz dar.“[37] Insofern eignet sich Ähnlichkeit auch besonders um Verhältnisse und Beziehungen zu beschreiben, es geht nach Anil Bhatti um „Vernetzungen“ oder „Überlappungen“[38], ja vielleicht sogar um das Verbindende zwischen zwei oder mehreren Entitäten. Dabei erscheint das Denken der Ähnlichkeit nicht nur für den Doppelgänger von Relevanz, sondern für Zweierbeziehungen generell, man denke zum Beispiel an die erwähnten Künstler*innenpaare Abramović und Ulay, EVA & ADELE u. v. a. Innerhalb des Paradigmas der Ähnlichkeit kann sich der Doppelgänger in verschiedenen Formen manifestieren: als Spiegelbild, Schatten, Geist, Portrait, Zwilling oder Rollentausch.[39] In dem hier verhandelten Zusammenhang ist der Doppelgänger vor allem im Sinne des Rollentauschs von Interesse, wie ich am Beispiel der Drag-King-Performerin Diane Torr ausführen möchte.

34 Vgl. Anil Bhatti / Dorothee Kimmich: Einleitung. In: Dies. (Hrsg.): *Ähnlichkeit. Ein kulturtheoretisches Paradigma*. Konstanz: Konstanz UP 2015, S. 7–31, hier S. 10.

35 Ebd., S. 13.

36 Ebd.

37 Ebd., S. 14.

38 Ebd., S. 19.

39 Vgl. Herget: *Spiegelbilder*.

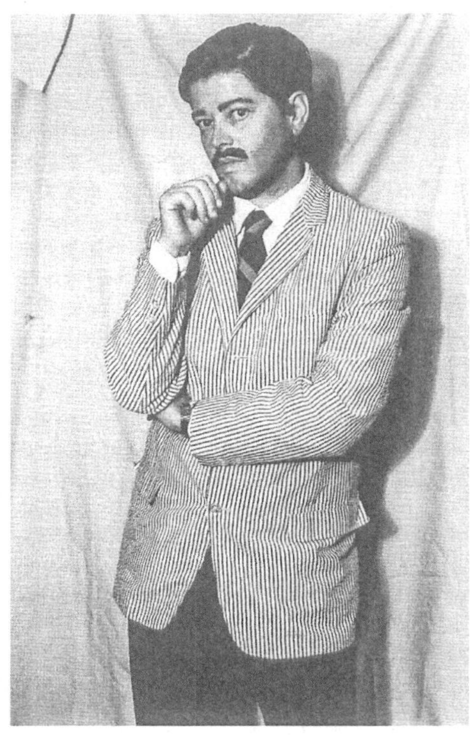

Abb. 5
Diane Torr als
Charles Beresford,
New York City, 1992.

Diane Torr entwickelt seit den 1980er Jahren verschiedene Drag-Charaktere für ihre Performances – einer davon ist Charles Beresford (Abb. 5), der an einen schwulen Freund (Charles Barber) angelehnt ist, der 1992 an den Folgen von Aids starb. Torr sagt dazu selbst: „My friend had been a real spark of life […]. I was shocked when he died, and extremely distraught. I decided to become him – to take on his persona and become a living requiem to him."[40] Torr nimmt die Identität ihres Freundes an, indem sie einen gewöhnlichen Tag als Charles erlebt: Diane alias Charles geht in ‚sein' Café in der Christopher Street, trinkt ‚seinen' Espresso und isst ‚sein' Croissant, besucht

40 Diane Torr zit. n. Q&A with Diane Torr, co-author of *Sex, Drag, and Male Roles: Investigating Gender as Performance*. https://www.press.umich.edu/pdf/9780472071029-qa.pdf, S. 2 (Zugriff am 14.11.2016).

an seiner Stelle die Bank, einen Buchladen, diverse Bars und versucht mit anderen Leuten so zu interagieren, wie er es getan hätte.[41]
Der Drag-Doppelgänger wird bei Diane Torr, anders als in zahlreichen Travestie-Komödien, zum Medium der Auseinandersetzung mit dem Tod und Verlust eines Freundes. Dabei erhält der Doppelgänger eine doppelte Funktion: Wenn Diane als Charles durch die Straßen und Läden zieht, ist sie für Außenstehende als ein Todesbote des realen Charles lesbar. Andererseits wird ihr Drag-Double aus einer Innenperspektive aber auch als Lebensbote interpretierbar – als ein lebendiges Gedächtnis des Toten. Bei der Annahme der Identität des Verstorbenen geht es Torr zufolge gerade um eine andere Art des Erinnerns und Trauerns, jenseits kirchlicher oder christlicher Rituale und Erinnerungsformen.[42] Damit eng verbunden sind für Torr andere Dimensionen des Lebens der Verstorbenen – ihrer Ansicht nach sollten die Toten nicht nur mit negativen Emotionen der Trauer und des Leidens verbunden werden, sondern vielmehr soll der Lebensfreude und Lebenslust der Verstorbenen gedacht werden. So Torr:

> Many of these men were bon vivants, life enthusiasts, and creative souls whose lives deserve to be remembered in a spirit of joy and affirmation. Performing as a loved one is a way to confront loss that is much more positive and creative, it seems to me, than just sitting and mourning.[43]

Während die Drag-Performance ihres Freundes Charles eher zur privaten Auseinandersetzung Torrs gehörte, mit dem Verlust umzugehen, organisierte sie gleichfalls öffentliche Events, den „Brother for a Day"-Event (seit 1997), bei dem verschiedene Performer*innen ihren verstorbenen Freund*innen, Partner*innen, Kolleg*innen und vor allem ihrer Brüder in Drag gedachten. Während Torr ihren ebenfalls an Aids verstorbenen Bruder Donald verkörperte, performte beim ersten „Brother for a Day" beispielsweise Martha Wilson als Stephen Reichard, dem ehemaligen Direktor des Performing Arts Program an der Brooklyn Academy of Music. Auch in diesem größeren Rahmen gehören Torrs

41 Vgl. zu dieser Beschreibung ebd.

42 Vgl. Diane Torr / Stephen Bottoms: *Sex, Drag, and Male Roles. Investigating Gender as Performance.* Ann Arbor: University of Michigan Press 2013, S. 180.

43 Ebd., S. 183.

Performances in eine Reihe von künstlerischen und aktivistischen Auseinandersetzungen mit Aids und mit den an Aids Gestorbenen im US-amerikanischen Kontext der 1980er und 1990er Jahre, die sowohl andere Formen des Erinnerns hervorgebracht als auch die Aids-Toten selbst in das nationale kulturelle Gedächtnis eingeschrieben haben,[44] wie etwa das NAMES Project Aids Memorial Quilt.

Der Geschlechterwechsel bzw. die Drag-Performance, die Torr hier einsetzt, ist kein Element des bloßen Spiels oder Komödiantischen, was sich bereits in der Überschreitung der Grenze zwischen Bühne und Alltag zeigt. Torr verfolgt mit ihrem Drag Kinging einen strikt konstruktivistischen Ansatz, indem sie Männlichkeit (und Weiblichkeit) als sozial hergestellte Größen begreift, die nicht essentiell einem bestimmten Körper zugehörig sind. Wie andere Drag King Performances, die sich seit den 1990er Jahren vermehrt in queeren Subkulturen der USA, später in Deutschland etablieren, und zu deren Etablierung Diane Torr wesentlich beigetragen hat, geht es um eine spielerische, damit aber nicht minder ernstgemeinte Aneignung von männlichen Attributen, Verhaltensweisen, Kleidung und Rollen, die zur Kritik an Zweigeschlechtlichkeit und Heteronormativität eingesetzt wurde sowie im Sinne des *Empowerments* dazu, sich selbst und anderen aufzuzeigen und vorstellbar zu machen, wie Geschlecht in anderer Weise inszeniert, gelebt und erfahren werden kann.[45] Die Annahme männlicher Identitäten erlaubt Torr, wie sie selbst darstellt, ein weiteres Spektrum an Einflussnahmen, Wahrnehmungen, Erscheinungsweisen und Emotionen, als sie sie bloß als Frau haben könnte. So macht sie auch als Charles Beresford Erfahrungen, etwa in einer Cruising Area am Hudson River in New York, die ihr als Diane verschlossen geblieben wären.[46]

Natürlich wird bei der solistischen Drag-Performance keine Beziehung zwischen Menschen ausgehandelt und dargestellt, wie es bei den meisten anderen besprochenen Paaren oder Duos der Fall ist.

44 Vgl. zu diesen anderen Formen des Erinnerns: Annette Jael Lehmann: Spuren der Präsenz, Spuren der Absenz. Performativität und Erinnerung im Zeitalter von Aids. In: *Paragrana. Internationale Zeitschrift für historische Anthropologie* 9,2 (2000), S. 217–235, insb. S. 231–233.

45 Vgl. Pia Thilmann / Tania Witte / Ben Rewald (Hrsg.): *Drag Kings. Mit Bartkleber gegen das Patriarchat.* Berlin: Querverlag 2007; Uta Schirmer: *Geschlecht anders gestalten. Drag Kinging, geschlechtliche Selbstverhältnisse und Wirklichkeiten.* Bielefeld: Transcript 2010.

46 Vgl. Torr / Bottoms: *Sex, Drag, and Male Roles*, S. 181.

Die andere, die zweite Person ist hier physisch abwesend, und zwar in einem existentiellen Sinn, aber – und das ist der entscheidende Punkt – in der Erinnerung, Imagination und auf gespenstische Weise in der Doppelgänger-Erscheinung anwesend. Die Doppelgänger/Drag-Performance von Torr erzeugt eine paradoxe Spannung von visuell-körperlicher An- und zugleich real-körperlicher Abwesenheit von Charles; mit Annette Jael Lehmann gesprochen „entsteht ein Zwischenraum, in dem die Spur seiner Anwesenheit durch die Betrachter vergegenwärtigt werden kann."[47] In Form des Drag-Doubles wird dabei auf körperliche, habituelle sowie erfahrungsorientierte Weise an einen geliebten Menschen erinnert, indem zugleich die besondere Beziehung zu diesem Menschen reinszeniert, wiederbelebt und sogar fortgeführt wird. In gewisser Weise sind Zweierbeziehungen mit der Abwesenheit oder gar dem Tod einer Person eben nicht beendet, sie hören zwar auf zu existieren, wie es Karl Lenz mit der „Vorstellung der Mortalität der Dyade"[48] umschreibt, aber sie leben dennoch in den Köpfen und Körpern der Menschen weiter. Aus dieser Perspektive kommen (Solo-)Inszenierungen als Zweierbeziehungen in den Blick, die mit Erinnerung und Imagination an einen Menschen und an die Beziehung zu diesem umgehen.

Fazit und Ausblick

Ein zentrales Anliegen meiner Ausführungen war, den Paar-Begriff wesentlich durch Konzepte des Duos und des Doppelgängers zu öffnen; zudem wurde die Aufmerksamkeit auf solche Gestaltungen gelenkt, die auf den ersten Blick nicht einer dualen Inszenierung entsprechen bzw. diese bewusst dekonstruieren, wie die kollektive Inszenierung von She She Pop oder die solistische Performance von Diane Torr. Deutlich wird damit eine Durchlässigkeit und Interferenz der Konzepte des Solos, Duos und Kollektivs, ebenso wie die Konzepte Paar, Duo und Doppelgänger nicht strikt voneinander getrennt, sondern als einander überlagernd gedacht werden müssen. Dieser verschobene Blickwinkel erweitert die Vorstellung von Zweierbeziehungen – neben der Betonung von Erinnerung und Imagination durch das Solo,

47 Lehmann: Spuren der Präsenz, Spuren der Absenz, S. 219.

48 Lenz: *Soziologie der Zweierbeziehung*, S. 39.

hebt die kollektive Perspektive vor allem den gemeinschaftlichen Kontext, in den jede Zweierbeziehung eingebettet ist, forciert hervor. Als grundlegende Perspektive erscheint es mir von daher äußerst sinnvoll, Zweierverhältnisse immer auch von den Rändern, Irritationen und Dekonstruktionen her zu erforschen, da durch diese konstitutive Bedingungen und implizite Vorstellungen von herrschenden Beziehungsmodellen besonders sichtbar werden.

Über die einzelnen Konzepte Paar, Duo und Doppelgänger hinaus widmete sich dieser Beitrag vor allem dem Zusammenhang von Zweierbeziehungen und Gender in der Performancekunst. Anhand der erwähnten Beispiele kommen ganz diverse, z. T. widerstreitende Positionen und Strategien zum Vorschein: Marina Abramović und Ulay inszenieren sich durch Strategien der Ähnlichkeit als gleichberechtigtes Künstler*innenpaar, das konventionelle Geschlechtervorstellungen zwar brüchig werden lässt, aber dennoch nicht grundlegend auf Fixierungen männlicher und weiblicher Zuschreibungen verzichtet; bei EVA & ADELE geht es hingegen in Form eines Queerings dezidiert um Loslösungen von starren und festgeschriebenen Identitäts- und Paarkategorien. She She Pop re-inszenieren in *Frühlingsopfer* den Zusammenhang von Weiblichkeit und Opferung, wobei sie Verzicht in familialen Beziehungen nicht verabschieden, sondern vor allem von seinen negativen sowie primär weiblichen Konnotationen lösen. Diane Torr schließlich eignet sich im Drag die Identität ihres verstorbenen Freundes an, um Freund und Freundschaft wiederzubeleben und so zu erinnern. Geschlechterwechsel wird dabei zum produktiven und positiven Mittel, um mit Verlust umzugehen, aber auch um Selbstbestimmung und Lust am Leben wiederzugewinnen. Alle vier künstlerischen Positionen, die hier natürlich nicht umfassend beschrieben werden konnten, sondern deren Untersuchung vielmehr zu vertiefen und um viele weitere Performances zu ergänzen wäre, zeigen das Potential von (Performance-)Kunst zur Offenlegung und Dekonstruktion von Geschlechterzuschreibungen innerhalb zwischenmenschlicher Beziehungen.

Aufführungen und Inszenierungen von Zweierbeziehungen in der Performancekunst sind ein weites und äußerst spannendes Feld, das sich in vielfältiger Hinsicht weiterdenken und erforschen lässt. Neben einer weiterführenden Begriffsarbeit und Historisierung von dualen Präsentationen und Zweierbeziehungen sind diese verstärkt in Bezug auf ihre je spezifischen Präsentations- und Wahrnehmungsweisen zu untersuchen. Dies umfasst sowohl phänomenologische als auch semiotische Analysen von z. B. Körperlichkeit und Emotionalität, Imagination und Erinnerung, Dynamik und Statik, Eigenem und Fremden, Differenz und Ähnlichkeit, Nähe und Distanz oder Doppelwesenheit und Vereinzelung. Und schließlich bieten sich Zweierbeziehungen in der Performancekunst besonders an, um andere oder alternative Beziehungsmodelle zu erforschen und mithin eine ästhetisch-politische Perspektive zu eröffnen. Hier ließen sich u. a. queerwissenschaftliche Ansätze fruchtbar machen, die Zweierkonstellationen nicht von vornherein auf bestimmte geschlechtlich-sexuelle Positionen oder konventionalisierte Beziehungsformen festlegen.

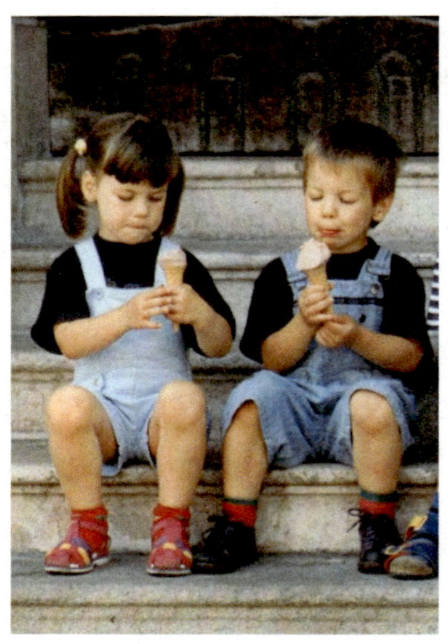

Abb. 1: Partnerlook Zwillinge.

Sandra Umathum

„Almost like a physical orgasm" (Genesis Breyer P-Orridge)

Kursorisches zum Partnerlook in der Kunst und darüber hinaus

Dieser Beitrag ist weder Zwischenstand noch Resultat einer systematischen Untersuchung zum Partnerlook. Die Überlegungen zu diesem Thema besitzen keine Vollständigkeit; sie folgen nicht einmal einer stringenten Argumentation. Im Rahmen der Beschäftigung mit Lady Jaye Breyer und Genesis Breyer P-Orridge ergaben sie sich zunächst beiläufig und basieren daher auf den eher zufälligen Funden von Beiträgen über Menschen, die durch äußerliche Angleichung ihre Zusammengehörigkeit und Verbundenheit, ihren gemeinsamen Stil und Geschmack und nicht zuletzt ihre Entscheidung zur äußerlichen Angleichung vor Anderen zur Schau stellen. Entsprechend fokussiert der Beitrag diese spezifische Art der Paar-Inszenierung nicht allein im Diesseits der Sphäre der Kunst. Er beginnt bei nicht-künstlerischen Zusammenhängen, bevor er sich anschließend zuerst EVA & ADELE, dann Lady Jaye Breyer und Genesis Breyer P-Orridge zuwendet.

I.

Interessanterweise existiert bei *Wikipedia* bislang kein Eintrag zum Stichwort ‚Partnerlook'.[1] In einem Online-Fremdwörterlexikon wird er dafür mit knappen Worten als die insbesondere durch Kleidung mit gleicher Form und Farbe hervorgebrachte Anähnlichung im Aussehen

1 Zuletzt geprüft am 29.05.2017.

von Partner*innen bezeichnet.[2] Die Anähnlichung qua Kleidung ist nicht die einzige Form des Partnerlooks, auf die ich mich beziehen werde. Trotzdem möchte ich mit dieser geläufigsten Form des Partnerlooks beginnen bzw. mit dem Prototyp dieser geläufigsten Form des Partnerlooks: dem Partnerlook bei eineiigen oder zweieiigen Zwillingen. In der Reihe meiner Beispiele bildet er allerdings insofern eine Ausnahme, als bei Zwillingen, zumal im Baby- und Kleinkindalter, der Auftritt im Partnerlook nicht unbedingt auf einer eigenen Entscheidung beruht. Das Bemühen, die Gleichheit der Erbanlagen, das Ähnliche in der Physiognomie, im Verhalten, vielleicht im Charakter oder, wie bei zweieiigen Zwillingen, bloß die Gegebenheit desselben Geburtsdatums in der Gleichheit äußerlicher Attribute zu spiegeln, entspringt häufig dem Wunsch Dritter. Meist sind es die Eltern, die bisweilen nicht nur ohne die Zustimmung ihrer Kinder tätig werden, sondern in dem Versuch, für Zwillinge unterschiedlichen Geschlechts ein so genanntes neutrales Outfit zu finden, sich auch an der Reproduktion der Auffassung beteiligen, wie ein für alle Geschlechter gleichermaßen taugliches Outfit gerade *nicht* auszusehen hat. (Abb. 1)
Die Spiegelung des Gleichen in der Gleichheit etwa der Kleidung oder Frisuren ist demnach mehr als nur eine Operation, bei der ein Kind als Doppelgänger des jeweils anderen und also eine Verwechselbarkeit inszeniert wird, die u. a. in Erich Kästners *Das doppelte Lottchen* oder Enid Blytons *Hanni und Nanni* Voraussetzung und Anlass zahlreicher Abenteuer ist. Im Partnerlook hat eine sich manifestierende Einheit von zweien (im Fall von Drillingen oder Vierlingen von dreien oder vieren) statt, die jede weitere Person aus der exponierten Geschlossenheit schon (oder zumindest) optisch herauskürzt. Im Partnerlook trägt sich somit eine Verknüpfung der theatralen mit der performativen Ebene aus. Während der Partnerlook nämlich auf die in der geschwisterlichen Beziehung enthaltenen Anteile des Geteilten verweist, unterstützt er wiederum genau dadurch die Verbundenheit der Zwillinge. Anders gesagt kennzeichnet den Partnerlook die Akzentuierung einer biologischen Zusammengehörigkeit, die mittels der Blicke, für die diese Akzentuierung vorgenommen wird und die sie auf sich zu versammeln hofft, zur Intensivierung der emotionalen Zusammengehörigkeit beitragen kann oder soll. Diese Verschränkung

2 http://universal_lexikon.deacademic.com/110026/Partnerlook (Zugriff am 29.05.2017).

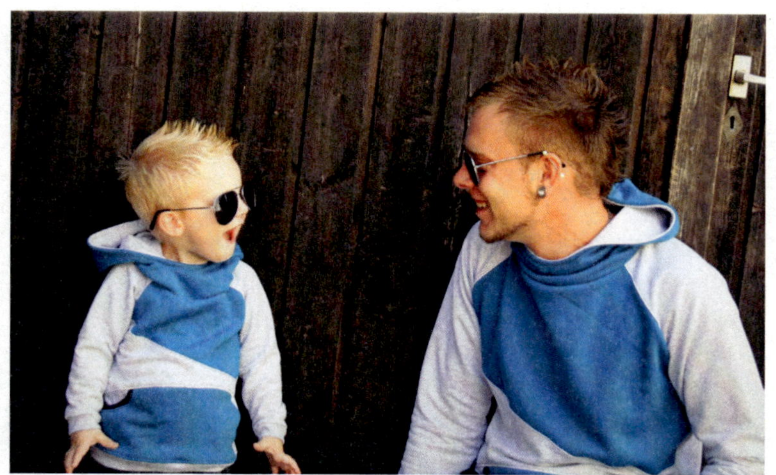

Abb. 2: Partnerlook Vater und Sohn.

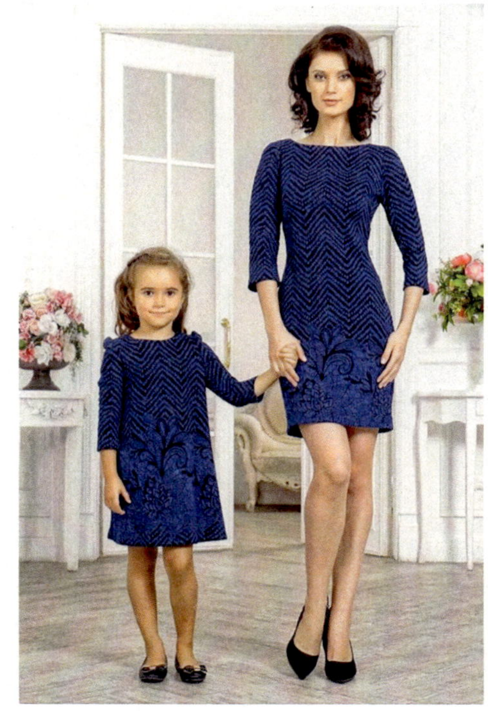

Abb. 3
Partnerlook
Mutter und Tochter.

der theatralen mit der performativen Ebene des Partnerlooks tritt selbstverständlich nicht nur bei gleich gekleideten oder gleich frisierten Zwillingspaaren in Kraft. Sie entfaltet ihre Wirksamkeit auch in anderen Konstellationen, beispielsweise im Kontext familiärer Beziehungen zwischen Vater und Sohn oder zwischen Mutter und Tochter. (Abb. 2 & 3)

Zu finden sind diese beiden Abbildungen auf der Webseite eines Internet-Versandhauses, das mit seinen Angeboten im selben Maß auf einen Trend reagiert, wie es sich an dessen Verbreitung beteiligt. Denn glaubt man den einschlägigen Magazinen, Styling-Foren oder Blogs, so ist der Partnerlook seit längerem wieder quasi ein modisches Muss.[3] Insbesondere Prominente wie Victoria und David Beckham, Kim Kardashian und Kanye West oder bis zu ihrer Trennung Angelina Jolie und Brad Pitt sorgen seit dem Ende der Nullerjahre dafür, dass der Partnerlook nach seiner Konjunktur in den 1970er und 1980er Jahren erneut zu einer Modeerscheinung avanciert, die selbst vor dem Einbezug des Nachwuchses, mitunter sogar der Haustiere nicht Halt macht.

Lange bevor Prominente in den letzten Jahren den Trend des Partnerlooks reaktivierten, hatten der mit der Herstellung von pinken Plastikflamingos bekannt gewordene Künstler Donald Featherstone und seine Frau Nancy bereits in einer früheren Hochphase des Partnerlooks, im Dezember 1980, damit begonnen, jeden Tag dasselbe Outfit zu tragen. 1997 erklärt Nancy Featherstone in einem Interview mit der *New York Times*: „First and foremost, it's fun! We like it! But it is also the clearest sign we can give that we're together. For Donald and me, that's our deal."[4] Anstatt modische Trendsetter sein zu wollen, geht es den Featherstones mit der aufeinander abgestimmten Kleidung, die ausnahmslos von Nancy genäht wird und mittlerweile auf

3 Siehe stellvertretend: Trend Twinning: Warum Promis jetzt Partnerlook tragen. In: *Huffington Post*, 11.07.2016. http://www.huffingtonpost.de/2016/07/11/twinning-warum-die-promis-jetzt-partnerlook-tragen_n_10923188.html (Zugriff am 29.05.2017); Das steht uns super, Schatz! In: *Petra*, o.D. http://www.petra.de/mode/modetrends/artikel/his-and-hers-der-moderne-partnerlook (Zugriff am 29.05.2017).

4 Hearts on Their (Matching) Sleeves. In: *New York Times*, 09.02.1997. http://www.nytimes.com/1997/02/09/magazine/hearts-on-their-matching-sleeves.html (Zugriff am 29.05.2017).

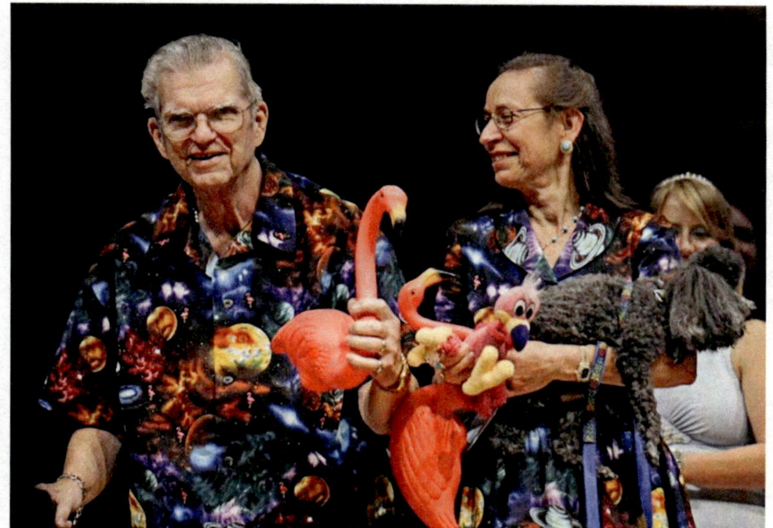

Abb. 4: Donald und Nancy Featherstone.

die beachtliche Anzahl von über 600 Teilen angewachsen ist, um die Mitteilung der Nachricht: „We're together."[5]. (Abb. 4)

Obgleich sich im Partnerlook mehr als die Zusammengehörigkeit zweier Menschen kommuniziert, ja in der motivischen Anlehnung an den Zwilling die Spezifik ihrer Zusammengehörigkeit selbst thematisch wird, stellt diese Form der Mitteilung in einigen Teilen der Welt immerhin eine Alternative oder Ergänzung zu anderen denkbaren Mitteilungsformen derselben Nachricht dar. Was die Featherstones von Paaren in anderen Ländern oder Kulturen trennt, ist insofern die Möglichkeit, ihrer *togetherness* anders als nur mithilfe des Partnerlooks Ausdruck verleihen zu können. In Südkorea hingegen, wo der öffentliche Austausch von Zärtlichkeiten der Tabuisierung unterliegt, bildet der Partnerlook die im Grunde alternativlose Zurschaustellung von zwei Menschen *als* Paar. Auf der Livestyle-Webseite *Refinery29*

5 Vgl. Sadie Whitelocks: The Couple Who Dress Together, Stay Together: The Married Pair Who Have Been Dressing in Matching Outfits EVERY DAY for 33 Years. In: *Daily Mail*, 02.05.2013. http://www.dailymail.co.uk/femail/article-2317125/Its-clear-sign-Meet-couple-dressing-matching-outfits-past-33-YEARS.html (Zugriff am 29.05.2017).

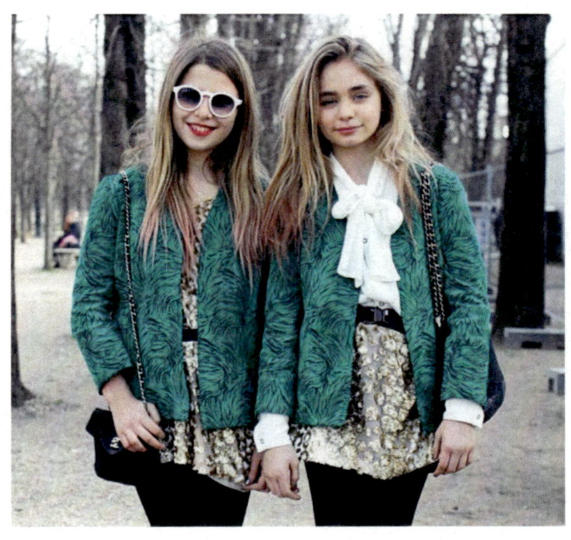

Abb. 5
Partnerlook
Freundinnen.

informiert die Moderatorin eines Video-Features über den Umfang, in dem kleine wie große Modelabels den vor allem an Feiertagen und am Valentinstag getragenen Partnerlook dort unterstützen.[6] Von der Paar-Unterhose bis zur Paar-Skijacke offeriert ein eigenständiger Industriezweig Kleidungsstücke, die sich mitsamt modischem Zubehör in den Dienst der Kenntlichmachung von *togetherness* stellen. Eine andere Variante von *togetherness* zeigt das nächste Bild. (Abb. 5)
Hier ist kein Liebespaar und sind keine Lebenspartnerinnen zu sehen. Zu sehen sind zwei Teenagerinnen, und wie bei vielen Teenagern, die sich in der Pubertät und häufig vor der ersten Freundin, dem ersten Freund für den Partnerlook entscheiden, betont die Inszenierung als Duo oder Doppelgänger*innen genau jene Einheit von zweien, in der das romantisch idealisierte Bild einer (späteren) Liebes- und Lebenspartnerschaft antizipiert und ihm eine ersatz-, vielleicht probeweise (und nach der Erprobung möglicherweise bereits ad acta gelegte) Form verliehen wird. Der Partnerlook fungiert gewissermaßen als Symbol für die gegenseitige Anerkennung als

6 Vgl. stellvertretend: Korea's Matchy Matchy Couple Outfits Take Relationships to the Next Level. In: *Refinery 29*, 25.10.2014. http://www.refinery29.com/korean-matchy-matchy-couples-look (Zugriff am 29.05.2017).

wahlverwandtschaftliche Zwillinge, für die vermeintlich unzertrennliche Verknüpfung des Lebens der einen mit demjenigen der anderen Person, für die geteilten Interessen, Vorlieben, Überzeugungen, Geheimnisse. Zugleich besitzt die Inszenierung als Duo oder Doppelgänger*innen eine identitätsstiftende Exklusivität, eine oft erotisch aufgeladene Abgrenzung gegenüber allen, die nicht als Seelen- und Geistesverwandte, nicht als engste Vertraute, nicht als Instanz zur Spiegelung der eigenen Ich-Einheit auserkoren wurden. Es dürften wesentlich diese symbolischen und explizit narzisstischen Facetten sein, die den Partnerlook in den Rang eines irgendwie faszinierenden, doch auch gern belächelten und als albern oder peinlich abgestempelten Phänomens heben. Vermutlich als Reaktion auf den Trend, den Prominente in den vergangenen Jahren auslösten und der seine Virulenz seither in verschiedenen Spielarten unter Beweis stellt, besingt dieses Phänomen mit nicht ganz unironischem Ton die Hamburger Band Deichkind in ihrem 2012 erschienenen Lied *Partnerlook*:

> Ein Schritt vor, ein zurück,
> du und ich ganz verrückt,
> alle staunen, jeder guckt,
> alle wollen, den Partnerlook.
>
> Super das Schweißband,
> das hab ich auch an,
> wir machen alles zusammen,
> wie'n Trip auf'm Tandem,
>
> Bahncard zu zweit fahren
> spiegelt unsere Freundschaft,
> zeig mir dein Outfit,
> bist du bereit für den Auftritt?
>
> Wir brauchen nicht tauschen,
> sehr angenehm,
> das hab' ich auch an,
> oh, voll schön. [...]

Von hier aus möchte ich einen Sprung in Richtung zweier Paare tun, bei denen die äußerliche Anähnlichung, wie bei den Featherstones, ein dauerhaftes Markenzeichen ihres gemeinsamen Lebens darstellt. Interessant bei diesen beiden Paaren ist aber, dass sie – wiederum im Unterschied zu den Featherstones – mit ihrer Anähnlichung die Normativität der Zweigeschlechtlichkeit herausfordern und mit Jacques Rancière gesprochen so auch die bestehende Aufteilung des Sinnlichen.[7] Im ersten Fall ist die Rede von den deutsch-österreichischen Künstlerinnen EVA & ADELE, die seit 1989 mit ihren Auftritten bei Ausstellungen, Performances und anderen kulturellen Großereignissen für Aufsehen sorgen.

II.

EVA & ADELE, Partnerinnen in der Arbeit und der Liebe, waren von Anfang an darauf bedacht, ihre äußere Erscheinung – vom Outfit und Make-up über die Abwesenheit einer Frisur bis hin zum Habitus – so exakt wie möglich aufeinander abzustimmen. Anders als in den vorangegangenen Beispielen zielt ihre Anähnlichung auf mehr als die Verwendung von Kleidungsstücken, die nach landläufiger Vorstellung entweder als geschlechterneutral gelten oder die binäre Geschlechterkonstruktion letztlich bestätigen. Der Partnerlook von EVA & ADELE fokussiert ein anderes Resultat – ein Resultat, das heteronormative Standards irritiert bzw. genauso hinter sich lässt, wie es das geschlechtliche und sexuelle Selbstverständnis der Künstlerinnen tut. So wählen sie zwar prononciert feminine Outfits, deren knallbunte Extravaganz sie auf High Heels und mit ihrem beständig freundlichen Lächeln zur Schau tragen. Wie Marcus Steinweg richtig bemerkt, verfehlte man ihre Arbeit jedoch, wenn man sie deshalb „dem Register des Weiblichen“[8] zuschlüge. EVA & ADELE inszenieren Doppelbödigkeiten, und diese Doppelbödigkeiten lassen keine Kleinigkeit und so freilich auch nicht die Wahl der Farben außer Acht. Obgleich bei ihrer Kleidung und ihren Accessoires rosa und pinke Töne dominieren, rufen sie damit nicht nur oder eben bloß einerseits

7 Siehe u. a. Jacques Rancière: Die Ästhetik als Politik. In: Ders.: *Das Unbehagen in der Ästhetik*. Wien: Passagen 2007, S. 29–56.

8 Marcus Steinweg: FÜR EVA & ADELE. http://www.evaadele.com/texts/msdeutsch.html (Zugriff am 29.05.2017).

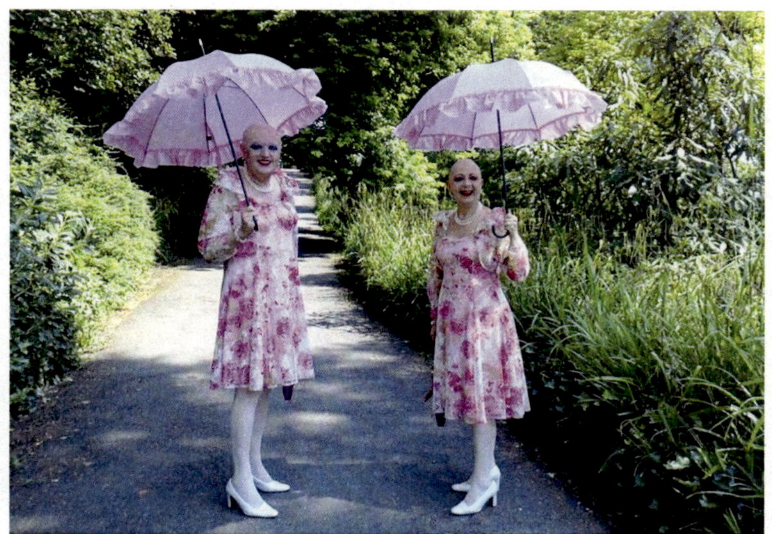

Abb. 6: EVA & ADELE.

das Klischee mädchenhafter Unschuld, Naivität oder Offenherzigkeit auf. Denn in erster Linie bezieht sich das Paar mit den rosa und pinken Tönen auf die Farbe der „geschlechtlich Andersartigen“[9], auf jene Farbe, die im Nationalsozialismus den stigmatisierenden und diskriminierenden Wimpel zierte, den homosexuelle Menschen zu tragen gezwungen waren. (Abb. 6)

Die Binarität von Mann und Frau, von Männlichkeit und Weiblichkeit durchkreuzen EVA & ADELE allerdings nicht bloß, indem sich in der Öffentlichkeit beide (und so auch Eva, deren biologisches Geschlecht männlich ist) in identischen ultra-femininen Outfits zeigen. Sie durchkreuzen diese Binaritäten gleichsam durch die Kontrastierung ihrer Outfits mit ihren phallisch rasierten Köpfen. Wie in der Rezeptionsgeschichte immer wieder hervorgehoben wird, liegt die Radikalität – so hat es Marcus Steinweg formuliert – in der Erfindung eines transsexuellen Körpers, „der im überkommenen Register nicht vorgesehen war.“[10] Diese Transgression des zweigeschlechtlichen

9 Siehe EVA & ADELE Gesamtkunstwerk, produziert vom Museum of Contemporary Art in Krakow (MOCAK) für die Ausstellung *Gender in Art*. https://www.youtube.com/watch?v=Z77sYbdHkmc (Zugriff am 29.05.2017).

10 Ebd.

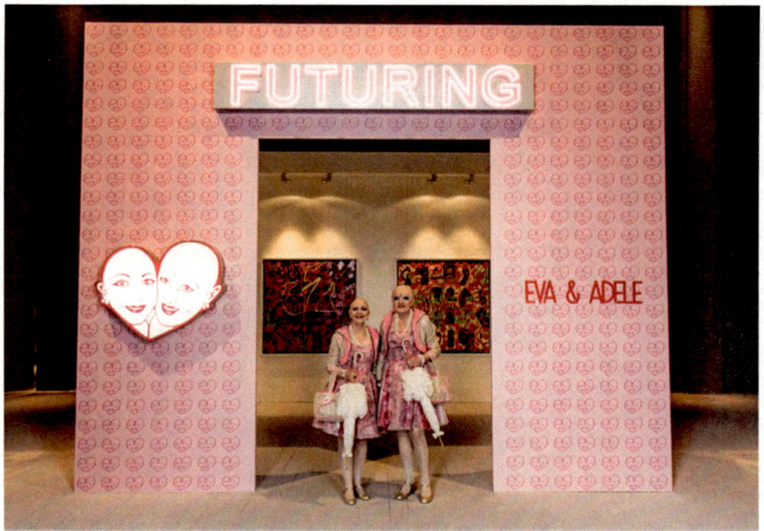

Abb. 7: EVA & ADELE.

Ordnungssystems sowie das Spiel mit der Diskrepanz zwischen Geschlechtskörper und Geschlechtsidentität sind grundlegende Züge der Inszenierungen und Performances von EVA & ADELE als lebendiges Kunstwerk.

Sie selbst bezeichnen sich als hermaphroditische Zwillinge aus der Zukunft. Sie bezeichnen sich seit über 20 Jahren so. Die permanente Reaktualisierung des einst Gesetzten charakterisiert ihre Anähnlichung als ein Projekt, das auf dem Prinzip des Weitermachens beruht und in seiner Konsequenz auf ein Ende hinausläuft, das sich mit dem Tod der einen oder anderen von beiden decken wird. „Nichts ist unumkehrbar, nichts reversibel", schreibt Hans-Joachim Müller. „Es gibt kein Zurück. Kein Reset, mit dem man wieder auf Standard einstellen, keine Sicherheitslücke, durch die man hinter die getroffene Entscheidung entweichen könnte, das Leben an die Kunst zu geben und die Kunst im Leben aufgehen zu lassen."[11] Das Prinzip des Weitermachens und Wiederholens, der Repetition und Reperformance erinnert mit Nachdruck allerdings auch daran, dass EVA & ADELE

11 Hans-Joachim Müller: Futuring. In: *Künstler – Kritisches Lexikon der Gegenwartskunst.* München: WB 2010, S. 2–8, hier S. 2.

allein dem gedanklichen Entwurf nach aus der Zukunft kommen. In Wirklichkeit entstammen sie der Vergangenheit und sind seit dem Ende der 1980er Jahre ihrer Einmalerfindung treu geblieben: ihrem entwaffnenden Lächeln, ihren auffälligen, skulpturalen Kleidern, der Ästhetik ihrer Bilder und Fotografien, den Farben pink und rosa und nicht zuletzt der selbst auferlegten Regel, nur als eine Einheit an die Öffentlichkeit zu gehen, die ausnahmslos der Anwesenheit beider bedarf. Zu haben sind sie weder ohne die jeweils andere noch ohne ihren Partnerlook (der sich u. a. darin fortsetzt, dass EVA & ADELE zumindest außerhalb ihrer eigenen vier Wände stets die gleichen Mahlzeiten und Getränke zu sich nehmen). Wann immer sie Besuch erwarten oder ihre Wohnung verlassen möchten, erfordert dies, die ungefähr drei Stunden einkalkulieren zu müssen, die es braucht, um sich in die hermaphroditischen Zwillinge zu verwandeln, die von sich behaupten, aus der Zukunft zu kommen. (Abb. 7)
Schon 1991, anlässlich ihrer Performance *Hochzeit Metropolis* im Berliner Martin-Gropius-Bau, prägt das Paar als Beschreibung für sein Lebensprojekt den Begriff des *Futuring*, den es seither als Schriftzug in Publikationen, Ausstellungen und sogar auf dem Zifferblatt einer speziell angefertigten Swatch-Uhr kursieren lässt. Gerade in Verknüpfung mit der Inszenierung und Performance als hermaphroditische Zwillinge offenbart die Mitteilung, dass EVA & ADELE aus der Zukunft kommen, ihr utopisches Moment. Die Mitteilung lädt dazu ein, die vor uns liegende Zeit in Abweichung zur Realität der Gegenwart und als Alternative zu den bestehenden Verhältnissen zu denken. Diese Einladung erneuert sich jedes Mal, wenn EVA & ADELE sie mit ihren freundlichen, sanften Auftritten wiederholen – und sie werden nicht damit aufhören, diese Mitteilung zu wiederholen, werden mit anderen Worten nicht davon ablassen, das einmal Gesetzte wie ein persönliches Gesetz zu befolgen, da die Zukunft, von der sie seit so vielen Jahren ein Bild abzugeben und in sämtlichen Kontexten oder Medien zu verbreiten sich bemühen, noch immer Zukunft geblieben ist. Als *Futuring*, als Arbeit an der Zukunft sind ihre Auftritte somit im Kern zu begreifen. Das hermaphroditische Zwillingpaar präsentiert sich als Entwurf und kontinuierliche Bekräftigung des Entwurfs einer Zukunft, in der Zweigeschlechtlichkeit und Heterosexualität ebenso aufgehört haben die ideologische und hegemoniale Basis zu bilden wie die Naturalisierung geschlechtlicher Identität.

III.

Lady Jaye Breyer und Genesis Breyer P-Orridge, das Paar, das am Ende meines Beitrags, eigentlich aber am Beginn meiner Überlegungen steht, ergänzt die Frage nach dem Partnerlook um weitere Aspekte, indem es die Möglichkeiten der äußeren Angleichung in noch einmal anderer Form herausfordert und produktiv macht. Lady Jaye Breyer (ehemals Jacqueline Mary Breyer), die nach längerem Magenkrebsleiden im Oktober 2007 einem Herzinfarkt erliegt, zählt in den 1980er und frühen 1990er Jahren zu den prägenden Figuren der New Yorker Underground-Szene. U. a. ist sie Mitglied des Kollektivs Blacklips Performance Cult und Mitbegründerin der Frauen-Fetisch-Gruppe House of Domination, während Genesis Breyer P-Orridge (ehemals Neil Andrew Megson) wiederum zu den Mitbegründern von Coum Transmissions, einer subkulturellen Vereinigung aus britischen Musikern, Filmemachern, Aktions- und Konzeptkünstlern gehört, die Ende der 1960er Jahre durch eine Reihe von provokanten Performances von sich reden macht und aus der 1974 die Band Throbbing Gristle hervorgeht. Nach deren Auflösung im Jahr 1981 formiert Genesis P-Orridge, gewissermaßen in Fortführung von Throbbing Gristle, die experimentelle Video-Art- und Musikgruppe Psychic TV.

1999, sechs Jahre nach ihrer Hochzeit, nehmen Lady Jaye und Genesis im Rahmen einer Serie von Performances mit dem Titel *Breaking Sex* (1999–2007) ihr so genanntes Pandrogeny-Projekt in Angriff.[12] Was ursprünglich mit einem gewöhnlichen Partnerlook anfängt, mit der Wahl der gleichen Kleidung, den gleichen Frisuren und dem gleichen Make-up, weitet sich im Lauf des Projekts auf eine Anähnlichung aus, die sich auf nicht weniger als die sukzessive und allumfassende Vereinigung ihrer individuellen physiognomischen und körperlichen Merkmale orientiert, aus der die Verschmelzung zu einem dritten Geschöpf resultieren soll, dem pandrogynen Wesen Breyer P-Orridge. (Abb. 8)

12 Pandrogeny und Pandrogyny sind Wortschöpfungen von Lady Jaye Breyer und Genesis Breyer P-Orridge, die auf das Ansinnen zurückgehen, Begriffe haben zu wollen „without any history or any connections with things – a word with its own story and its own information." Michael Musto: Genesis P-Orridge. On Pandrogyny and Surgery. In: *Village Voice*, 07.03.2012. http://www.villagevoice.com/news/genesis-p-orridge-on-pandrogyny-and-surgery-6434292 (Zugriff am 29.05.2017).

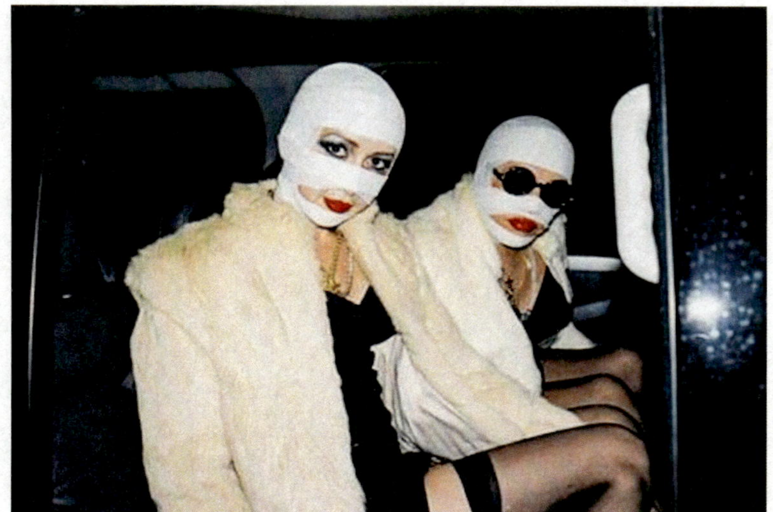

Abb. 8: Breyer P-Orridge.

> My Self and Lady Jaye have [...] chosen to explore, with ever more commitment, the mutability of identity and the Pandrogyne as divine metaphor through our contemporary art project and process of "Breaking Sex" or "PANDROGENY" where, as the third being created by the melding of two beings, a new artist and phenomenon, BREYER P-ORRIDGE, is created. Using cosmetics, cosmetic surgeries, tattoos, identical clothing and hair and mirroring each others behaviour we extend all this coumpendium [sic!] of modern magick [sic!] into a cutting edge new system where no aspect of the process is separated from another.[13]

Anders als EVA & ADELE beschränken sich Lady Jaye und Genesis bei ihrer Anähnlichung und gleichzeitigen Veruneindeutigung geschlechtlicher Identität also nicht auf reversible Maßnahmen oder Applikationen. Sie unterziehen sich, im Wert von ungefähr 200.000 US Dollar,[14] mehreren Hormontherapien und chirurgischen

13 Jason Louv (Hrsg.): *Genesis Breyer P-Orridge: Thee Psychick Bible.* Los Angeles: Feral House 2009, o. P.

14 Vgl. Erica Orden: I Am My Own Wife. In: *New York Magazine*, 06.09.2009. http://nymag.com/arts/art/profiles/58864/ (Zugriff am 29.05.2017).

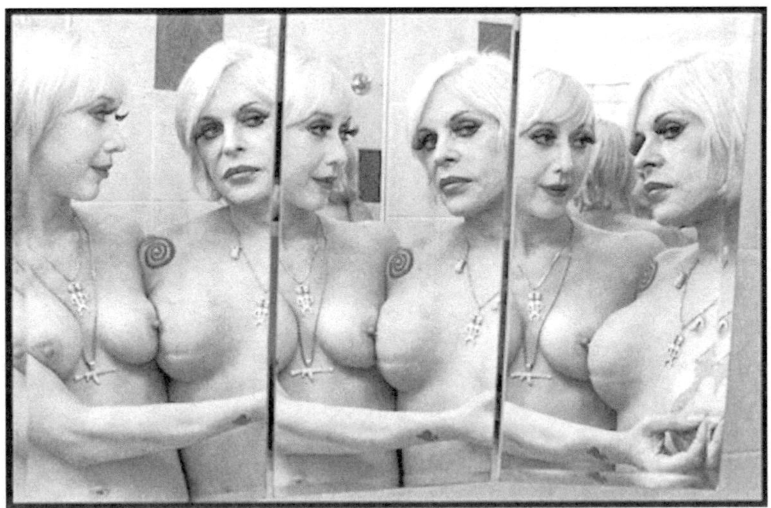

Abb. 9: Breyer P-Orridge.

Eingriffen, bei denen ihre Wangen, ihre Kinnpartien, ihre Augen, Nasen und Lippen angeglichen werden. An Stellen, an denen Lady Jaye Muttermale hat, lässt sich Genesis kleine dunkle Punkte tätowieren, während Lady Jaye dort ein Muttermal entfernt wird, wo Genesis keines besitzt. Am Valentinstag des Jahres 2003 werden ihnen in zeitgleich durchgeführten Operationen Brustimplantate eingesetzt. Ihr Geschlecht definieren sie als *s/he*.

> So the very first thing that we did that was more or less permanent was I got two tattoos on my cheek – beauty spots where Lady Jaye has some, and then she had one removed on the other cheek, so that we were beginning to make our faces more superficially the same. Then she got the shape of her eyes changed so that they were more like mine, and got her nose worked on to make it like mine.[15]

Was dabei entsteht, mag auf den ersten Blick lediglich nach einer avancierten Form des Partnerlooks aussehen. Wie die Anähnlichung

15 Dominic Johnson: Positive Surrender: An Interview with BREYER P-ORRIDGE. In: *Contemporary Theatre Review* 22,1 (2012), S. 134–166, hier S. 138.

von EVA & ADELE gründet jedoch auch diejenige von Lady Jaye und Genesis auf einer Idee, die nicht nur eine Verbundenheit und Zusammengehörigkeit indiziert, sondern einen Angriff auf gleich mehrere Binaritäten: auf die Binarität von Mann und Frau oder Männlichkeit und Weiblichkeit, aber auch auf die Binarität von Selbst und Anderem oder von Natur und Kultur. Das Pandrogeny-Projekt steht für das Bemühen um die Versöhnung von tradierten Gegensätzen, für eine (Wieder-)Vereinigung von zwei separierten Einheiten, die Genesis in deutlich spiritueller Neigung und nicht zufälligem Rekurs auf die Figur des Hermaphroditen bezieht (Abb. 9):

> As I more overtly included a magickal [sic!] view of the universe into my creative life, I studied the hermaphrodite as an embodiment of perfection and re-union into a fully conscious whole in alchemy. This positive androgyne I named the Pandrogyne in my writings as a symbol of the reconciliation of opposites, an ending of binary templates for nature and a healing of the Fractured Garden of Eden in a process of aware unity with the divine.[16]

„We started out", sagt Genesis in einem Interview, „because we were so crazy in love, just wanting to eat each other up, to become each other and become one."[17] Zweifellos ist die möglichst identische optische Anähnlichung bei Breyer P-Orridge in einer der radikaleren Versionen realisiert. Es ist eine Anähnlichung, die sich nicht abstreifen lässt wie eine Maske oder ein Kostüm. Sie spricht von einer Unbedingtheit, von dem Bekenntnis, die Konsequenzen lebenslang tragen zu wollen. Das Pandrogeny-Projekt wurde selbst nach Lady Jayes Tod nicht aufgegeben. Genesis ließ weitere chirurgische Eingriffe vornehmen und rekurriert seither auf sich in der ersten Person Plural.

> Since Lady Jaye dropped her body on 9 October 2007, we dropped using 'I' in favour of 'we' to signify Lady Jaye's continued presence in our body and personality, as well as her ongoing presence in the Pandrogeny project – not just

16 Louv (Hrsg.): *Genesis Breyer P-Orridge*, o. P.

17 Genesis P-Orridge: The Body Politic. In: *Suicide Girls*, 23.12.2008. https://www.suicidegirls.com/girls/nicole_powers/blog/2680078/genesis-p-orridge-the-body-politic/ (Zugriff am 29.05.2017).

a nostalgic presence but a dynamic one as we continue to create works we co-created and proposed using photographic and other biological materials to realise new works.[18]

So gesehen ist das Pandrogeny-Projekt ein Weg, auch dann zusammenzubleiben, wenn einer der beiden gestorben ist. Betrachtet man Genesis Breyer P-Orridge heute, beinahe zehn Jahre nach Lady Jayes Tod, dann vermitteln die Aufnahmen immer wieder aufs Neue eine Vorstellung auch davon, wie Lady Jaye heute aussehen könnte oder vielleicht aussehen würde. Und sie erinnern, einer Hommage gleich, an den Wunsch des Paares, der Welt letztlich, so Genesis, als die größte Liebesgeschichte aller Zeiten im Gedächtnis bleiben zu wollen[19]. (Abb. 10)

So sehr Breyer P-Orridge Resultat und Repräsentation einer tiefen Liebe ist, so wenig ist Breyer P-Orridge allein mit dem Wunsch nach der romantischen Verschmelzung zweier Liebender treffend erfasst. Wie bei EVA & ADELE will die möglichst identische optische Angleichung von beiden Seiten aufeinander zulaufen, um etwas Drittes hervorzubringen. Dieses Dritte sowie die spezifische Art seiner Entstehung implizieren auch bei Lady Jaye und Genesis den Akt einer Ermächtigung gegenüber den Grenzen und Begrenzungen heteronormativer, sozialer und gesellschaftlicher Standards. Bei ihren Experimenten mit der Form- und Transformierbarkeit des Selbst gehen Lady Jaye und Genesis allerdings anders vor als EVA & ADELE. Sie setzen sich einem Verfahren aus, das sie selbst mit der aleatorischen Cut-up-Methode vergleichen, die auf den amerikanischen Maler und Schriftsteller Brion Gysin zurückgeht und die dieser u. a. mit William S. Burroughs praktizierte.

The work of William S. Burroughs and Brion Gysin has been highly influential to us, particularly in relation to the practice of the "cut-up." To liberate the word from linearity, they began to cut-up and, incorporating random chance, re-assembled both their own and co-opted literature "... to see what it really says ..." They referred to the phenomena of profound and poetic new collisions and meanings that resulted from their intimate collaborations as the "Third

18 Zit. n. Johnson: Positive Surrender, S. 136.

19 Siehe *The Ballad of Genesis and Lady Jaye* (F 2011, R: Marie Losier).

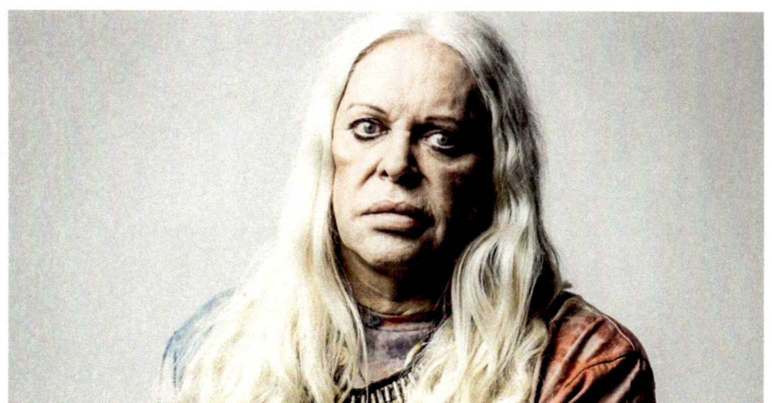

Abb. 10: Genesis Breyer P-Orridge.

> Mind." This was produced with a willingness to sacrifice their own separate, previously inviolate works and artistic "ownership." In many ways they saw the third mind as an entity in and of itself. Something "other," closer to a purity of essence, and the origin and source of a magical or divine creativity that could only result from the unconditional integration of two sources.[20]

So wie Gysin und Burroughs bestehende Texte zertrennten, um durch den Remix der einzelnen Teile nicht plan- und nicht vorhersehbare Bedeutungsebenen oder Erzählweisen zu erzeugen, möchten auch Lady Jaye und Genesis ihre eigenen Grammatiken durcheinanderwürfeln. Mithilfe von Chirurgen und den Möglichkeiten der Medizintechnik lassen sie ihre Gesichter und Körper zerschneiden und anschließend zu etwas zuvor nicht Dagewesenem vernähen, das – ähnlich wie die literarischen Resultate, die Burroughs und Gysin mit der Cut-up-Methode generieren – imstande sein soll, die eingeübten Formen der Lektüre, Analyse und Diskursivierung herauszufordern. Das Pandrogeny-Projekt entwickelt seine utopische Kraft also darin, dass es – und hier trifft sich Breyer P-Orridge erneut mit EVA & ADELE – als Modell für eine „Future of the Human Species Pandrogyny"[21] fungieren will, für eine Zukunft, in der, wie bei

20 Louv (Hrsg.): *Genesis Breyer P-Orridge*, o. P.

21 *The Ballad of Genesis and Lady Jaye* (TC 00:34:12–00:34:21).

EVA & ADELE, das „either/or universe“[22] der Geschlechter und Geschlechterrollen Vergangenheit gewesen sein wird. Dem eigenen Selbstverständnis nach leistet Breyer P-Orridge damit einen Beitrag nicht nur zur Andersheit einer künftigen Realität, sondern zu der Möglichkeit von Zukunft überhaupt:

> Breyer P-Orridge believe that the binary systems embedded in society, culture and biology are the root cause of conflict, and aggression which in turn justify and maintain oppressive control systems and divisive hierarchies. Dualistic societies have become so fundamentally inert, uncontrollably consuming and self-perpetuating that they threaten the continued existence of our species and the pragmatic beauty of infinite diversity of expression. In this context the journey represented by their PANDROGENY and the experimental creation of a third form of gender-neutral living being is concerned with nothing less than strategies dedicated to the survival of the species.[23]

Die Arbeit an der Zukunft ist bei Breyer P-Orridge gleichbedeutend mit der Arbeit an der Abschaffung binärer Strukturen, weshalb in dieser Logik wiederum die Arbeit an einem *gender*-neutralen Lebewesen eine geradezu politische Position adoptiert – und zwar sowohl im Sinn einer Absage an das zutiefst männlich geprägte, heteronormative Ordnungssystem als auch im Sinn einer Absage an eine der Reproduktion dienliche Regulierung der subversiven Vielstimmigkeit von Sexualität.[24] Wie u. a. Yu-Chien Wu schreibt, besitze das Pandrogeny-Projekt damit einerseits das Potenzial, die einengenden Geschlechtergrenzen aufzusprengen, laufe andererseits jedoch Gefahr, sich an der Verfestigung der existenten hegemonialen Restriktionen zu beteiligen.[25] Was Wu zur Sprache bringt, ist die dem Pandrogeny-Projekt inhärente Ambivalenz, man könnte auch sagen: seine Widersprüchlichkeit zwischen Sagen und Tun, zwischen Anspruch und Auswirkung, zwischen Denkfigur und Wirklichkeit.

22 Louv (Hrsg.): *Genesis Breyer P-Orridge*, o. P.

23 Ebd.

24 Vgl. hierzu stellvertretend Judith Butler: *Das Unbehagen der Geschlechter*. Frankfurt am Main: Suhrkamp 1991.

25 Siehe Yu-Chien Wu: Tearing and Wearing the Skin: Negotiation Beyond Genders. In: *Platform* 6,2 (2012), S. 28–41, hier S. 37.

Für Wu tritt diese Widersprüchlichkeit in erster Linie hervor zwischen dem Wunsch, ein phantasmatisches Bild von einem dritten Geschöpf entwerfen zu wollen, und dem Vorgehen bei der Erfüllung dieses Wunsches. Ein drittes Geschöpf ist nicht dadurch zu haben, so Wu, dass eine Person das Aussehen oder die Erscheinung einer anderen kopiert. Wu attestiert sozusagen einen Fehler, der sich auf die inkonsequente Anwendung der Cut-up-Methode zurückrechnen lässt. Anstatt nämlich die Schnitte des Skalpells und die Montage des Zerschnittenen so weit wie möglich dem Zufall zu übereignen oder aus den eigenen Händen zu geben, gehen Lady Jaye und Genesis zu intentional und dabei zu imitierend vor. Dieser Sachverhalt ist auch anderen Autor*innen aufgefallen, etwa Brett Lunceford, der das Kind bei noch deutlicherem Namen nennt. „[T]here seems to be little of the hybridity that one would expect", schreibt Lunceford. Im Gegenteil verliefe die Anähnlichung vor allem in eine Richtung: „Granted, they actually both got matching breast implants and she had some work done on her nose and chin to look more like him, but he still looks like her with tattoos."[26] Obgleich sich spätestens an dieser Stelle die Frage nach den medizintechnischen Machbarkeiten der damaligen Zeit aufdrängt, bezweifelt Lunceford, dass Lady Jaye und Genesis selbst im Fall eines (auch in ökonomischer Hinsicht) unbegrenzten Zugangs zu den gegebenen Möglichkeiten bei der Hervorbringung eines hybriden Geschöpfs erfolgreich gewesen wären. Lunceford mutmaßt sogar, dass das eigentliche Ziel des Pandrogeny-Projekts gar nicht in der Hervorbringung eines hybriden Geschöpfs bestanden habe, sondern in der Auslöschung jeglicher Idee von *gender* an sich. „There is NO gender anymore"[27], heißt es in einem Gedicht von Breyer P-Orridge, das Lunceford sodann auch zu dem Vorschlag inspiriert, Hybridität weniger im Blick auf die äußerliche Erscheinung von Breyer P-Orridge zu denken denn als eine Maßnahme zur Rückeroberung der Selbstbestimmung und Kontrolle über das eigene Ich und die (auch posthumanistischen) Perspektiven seiner Gestaltbarkeit.[28]

26 Brett Lunceford: Posthuman Visions: Creating the Technologized Body. In: *Explorations in Media Ecology* 11,1 (2012), S. 7–25, hier S. 14.

27 „This is the final war, a jigsaw / A war to re-possess your SELF. / There is NO gender anymore / Only P-Androgeny is divine." Louv (Hrsg.): *Genesis Breyer P-Orridge*, o. P.

28 Lunceford: Posthuman Visions, S. 14.

Zu einem ähnlichen Schluss gelangt Krista Miranda. Im Unterschied zu Lunceford moniert sie aber nicht einen Mangel, ein Zuwenig an Hybridität. Miranda interessiert ein anderer Gedanke. In Genesis' Angleichung an Lady Jaye, mithin in der äußerlichen Angleichung eines heterosexuellen Mannes an eine Frau, erkennt Miranda eine Bewegung „away from masculinity"[29], der sich zweierlei verdanke: Zum einen entlasse sie Genesis ein Stück weit aus der Gefangenschaft wenn schon nicht der Gänze seines Körpers, so doch wenigstens aus der Gefangenschaft eines konkreten Geschlechtskörpers; zum anderen trage diese Bewegung „away from masculinity" dazu bei, die Dichotomie von *sex* und *gender* zu irritieren.[30] Mit Blick auf den Körper gelingt Miranda damit eine wichtige Feststellung, denn in der Tat kommt dem Körper bei Breyer P-Orridge die Position des entscheidenden Austragungsortes zu. Kritisiert für die abspaltende Einhüllung des Individuums und die daraus resultierende Gefangenschaft des Bewusstseins in einem Differenzdenken zwischen Ich und Anderen, sagen Lady Jaye und Genesis dem Körper den Kampf an, indem sie ihn für eine Praxis instrumentalisieren, die, wie beim Mythos vom Kugelmenschen, eine Person nur noch als die unvollständige Hälfte der anderen konzipiert. Das dritte Geschöpf benötigt beide und idealerweise das Zusammensein von beiden. Es ist auf das Zusammensein der beiden Hälften nicht im selben Maß angewiesen wie EVA & ADELE. Es gibt keine Regel, die zum gemeinsamen Auftritt verpflichtet; trotzdem existiert das dritte Geschöpf namens Breyer P-Orridge „more fully when we are physically together."[31]

Es ist einer der interessantesten Aspekte, dass sich Breyer P-Orridge und EVA & ADELE bei der Hervorbringung des dritten Geschöpfs von den Gesetzmäßigkeiten der Reproduktion verabschieden. Das dritte Geschöpf entsteht ohne einen sich der Fortpflanzung widmenden Zeugungsakt und ohne die Vererbung der eigenen DNA. Im Fall von Breyer P-Orridge wird der Körper als Spiegel des vererbten genetischen Programms sogar kategorisch zurückgewiesen.

29 Krista Miranda: DNA, AND: A Meditation on Pandrogeny. In: *Women & Performance: A Journal of Feminist Theory* 20,3 (2010), S. 347–353, hier S. 350.

30 Ebd.

31 Zit. n. ebd., S. 353.

> We started to think about ... instead of having children which is in a way ... the child is the two people combined to become a new person. What if we made ourselves the new person instead. So it began as very romantic, about love and about wanting to be as much like each other as we could. In a way almost like a physical orgasm, because an orgasm is also a moment when two people become one.[32]

Insofern haben wir es bei beiden Paaren mit der Ablehnung der gattungserhaltenden Agenda der heterosexuellen Matrix zu tun, mit dem Versuch bzw. zwei unterschiedlichen Versuchen, sich qua Hervorbringung eines dritten, eines hermaphroditischen Geschöpfs dem dominanten lebensregulierenden Machtdispositiv zu entziehen. Im selben Maß, wie hier eine Umdeutung der bestehenden Ordnung statthat, bricht sich gleichsam jedoch eine Affirmation Bahn, die sich, um es mit Yu-Chien Wu zu sagen, nichtsdestoweniger an der Verfestigung der existenten hegemonialen Restriktionen beteiligt. Was bei beiden, bei Breyer P-Orridge und bei EVA & ADELE, unangetastet bleibt, ist die Einheit von zweien als solche. Im Gegenteil wird, anstatt das duale Prinzip von Partnerschaft sowie die Kongruenz von Paar und Duo kritisch in Frage zu stellen, der Einheit von zweien ein geradezu emphatisches Denkmal gesetzt. Mittels einer äußeren Anähnlichung, die wie jeder Partnerlook die Zusammengehörigkeit von zwei Menschen als exklusive und exkludierende Vereinigung apostrophiert, enthüllen Breyer P-Orridge und EVA & ADELE ihr wie immer bewusstes oder unbewusstes Festhalten nicht nur an einem Bestandteil und Effekt heteronormativer Ordnung, sondern an einer Dichotomie zwischen ‚wir' und ‚sie': wir zwei aus der Zukunft; wir zwei als Modell für ein pandrogynes Geschöpf; wir zwei als Künstler*innen, die es im Gegensatz zu den Vielen in einer Gesellschaft wagen oder sich *leisten* können, sich gegen die tradierten Grenzverläufe mit Souveränität zur Wehr zu setzen. Dieses Festhalten ist irritierend und ist insbesondere deshalb irritierend, weil es sich in Relation zu dem utopischen Gehalt der Ambitionen, Vorgehensweisen und Ziele beider Paare seltsam anachronistisch verhält.

32 Zit. n. *The Ballad of Genesis and Lady Jaye*, TC 00:31:31–00:31:59.

Matthias Weiß

Ungleiche Schwestern

Paarbildungen als Motiv und Methode der Kunstgeschichte

Der vorliegende Beitrag soll der in diesem Band verhandelten Frage nach Paarbildungen in den Künsten aus dezidiert kunsthistorischer Perspektive nachgehen, und das in zweierlei Hinsicht: motivisch und methodisch. Motivisch handelt es sich bei Paardarstellungen um ein gängiges Sujet, das sich in vielerlei Ausprägungen nachweisen lässt. So sind beispielsweise Ehebildnisse[1] von Freundschaftsbildern[2] zu unterscheiden, wobei sich die juristisch, sozial oder emotional begründete Zusammengehörigkeit der Dargestellten nicht zwingend darin

1 Eine erste, zwar nicht auf Ehepaare beschränkte, aber nichtsdestotrotz heteronorme und vor allem auf Malerei konzentrierte Übersicht gibt Iris Müller-Westermann: *Frau und Mann als Paar im Bild. Darstellungen zwischen Realität und Utopie.* Hamburg: Kellner 1986. Stärker gattungsübergreifend und bis in die Antike zurückreichend ist der Überblick in Anna Fabiankowitsch / Katja Schmitz-von Ledebur: Paarbilder. In: Sabine Haag (Hrsg.): *Bessere Hälften. (Kunst) Geschichten um Paare.* Ausstellungskatalog. Wien: Kunsthistorisches Museum 2013, S. 25–44. Ehebildnisse im engeren Sinn fokussieren Berthold Hinz: Studien zur Geschichte des Ehepaarbildnisses. In: *Marburger Jahrbuch für Kunstwissenschaft* 19 (1974), S. 139–218; Elisabeth Vavra: Ehe-Paar-Bilder. In: Gerhard Jaritz (Hrsg.): *Ritual, Images, and Daily Life.* Wien / Zürich: Lit 2012, S. 139–162.

2 Nach wie vor grundlegend sind Harald Keller: Entstehung und Blütezeit des Freundschaftsbildnisses. In: Douglas Fraser / Howard Hibbard / Milton J. Lewine (Hrsg.): *Essays in the History of Art Presented to Rudolf Wittkower.* London: Phaidon 1967, S. 161–173; Klaus Lankheit: *Das Freundschaftsbild der Romantik.* Heidelberg: Winter 1952. Zu den fließenden Übergängen zwischen Freundschafts- und Liebesbild siehe Ulrich Pfisterer: Freundschaftsbilder – Liebesbilder. Zum visuellen Code männlicher Passionen in der Renaissance. In: Sibylle Appuhn-Radtke / Esther P. Wipfler (Hrsg.): *Freundschaft. Motive und Bedeutung.* München: Zentralinstitut für Kunstgeschichte 2006, S. 239–259.

ausdrücken muss, dass beide auf ein und demselben Bildträger wiedergegeben sind. Denn ein Paar zu sein kann auch dadurch veranschaulicht werden, dass zwei Personen in einem Pendant-Porträt – also in Form zweier materiell voneinander unabhängiger, aber inhaltlich wie kompositionell aufeinander bezogener Bildnisse – einander gegenüber hängen. Methodisch wiederum ist solch ein Gegenüberstellen und gemeinsames Betrachten von Bildern in vielen Fällen weder durch den Auftraggeber oder die Auftraggeberin noch durch die ausführende Künstlerin oder den Künstler motiviert, sondern vom Kunsthistoriker oder der Kunsthistorikerin verantwortet, um als Erkenntnis- oder Beweismittel zu dienen. Wie noch zu diskutieren sein wird, gilt die Sinnfälligkeit oder Legitimität solcher Paarbildungen allerdings auch innerhalb der Disziplin als umstritten.

Paarbilder

Vorgestellt sein sollen im Folgenden nicht die einleitend erwähnten Freundschafts- oder Ehebilder, sondern Schwesternbildnisse, und zwar in einer auf den ersten Blick vielleicht willkürlich anmutenden Auswahl von zwei Gemälden und drei Fotografien, die einen Zeitraum vom späten 16. bis ins frühe 21. Jahrhundert abdecken. Maßgeblich geleitet ist besagte Auswahl durch den Umstand, dass die enorme Ähnlichkeit der jeweils dargestellten Frauen dazu verleitet, ihnen ein besonders enges Verhältnis zu unterstellen, es zugleich aber nicht so recht gelingen mag, eben dieses Verhältnis oder auch nur den Grund für ihre gemeinsame Darstellung präzise zu benennen.

Das erste, durchaus prominente Beispiel wird heute als *Gabrielle d'Estrées und eine ihrer Schwestern* (Abb. 1) bezeichnet und ist zeitlich wie stilistisch der (zweiten) Schule von Fontainebleau zuzuordnen – eine Namensgebung, die so nicht mehr dem Stand der Forschung entspricht, aber weiterhin gebräuchlich ist. Zu fassen versucht wird damit der französische Manierismus sowohl des frühen als auch des späten 16. Jahrhunderts, weil er maßgeblich im und für das Schloss von Fontainebleau ausgebildet wurde.[3] Angestoßen durch das Antiken- und Italieninteresse von François I, entwickelten

3 Siehe einführend Jean-Jacques Lévêque: *L'Ecole de Fontainebleau*. Neuchâtel: Ides et Calendes 1984.

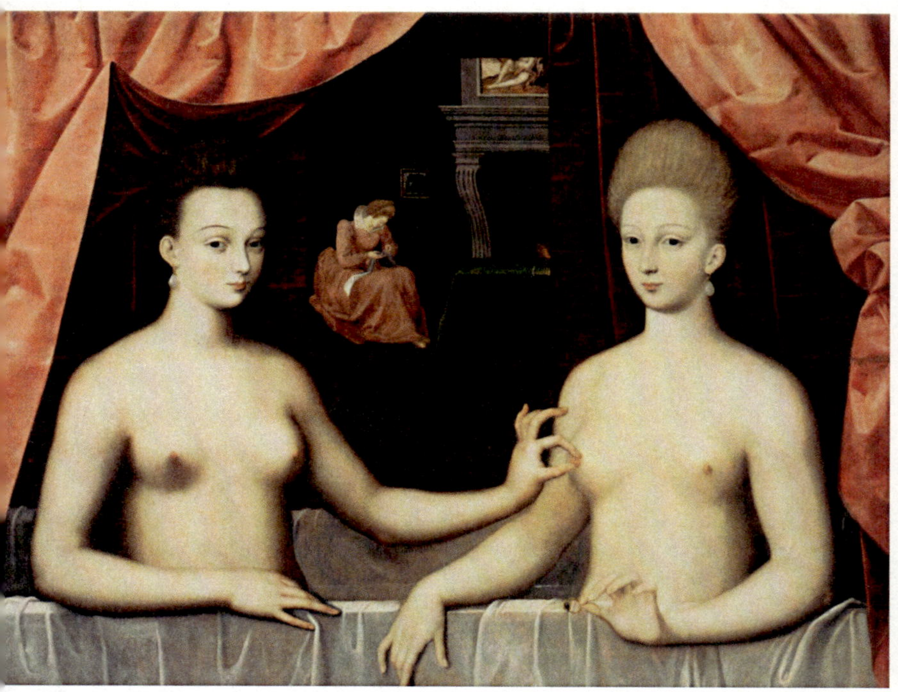

Abb. 1: Schule von Fontainebleau: *Vermutliches Porträt von Gabrielle d'Estrées und ihrer Schwester, der Duchesse de Villars*, ca. 1594. Öl auf Eichenholz, 96 × 125 cm, Musée du Louvre, Paris.

zunächst italienische Künstler wie Rosso Fiorentino, Francesco Primaticcio und Luca Penni, später französische Kollegen wie Toussaint Dubreuil, Ambroise Dubois und Martin Fréminet in größeren Werkstattzusammenhängen einen entschieden höfischen und entsprechend verfeinerten Stil, dessen Hauptthemen das Fürstenlob und (etwas verdeckter) das Mätressenlob waren.[4] Hinsichtlich konkreter Händescheidungen und bezüglich der zum Teil komplexen Ikonografien handelt es sich indes um eine höchst hermetische Kunst, wofür nicht zuletzt das hier in Rede stehende Schwesternbildnis einsteht, wirft es heute doch weit mehr Fragen auf, als es Antworten zu geben im Stande ist.

Was also ist zu sehen? Ein purpurner, zu den Seiten geöffneter Vorhang gibt den Blick auf zwei unbekleidete Damen mit aufwändiger

4 Neben der oben erwähnten Gabrielle d'Estrées ist hier vor allem Diane de Poitiers, die Mätresse von Henri II, zu nennen.

Frisur und kostbaren Perlohrringen frei, die einander in einem weiß ausgeschlagenen Badezuber gegenübersitzen. Die rechte, hellhaarige Frau hält in ihrer linken gesenkten Hand einen Ring. Die andere, brünette fasst mit Daumen und Zeigefinger ihrer erhobenen Linken die Brustwarze der Blonden. Der den Zuber vermutlich umgebende Vorhang ist auch hinter den Damen geteilt, sodass am Ende des Raumes eine ebenfalls sitzende, nähende oder stickende Aufwartefrau, ein grün verhüllter Tisch, ein brennender Kamin, ein rechteckiger Spiegel und der untere Teil eines Gemäldes zu erkennen sind. Dieses Bild im Bild gibt den Unterkörper einer liegenden Gestalt wieder, die zwar mit einem Tuch nur notdürftig verhüllt ist, sich in ihrer phänotypischen Geschlechtszugehörigkeit aber dennoch nicht zuordnen lässt.

Als gesichert darf gelten, dass es sich bei der rechten der beiden Frauen um Gabrielle d'Estrées, Duchesse de Beaufort et Verneuil, Marquise de Monceau handelt. Von 1592 bis 1599 Mätresse von Henri IV, hatten der König und sie vier gemeinsame Kinder, von denen eines bei der Geburt starb. Gabrielle selbst wiederum verschied kurz vor der Hochzeit mit Henri unter ungeklärten Umständen – gemutmaßt wird über den tödlichen Ausgang einer Eklampsie, aber auch über einen Giftmord im Auftrag der Medici, der die Aussichten einer Heiratskandidatin aus den eigenen Reihen verbessern sollte.[5] Bei der zweiten Frau auf dem Gemälde handelt es sich wahrscheinlich um eine der Schwestern Gabrielles, vermutlich um Julienne d'Estrées, Duchesse de Villars,[6] wobei die fast schematisch anmutende Angleichung der beiden Frauen an das Schönheitsideal ihrer Zeit zumindest ihre Körper fast wie Bild und Spiegelbild wirken lässt.

Besteht also bezüglich der Identitäten der beiden Badenden einige Sicherheit, so ist nach wie vor ungeklärt, warum die beiden Frauen von Rang nackt in einem Zuber sitzen und, wichtiger noch, was das ostentative Präsentieren des Rings und das nicht minder demonstrative Fassen der Brustwarze zu bedeuten haben: Wie Barbara und Hans Holländer aufzeigten, mag es sich bei der Bildfindung um ein

5 Gemeint ist Maria de' Medici, die im Jahr nach dem Tod Gabrielles tatsächlich den König von Frankreich heiratete.

6 So eine auf 1627 datierende Benennung auf einer Variante des Gemäldes. Vorgeschlagen wurde auch, die linke Dame als Maréchale de Balagny, eine ältere Schwester Gabrielles, oder als Henriette d'Entragues zu identifizieren. Letztere hatte der König bald nach dem Tod Gabrielles als Mätresse gewählt. Sylvie Béguin: Gabrielle d'Estrées et une de ses sœurs. In: Edition des Musées nationaux: *L'École de Fontainebleau*. Paris: Musées nationaux 1972, S. 214.

elaboriertes, durch literarische Strategien vorgebildetes Spiel mit topischen Versatzstücken handeln, das nicht nur die dargestellten Objekte umfasst, sondern auch die gleichsam fragmentierbaren Körper der Damen einschließt.[7] Rebecca Zorach wiederum referiert, dass die heute einigermaßen irritierenden Gesten der beiden Frauen vermutlich auf das eheähnliche Zusammenleben Gabrielles mit dem König hindeuten – könnte der Ring doch dafür einstehen, dass Gabrielle (nicht die nominell amtierende, aber in Verbannung lebende Königin Marguerite de Valois) den Kronschatz verwahrte,[8] während das Berühren der bereits anschwellenden Brust auf die erste Schwangerschaft Gabrielles und mithin auf die bevorstehende Geburt eines Thronfolgers anspielen könnte.[9] Beantwortet wäre in diesem Fall auch die Frage, warum statt des Königs und seiner Mätresse die Duchesse und ihre Schwester konterfeit wurden: Henri war noch verheiratet. Das gemeinsame Bad mit einem anderen Mann verbat sich. Und eine sapphische Szene ist nicht zuletzt mit Blick auf die Ambitionen Gabrielles wohl ebenfalls auszuschließen.[10] Denn das Wahrscheinlichste ist in der Tat, dass es der Dame darum zu tun war, sich mit Hilfe des Gemäldes als die eigentliche Königin Frankreichs zu positionieren respektive ihren Anspruch auf eine Heirat mit dem König zu reklamieren. Hiervon ausgehend scheint die Wahl der Schwester als Badepartnerin unverfänglich – was allerdings nach wie vor im Obskuren belässt, warum die Frauen überhaupt als badendes Paar dargestellt sind.

7 Barbara Holländer / Hans Holländer: Die Damen von Fontainebleau und das poetische Schönheitsinventar. In: Marianne Sammer (Hrsg.): *Leitmotive. Kulturgeschichtliche Studien zur Traditionsbildung*, Kallmünz: Laßleben 1999, S. 375–388. Das hier in Rede stehende Doppelporträt im Badezuber wird diskutiert auf S. 385–386.

8 Rebecca Zorach: Desiring Things. In: *Art History* 24,2 (April 2001), S. 195–212, hier S. 196.

9 Ebd., S. 198–200. Gabrielle gebar 1594 tatsächlich einen Sohn, César de Bourbon, später Duc de Vendôme.

10 Anders Béguin, der zufolge „die Haltungen der Frauen" die „verbotene Liebe zwischen Frauen" erahnen lassen. (Sylvie Béguin: Die Schule von Fontainebleau. „Alte und neue Geschichten". In: Roberto Cassanelli (Hrsg.): *Künstlerwerkstätten der Renaissance*. Zürich / Düsseldorf: Benziger 1998, S. 275–296, hier S. 292.) Zur Frage lesbischer Lesarten des Gemäldes siehe auch Rebecca Zorach: *Blood, Milk, Ink, Gold. Abundance and Excess in the French Renaissance*. Chicago / London: University of Chicago Press 2005, S. 198, 206–210; Doris Guth: Das Bildnis *Gabrielle d'Estrées und ihre Schwester*. Kunsthistorische Forschung zur Homoerotik zwischen Frauen. In: Dies. / Elisabeth Priedl (Hrsg.): *Bilder der Liebe. Liebe, Begehren und Geschlechterverhältnisse in der Kunst der Frühen Neuzeit*. Bielefeld: Transcript 2012, S. 301–331.

Das zweite, vermutlich nicht minder prominente Beispiel gilt als das Meisterwerk im stark autobiografisch angelegten Œuvre der aus Mexiko stammenden Malerin Frida Kahlo. Doch auch wenn das 1939 entstandene Gemälde *Die zwei Fridas* (Abb. 2) entsprechend häufig besprochen wurde, muss es ebenfalls als nicht endgültig entschlüsselt gelten. Häufigste Annahme ist, dass es die zwar noch nicht vollzogene, aber bereits beschlossene Scheidung von Diego Rivera bzw. Kahlos Verzweiflung angesichts dieser Trennung thematisiert, und zwar in Form der Spaltung in eine geliebte mexikanische und eine ungeliebte europäische Frida. Für diese Auslegung werden unter anderem von Hayden Herrera Selbstaussagen der Künstlerin geltend gemacht.[11] Doch es bleiben Zweifel, denn weder sei, so Helga Prignitz-Poda, das von der linken Figur getragene weiße Kleid ausschließlich europäisch noch sei eine Abneigung Riveras gegenüber Europa verbürgt.[12]
Was zeigt dieses Gemälde im Einzelnen? Dem Betrachter zugewandt, sitzen zwei ungerührt dreinblickende und einander bei der Hand haltende Frauen mit dem Antlitz Kahlos vor dräuendem Wolkenhimmel auf einer strohbespannten Bank. Die rechte trägt eine Tehuana-Tracht in leuchtenden Farben.[13] Ihr anatomisch wiedergegebenes Herz scheint der den Oberkörper verhüllenden blau-gelben Bluse aufgelegt. Von diesem Herzen führt ein Blutgefäß zu einem Medaillon, das ein Kinderfoto Riveras zeigt; zwei weitere verbinden es mit ihrem Hals und mit der anderen Gestalt. Besagte andere trägt das erwähnte Brautkleid, wie es auch in Mexiko üblich, um 1939 aber längst aus der Mode gekommen war.[14] Kleid, Brust und Herz dieser Figur sind geöffnet oder letzteres vielleicht geteilt, was bedeuten könnte, dass in den zwei Frauen je eine Hälfte desselben Organs pulsiert. Das auch von dieser Herzhälfte nach unten verlaufende Gefäß ist durchtrennt und wird von Kahlo mit einer chirurgischen Klemme abgedrückt. Dennoch ist das weiße Kleid oberhalb der roten und grünen Stickereien blutbefleckt.

11 Hayden Herrera: *Frida Kahlo. Die Gemälde.* München / Paris / London: Schirmer / Mosel 1992, S. 80–81; Helga Prignitz-Poda: *Frida Kahlo. Die Malerin und ihr Werk*. München: Schirmer / Mosel 2003, S. 140.

12 Prignitz-Poda: *Frida Kahlo. Die Malerin*, S. 140.

13 Zur persönlichen Farbsymbolik Kahlos, deren Anwendbarkeit auf das hier in Rede stehende Gemälde allerdings fraglich bleibt, siehe ebd., S. 42–43, 140.

14 Wie Prignitz-Poda erwähnt, trug Kahlos Mutter ein ganz ähnliches Kleid. Die Eltern heirateten 1898. Ebd., S. 9, 140.

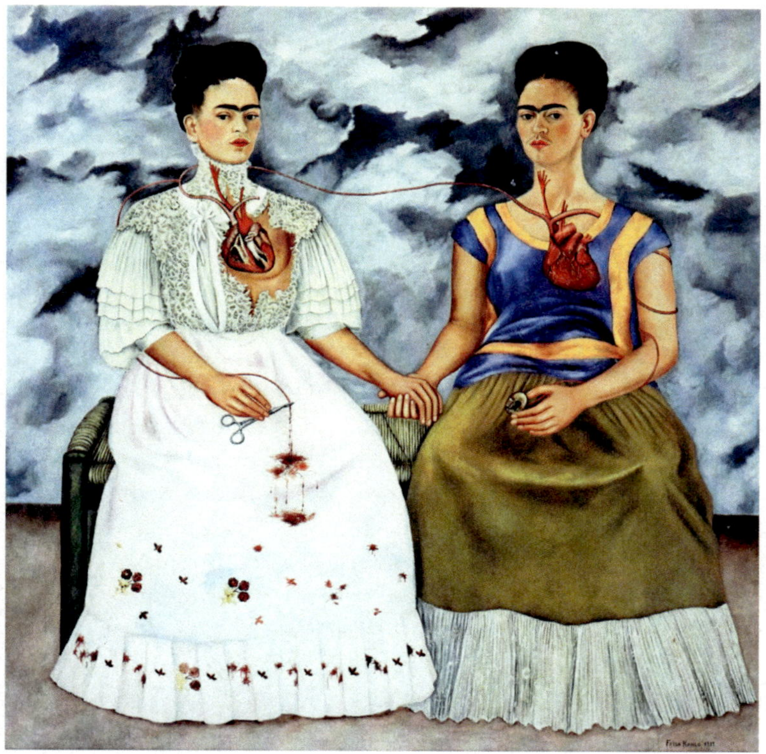

Abb. 2: Frida Kahlo: *Die zwei Fridas*, 1939. Öl auf Leinwand, 173,5 × 173 cm, Museo de Arte Moderno, Mexico City.

Naheliegend ist sicher, die beiden wie eineiige Zwillinge wirkenden Frauengestalten als zwei Seiten oder Aspekte derselben Persönlichkeit zu verstehen, wobei das Tragen der Tracht darauf hinweist, dass das Gemälde nicht nur die aktuelle Lebenssituation, sprich das (vorläufige) Ende der Paarbeziehung mit Rivera, sondern auch Fragen ethnischer und nationaler Identität verhandelt.[15] Dennoch lassen *Die zwei*

15 Zumindest materiell kann der textile Nachlass der Künstlerin als gut aufgearbeitet gelten. Reiches Anschauungsmaterial liefern *Fridas Kleider aus dem Museo Frida Kahlo*. München: Schirmer / Mosel 2009; *Frida by Ishiuchi*. Mexiko City / Barcelona: RM 2013. Dennoch scheint der politische Aspekt des Tragens der Tehuana-Tracht bisher nicht ausreichend untersucht zu sein. Stark gemacht werden vor allem – und vermutlich ebenfalls zu Recht – persönliche Motive wie die Hinwendung zu Rivera und das Verhüllen des versehrten Beins, aber auch die vergleichsweise emanzipierte Lebensweise der Zapotekinnen, von denen Kahlo den Kleidungsstil

Fridas eine Reihe von Fragen offen. Unklar ist zum Beispiel, in welchem Verhältnis die beiden traditionellen Kleidungsweisen stehen. Und fraglich ist vor allem, was sich am Ende des abgeklemmten Blutgefäßes befand. Hier könnte ein zweites Medaillon entfernt worden sein, ohne dass es einen Hinweis gäbe, wen es zeigte. Den erwachsenen Rivera vielleicht, was mit Blick auf das Hochzeitskleid einerseits und die Scheidung andererseits plausibel sein könnte? Oder den Vater, wie Prignitz-Poda vermutet?[16] Wäre dem so, dann thematisierte das Doppelbildnis die Emanzipation sowohl der Tochter als auch der Ehefrau, im Zuge derer Kahlo notwendig „sich selbst die einzige Gefährtin“[17] war. Doch welche Rolle spielt hierbei das so augenfällige Schwesternmotiv – besonders eingedenk der Tatsache, dass Rivera Kahlo nicht nur mit irgendwelchen Frauen, sondern auch mit ihrer jüngeren Schwester und Vertrauten Cristina betrogen hatte?[18]

Das dritte Beispiel stammt aus einer 2001 realisierten Fotoserie, für welche der japanische Verkleidungskünstler Yasumasa Morimura dreizehn Gemälde Frida Kahlos bis ins Detail re-inszenierte.[19] Da die Gemeinsamkeiten zwischen *Die zwei Fridas* und *An Inner Dialogue with Frida Kahlo (Dialogue with Myself 1)* (Abb. 3) bis hin zu den Seitenverhältnissen mehr als augenfällig sind, seien nur die wichtigsten Unterschiede benannt: Die Wolken sind stärker stilisiert. Die Beine der Bank sind nicht gerade, sondern gedrechselt. Die Nägel der Protagonistinnen sind rot lackiert. Der Rock der Tracht ist nicht

übernahm, ohne je selbst auf dem Isthmus von Tehuantepec gewesen zu sein. Erste Vorstöße in Richtung der hier eingeforderten Diskussion leisten Oriana Baddeley: "Her Dress Hangs Here". De-frocking the Kahlo Cult. In: *Oxford Art Journal* 14,1 (1991), S. 10–17; Rebecca Block / Lynda Hoffmann-Jeep: Fashioning National Identity. Frida Kahlo in "Gringolandia". In: *Woman's Art Journal* 19,2 (Herbst 1998–Winter 1999), S. 8–12; Hayden Herrera: Portrait of Frida Kahlo as Tehuana. In: *Heresies* 1,4 (1978), S. 57–58.

16 Helga Prignitz-Poda (Hrsg.): *Frida Kahlo. Das Gesamtwerk*. Frankfurt am Main: Neue Kritik 1988, S. 52–53.

17 Herrera: *Frida Kahlo*, S. 81.

18 Dies allerdings schon 1934, was zu einem ersten Bruch zwischen den Eheleuten geführt hatte. Siehe hierzu die ausführlichen Biografien Kahlos in Erika Billeter (Hrsg.): *Das Blaue Haus. Die Welt der Frida Kahlo*. Ausstellungskatalog. Frankfurt am Main: Schirn Kunsthalle 1993, S. 244–263, hier S. 250; Prignitz-Poda: *Frida Kahlo. Die Malerin*, S. 28.

19 Die komplette Serie ist abgebildet in Andrew Hiller (Hrsg.): *Daughter of Art History. Photographs by Yasumasa Morimura*. New York: Aperture 2003, S. 92–111. Grundlegend diskutiert wird das Verhältnis von Re-Inszenierung und Fotografie in Klaus Krüger / Leena Crasemann / Matthias Weiß (Hrsg.): *Re-Inszenierte Fotografie*. München: Fink 2011.

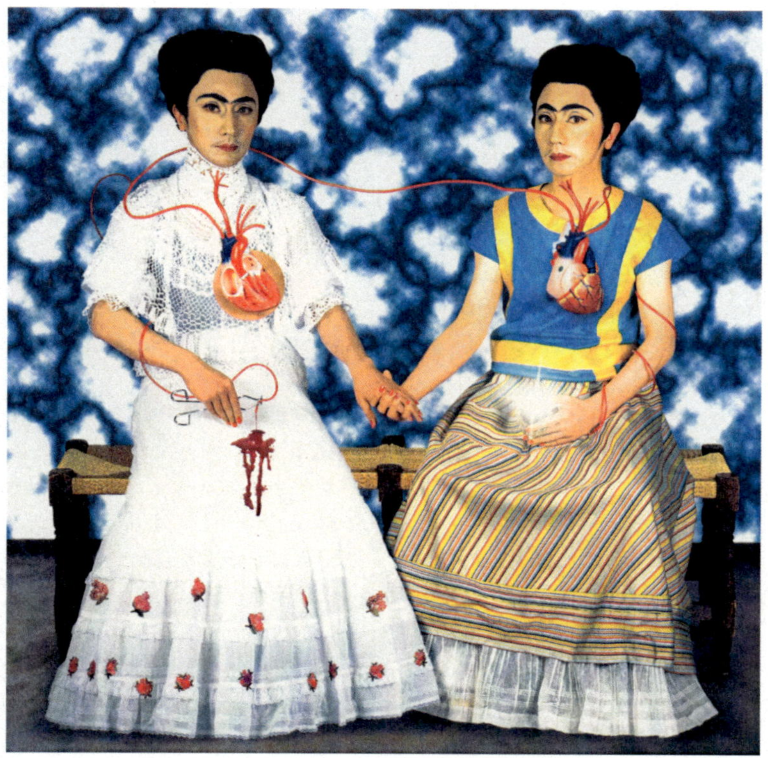

Abb. 3: Yasumasa Morimura: *An Inner Dialogue with Frida Kahlo (Dialogue with Myself 1)*, 2001. Farbfotografie, 195 × 175,3 cm (Auflage von 5) bzw. 134 × 120 cm (Auflage von 10).

einfarbig olivgrün, sondern verschiedenfarbig diagonal gestreift. Das Herz der linken Figur wirkt wie aus einem Bastelbogen ausgeschnitten; das der rechten erinnert hingegen an ein anatomisches Modell, wie es im Schulunterricht verwendet wird. Die von den Herzattrappen ausgehenden Blutgefäße sind häufiger verschlungen als auf dem Gemälde. Das Medaillon ist durch einen ovalen Handspiegel mit vierstrahlig aufscheinendem Lichtreflex ersetzt. Vor allem aber blicken uns aus der Fotografie keine zwei Fridas, sondern der zweimal als Kahlo zurechtgemachte und zugleich als er selbst erkennbare Morimura entgegen.

Sowohl solchen Verkleidungen als auch der Aneignung gesamter Bildfindungen ist es geschuldet, dass Morimura als Vertreter der Appropriation Art eingeordnet wird – ein Umstand, auf den er selbst ironisch anspielte, als er 1998 der Re-Inszenierung einer Arbeit von Cindy Sherman den Obertitel *To My Little Sister* gab und es im Untertitel der Kollegin widmete.[20] Anders als Sherman problematisiert Morimura jedoch nicht allein die Kategorie Geschlecht, sondern auch jene der Ethnizität, weshalb sich die Frage stellt, welche Art der Schwesternschaft ihn mit Kahlo derart eng verbindet, dass er sich dem Bildtitel zufolge dazu in der Lage sieht, ein inneres Zwiegespräch mit der 1954 verstorbenen Mexikanerin zu führen. Dass hier eventuell tatsächlich ethnische Distinktheit in den Fokus rücken soll, ließe sich damit kurzschließen, dass Kahlo das Tragen mexikanischer Tracht als anti-amerikanische (d. h. gegen die hegemonialen Ansprüche der USA gerichtete) Geste verstanden wissen wollte – worein sich fügen würde, dass Morimura trotz aller frappanten Detailgenauigkeit, ja Detailversessenheit ausgerechnet auf jene spaltartige und mit einer Schleife betonte Falte im Oberteil des Hochzeitskleids verzichtete, die Prignitz-Poda als klitorisbewehrte Vulva interpretierte.[21] Unklar bleibt allerdings, wie sich hierzu der gleichsam blutgespeiste Spiegel verhält, der mutmaßlich nicht die Sonne, sondern ein – wohl erst in der Postproduktion aufgesetztes – Blitzlicht reflektiert.

Etwas weitläufiger, aber dennoch augenfällig auf Kahlos Gemälde bezogen ist eine elegante, in ihrer Makellosigkeit aber auch etwas gefälligere Fotografie aus Joaquin Trujillos Serie *Los Niños* von 2003. (Abb. 4) Von einem kleinen Porzellandalmatiner links im Anschnitt begleitet, sitzen hier tatsächlich Zwillinge nicht auf einer Bank, sondern auf gedrechselten Stühlen. Der Fußboden ist blau-weiß gefliest, die Wand hinter ihnen tiefblau gestrichen, was vermutlich als Reminiszenz an Kahlos berühmtes Geburtshaus, die sogenannte Casa Azul in Coyoacán, zu werten ist.[22] Die zugleich glamourös und improvisiert wirkenden Kleider der beiden stark geschminkten Mädchen unterscheiden sich sowohl voneinander als auch von jenen des Vor-Bilds.

20 Der vollständige Titel lautet *To My Little Sister: For Cindy Sherman.* Vgl. Hiller: *Daughter of Art History*, S. 127.

21 Prignitz-Poda: *Frida Kahlo. Die Malerin*, S. 144.

22 Siehe Elena Poniatowska: Das Blaue Haus von Frida Kahlo. In: Billeter (Hrsg.): *Das Blaue Haus*, S. 23–32. Siehe auch die Farbfotografien von Mariana Yampolsky im selben Band, S. 34–39. Entsprechend mag der Porzellanhund auf die Xoloitzcuintli anspielen – jene aus Mexiko stammenden haarlosen Hunde, mit denen sich Kahlo wiederholt fotografieren ließ.

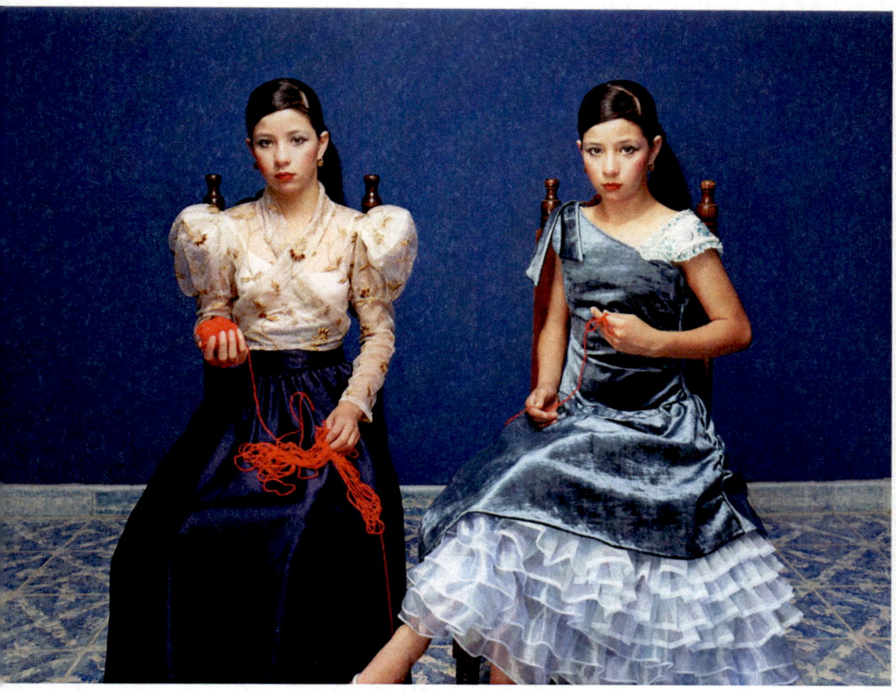

Abb. 4: Joaquin Trujillo: Aufnahme aus der Serie *Los Niños*, 2003. Farbfotografie, ohne Maße.

Hinsichtlich der Paarkonstellation fällt auf, dass die Schwestern auf getrennten Sitzgelegenheiten Platz genommen haben. Miteinander verbunden sind sie denn auch nicht durch ein geteiltes Herz oder die von den Herzhälften ausgehenden Blutgefäße, sondern durch einen leuchtend roten Wollfaden. Die Linke hält ein Knäuel und einen Teil des ab- oder noch nicht aufgewickelten Fadens in ihrem Schoß. Die Rechte fasst nur den Faden, wobei nicht ersichtlich ist, ob es sich wirklich um ein und denselben und die beiden Schwestern mithin wirklich verbindenden Faden handelt, befindet sich das entscheidende Segment des Gespinsts doch außerhalb des Bildausschnitts. Des Weiteren ließe sich fragen, welche Rolle im Falle dieser Aufnahme Nationalität oder Ethnizität spielen, insbesondere wenn man bedenkt, dass Trujillo zwar als Einwandererkind in den Vereinigten Staaten von Amerika geboren, aber wie Kahlo in Mexiko aufgewachsen ist.

Ein kraniopages – also an den Köpfen zusammengewachsenes – Zwillingspaar wiederum zeigt eine sepiatonige Schwarzweißaufnahme

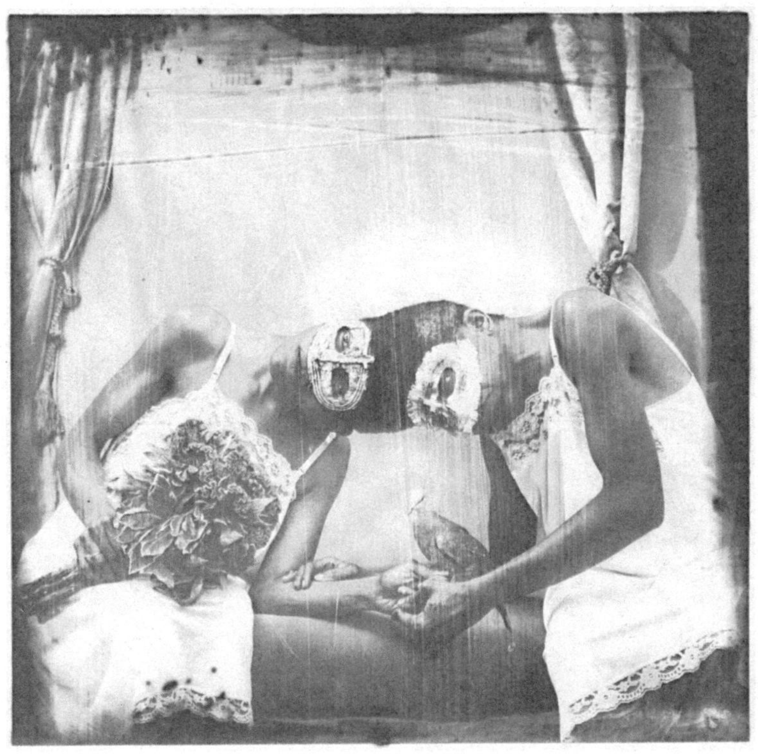

Abb. 5: Joel-Peter Witkin: *Twins*, auch: *Siamese Twins, New Mexiko*, 1988. Bromsilbergelatineabzug, 71 × 71 cm (Auflage von 3).

von Joel-Peter Witkin, deren Titel mal als *Siamese Twins*, mal als *Siamese Twins, New Mexiko* angegeben wird.[23] (Abb. 5) Auf einer gepolsterten Bank sitzend, tragen die beiden dunkelhäutigen Frauen fortgeschrittenen Alters spitzengesäumte Unterkleider und Halbmasken, die im Bereich der Nasenwurzel mit Kruzifixen besetzt sind. Einander mit der jeweils Linken haltend, hat die rechte der beiden Schwestern ihre rechte Hand auf dem Unterarm der linken abgelegt, während auf den ineinander verschlungenen Händen eine Taube sitzt. Die linke Frau hält zudem ein voluminöses Blumenbouquet. Im Hintergrund

23 Germano Celant: *Witkin*. Mailand: Charta 1995, Nr. 78; Robert Delpire / Marie Michelangeli (Hrsg.): *Joel-Peter Witkin*. Chirat: Delpire 2012, S. 29; *Gods of Earth and Heaven. Joel-Peter Witkin*. Altadena: Twelvetrees 1989, o. P. (mit Vorstudie).

deuten rechts und links mit Kordeln zusammengenommene Stoffbahnen Vorhänge an, welche das Modellsitzen im Studio hervorheben. Auffällig ist zudem die ‚Versehrung' des Abzugs bzw. des ihm zugrunde liegenden Negativs, ist die Aufnahme doch von vertikalen und horizontalen Kratzern unterschiedlicher Stärke übersät; auch die Flecken am Kleid der Linken scheinen nicht zum Bildmotiv, sondern zum Bildträger zu gehören.

Ausgehend von diesem Befund ließe sich fragen, ob hier das nur allzu wörtlich genommene miteinander Verwachsensein die lebenslange Verbundenheit zweier Schwestern ins Unentrinnbare, Fatale, gar Abnorme steigern soll. Zu fragen wäre überdies, welche Rolle der durch die Studiosituation und das Tonige beinahe aufgedrängte Bezug zur Fotografie des 19. Jahrhunderts spielt. Denn im Einklang damit, dass Blumenstrauß und Taube als Requisiten eines Zauberkünstlers auslegbar wären, erinnert die Aufnahme in irritierender Weise daran, dass seinerzeit die Zurschaustellung körperlich devianter Personen auf dem Jahrmarkt, im Panoptikum, im Varieté oder auf Postkarten eine durchaus übliche Form der Unterhaltung war, die heute allerdings als diskriminierend eingestuft wird – und auch schon 1988, also zur Entstehungszeit von Witkins Fotografie, ähnlich eingeschätzt wurde.

Bilderpaare

Dass bei all den hier aufgeworfenen Fragen weder eine ikonografische Analyse noch das Studium der verfügbaren historischen Quellen so recht weiterhilft, lässt es sinnfällig erscheinen, das Augenmerk auf eine andere, im bisherigen Verlauf der Argumentation schon in Ansätzen angewandte Methode zu lenken: auf das vergleichende Sehen bzw. auf den Bildvergleich, wie er in der seit der zweiten Hälfte des 19. Jahrhunderts üblichen und von Kunsthistorikern wie Heinrich Wölfflin perfektionierten Diadoppelprojektion paradigmatischen Ausdruck findet. Wölfflins Vermächtnis ist es, zugespitzt formuliert, dass bis heute – obwohl Präsentationsprogramme wie PowerPoint viele andere und vor allem komplexere Möglichkeiten böten – zur Veranschaulichung oder auch Herstellung kunsthistorischer Sachverhalte in aller Regel Bilderpaare gezeigt werden.

Ein erstes Problem, das sich sowohl bei Dia- als auch bei Beamer-Projektionen auftut, ist freilich, dass die Gemälde, Zeichnungen oder

Fotografien (wie im Falle ihres Abdrucks in einer Buchpublikation wie der vorliegenden) einander in Format und Oberflächenstruktur stark angeglichen werden. Hinzu kommt, dass der Vergleich von Bilderpaaren zwar eine fast ubiquitär eingesetzte Methode ist, über Nutzen oder gar Statthaftigkeit dieses Vorgehens aber keineswegs Konsens besteht – können doch aus zufälligen Analogien unlautere Ableitungen konstruiert oder gar bewusst irreführende ‚Evidenzen' hergestellt werden.[24]

Dennoch räumt Peter Geimer einerseits die Unausweichlichkeit des Bildvergleichs (etwa mit dem Bilderfundus in unseren Köpfen) ein,[25] gibt andererseits aber zu bedenken, dass die Realisierung des von André Malraux als Utopie formulierten *Musée imaginaire* in Form des Internets nicht dazu verleiten dürfe, alles mit allem in Beziehung zu setzen. Denn, so Geimer weiter: „Der Vergleich schluckt das Spezifische. Die routinierte Suche nach Vorbildern wird dem

24 Als so infames wie beschämendes, weil wissentlich klar zutage liegende Zusammenhänge leugnendes und willentlich beide Vergleichsgrößen herabwürdigendes Beispiel sind die Bildvergleiche Paul Schultze-Naumburgs zu nennen. Dieser konfrontierte in seiner erstmals 1928 erschienen Hetzschrift *Kunst und Rasse* moderne, nur wenige Jahre später als „entartet" klassifizierte Kunst mit Fotografien, die einem medizinischen bzw. psychiatrischen Kontext entstammen und körperlich wie geistig stark beeinträchtigte Menschen zeigen. In seinem verbal geführten Argument wiederum betont er, dass diese Gegenüberstellungen keinen direkten mimetischen Zusammenhang behaupten wollen, unterstellt stattdessen aber eine gleichsam innere Zusammengehörigkeit – was die Modernen in der Logik Schultze-Naumburgs nur umso nachdrücklicher nicht zu Dokumentaristinnen und Dokumentaristen oder zu Chronistinnen und Chronisten, sondern ihrerseits zu ‚Degenerierten' macht. Paul Schultze-Naumburg: *Kunst und Rasse*. München / Berlin: Lehmann 1938, S. 111–124, bes. S. 113–115. Zur Einordnung der Person und der Ideologie Schultze-Naumburgs siehe Norman Bormann: *Paul Schultze-Naumburg 1869–1949. Maler, Publizist, Architekt. Vom Kulturreformer der Jahrhundertwende zum Kulturpolitiker im Dritten Reich*. Essen: Bacht 1989; Willibald Sauerländer: Vom Heimatschutz zur Rassenhygiene. Über Paul Schultze-Naumburg. In: Claudia Schmölders / Sander L. Gilman (Hrsg.): *Gesichter der Weimarer Republik. Eine physiognomische Kulturgeschichte*. Köln: DuMont 2000, S. 32–50; Monika Schmidt: Schultze-Naumburg, Paul. In: Wolfgang Benz (Hrsg.): *Handbuch des Antisemitismus. Judenfeindschaft in Geschichte und Gegenwart*, Bd. 2.2. Berlin: de Gruyter 2009, S. 750–752.

25 Peter Geimer: Vergleichendes Sehen oder Gleichheit aus Versehen? Analogie und Differenz in kunsthistorischen Bildvergleichen. In: Lena Bader / Martin Gaier / Falk Wolf (Hrsg.): *Vergleichendes Sehen*. München: Fink 2010, S. 45–69, hier S. 46. Aus einer noch weiteren Perspektive diskutiert die Methode des kunsthistorischen Vergleichs Joachim Rees: Vergleichende Verfahren – verfahrene Vergleiche. Kunstgeschichte als komparative Kunstwissenschaft – eine Problemskizze. In: *Kritische Berichte* 2 (2012), S. 32–47.

konkreten Einzelbild nicht unbedingt gerecht".[26] Mit anderen Worten: Von Gewicht ist nicht die Frage, ob wir Bilderpaare zusammenstellen dürfen, sondern welche Paarbildungen legitim, weil hilfreich im Sinne von erkenntnisfördernd sind. Um dies an den oben besprochenen Beispielen zu verdeutlichen: Kaum in Abrede zu stellen ist die Vergleichbarkeit von Kahlos Gemälde sowohl mit Morimuras als auch mit Trujillos Fotografie, liegen in ihrem Fall doch recht gut fassbare Vorbild-Nachbild-Relationen vor. Schon komplizierter wird es allerdings, möchte man das Verhältnis oder den Verwandtschaftsgrad der Farbaufnahmen von Morimura und Trujillo bestimmen, sei es nun aus historischer, inhaltlicher oder formaler Perspektive. Trotz all dieser zweifelsohne berechtigten Bedenken soll das Folgende als Plädoyer für den Vergleich auch von auf den ersten Blick Entlegenem verstanden werden, birgt dieser doch nicht nur Gefahren, sondern auch Chancen – etwa wenn es darum geht, überhaupt erst Fragen zu generieren.[27]

Zwei Formen der Blickjustierung sind es, die hierbei zu Gebote stehen: das Fokussieren von Gemeinsamkeiten und die Konzentration auf Unterschiede.[28] So sind zum Beispiel dem Gemälde aus Fontainebleau und jenem aus Mexiko neben kompositorischen Übereinstimmungen Motive wie das aufgesteckte Haar und die hoheitsvolle Ungerührtheit der Frauenfiguren gemeinsam. Wichtiger noch scheint, dass die jeweils Rechte ein Schmuckstück (hier einen Ring, dort ein Medaillon) hält, das sie mit dem geliebten, aber abwesenden Ehemann (hier dem potenziellen, dort dem ehemaligen) verbindet. In beiden Arbeiten also wird der Anlass oder das eigentliche Thema allenfalls indirekt visualisiert, weil der männliche Partner die gewünschte oder ersehnte Rolle im Leben der Dargestellten hier noch nicht, dort nicht mehr spielen kann oder will. Im Umkehrschluss aber heißt dies, dass die als Bildgegenstand gewählte Paarbildung sowohl im Falle Gabrielles als auch Kahlos aus der Unmöglichkeit des Zusammenseins mit dem geliebten Partner resultiert, weshalb zu überlegen wäre, inwiefern hier

26 Geimer: Vergleichendes Sehen, S. 65.

27 Zu den Potenzialen „illegitimen Vergleichens" siehe Helga Lutz / Jan-Friedrich Missfelder / Tilo Renz (Hrsg.): *Äpfel und Birnen. Illegitimes Vergleichen in den Kulturwissenschaften*. Bielefeld: Transcript 2006.

28 Geimer: Vergleichendes Sehen, S. 47–48.

die Schwester, dort die Doppelgängerin lediglich als Stellvertreterin posieren. Anknüpfend an das oben Dargelegte zur Tehuana-Tracht und Zorachs bisher unerwähnter Auslegung der Darstellung Gabrielles als *Gallia fertilis*[29] ließe sich außerdem darüber nachdenken, inwieweit beide Bilder historisch wie geografisch spezifische Vorstellungen von ‚Nation' ins Werk setzen.

Das französische Gemälde und die Aufnahme Morimuras wiederum verbindet das eigentümlich Aufgesetzte der Köpfe, was das Augenmerk darauf lenkt, dass Fürstinnen des 16. Jahrhunderts dem ausführenden Künstler wohl kaum als Aktmodelle zur Verfügung standen, die Stilisierung der Körper also allein deshalb als eine Art formale oder verhüllende Nacktheit eingestuft werden kann. Eine eher lose Gemeinsamkeit zwischen dem Gemälde und der Fotografie Trujillos findet sich hingegen darin, dass die Zofe Handarbeiten erledigt, während die Zwillinge schon ab- oder noch nicht aufgewickeltes Garn halten – ein Ariadnefaden, der leider keinen gangbaren Weg aus dem hier eröffneten Beziehungslabyrinth weist. Zielführender sein könnte die Gegenüberstellung der Fotografien von Morimura und Trujillo, liefern die tiefblauen Töne der Hintergründe und die gedrechselten Möbel doch (zugegebenermaßen vage) Hinweise darauf, dass Fragen der Rückaneignung bei der jüngeren Aufnahme eine Rolle gespielt haben könnten.

Die Gegenüberstellung von Kahlos Gemälde und Witkins Fotografie wiederum gibt der Überlegung Raum, inwiefern die *Siamese Twins* zwar zwei Herzen, eventuell aber denselben oder zumindest einen miteinander verbundenen Blutkreislauf haben, was die Fatalität des Gezeigten noch einmal steigert. Kombiniert mit Morimuras *Inner Dialogue* ließe sich indes fragen, inwieweit bei Witkins Aufnahme das Thema Ethnizität hinter der auf bedenkliche Weise als Spektakel in Szene gesetzten Doppelfehlbildung zurücktritt. Mit dem manieristischen Gemälde wiederum ist die Aufnahme zunächst einmal über das Motiv der Vorhänge verbunden, das beiden Situationen etwas Bühnenartiges, Öffentliches, ostentativ zur Schau Gestelltes und deshalb umso Irritierenderes verleiht. Eingedenk dessen, dass Gabrielle hier mutmaßlich als zukünftige Frau des Königs und Mutter des Thronfolgers dargestellt ist, drängt sich jedoch auch die Frage

29 Zorach: *Blood, Milk, Ink, Gold*, S. 120–126, bes. S. 124–125.

auf, ob nicht die Unterkleider, der Rosenstrauß und die Taube die Schwestern ebenfalls zu Bräuten, zu einer Braut oder vielleicht sogar einander zu Bräuten machen. Ins Allgemeinere gewendet ließe sich hieraus die Frage ableiten, welchen Stellenwert Liebe, Sexualität und Nachkommenschaft im Leben der Zwillinge haben mögen.

Selbstredend sind Bildvergleiche wie die hier angestrengten nicht auf die gewählten Beispiele beschränkt, sondern ließen sich mehr oder minder beliebig fortsetzen. So schlug zum Beispiel Luis-Martín Lozano vor, Kahlos *Die zwei Fridas* von einem Gemälde namens *Angeles y Fuensanta* abzuleiten, das Julio Romero de Torres 1909 realisierte.[30] Besagtes Gemälde zeigt ebenfalls zwei einander sehr ähnliche, sich gegenüber sitzende Frauen, von denen die linke eine weiße Bluse mit hohem Spitzenkragen trägt und ein Medaillon präsentiert. In der Tat sind die formalen Bezüglichkeiten kaum zu übersehen. Deshalb auch die inhaltliche Besetzung zu übertragen, nämlich die beiden Fridas wie die beiden dreißig Jahre älteren Frauengestalten als Verkörperung der irdischen und der himmlischen Liebe zu begreifen, vermag indes nicht recht zu überzeugen. Das Hinzuziehen weiterer Zwillingsbilder wie jener Aufnahme, die Mary Ellen Mark 2001 von Shane und Shawn Riggins fertigte (Abb. 6), legt hingegen den Schluss nahe, dass das einander Halten oder Berühren als Ausdruck besonderer Verbundenheit gelesen werden soll, was den Fokus noch einmal auf die eigenwillige Distanz der Zwillinge Trujillos, aber auch von Gabrielle und Julienne einerseits sowie Frida und Frida andererseits lenkt. Ja selbst eine auf den ersten Blick entlegene Paarung wie jene aus Witkins Foto und einem etruskischen Bronzeobjekt – zwei Ringer, die sich bei den Handgelenken packen und sich Kopf an Kopf dergestalt gegeneinander stemmen, dass sie den Henkel eines Fußwaschbeckens formen[31] (Abb. 7) – kann insofern nützlich sein, als sie das Augenmerk nachdrücklich auf das Konfliktpotenzial lenkt, welches einer derart engen Beziehung wie jener der an den Köpfen zusammengewachsenen Schwestern eignet.

30 Prignitz-Poda: *Frida Kahlo. Die Malerin*, S. 140. *Angeles y Fuensanta* ist abgebildet z. B. in Ana Basualdo: *Julio Romero de Torres*. Barcelona: Labor 1980, Nr. 61.

31 Zur Einordnung des nach seinem Fundort benannten *Borsdorfer Henkels* siehe Wolfgang Kimmig: Zu einem Beckengriff aus Borsdorf in Oberhessen. In: *Archäologisches Korrespondenzblatt* 20,1 (1990), S. 75–85.

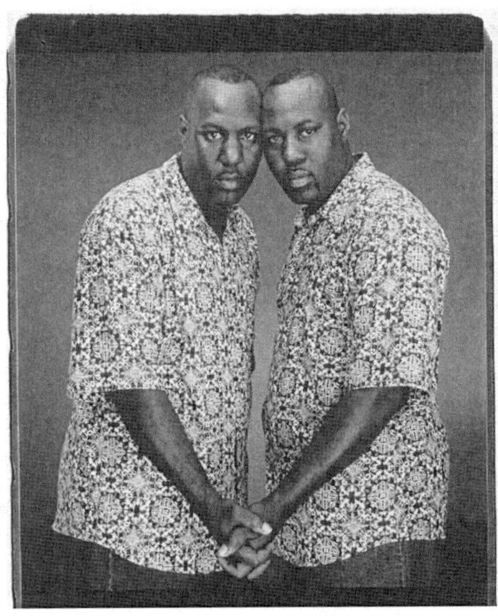

Abb. 6
Mary Ellen Mark:
Shane and Shawn Riggins, 29 years old, Shane older by 3 minutes, 2001.
Polaroid, ohne Maße.

Dass sich solche Bildpaarungen im Grunde endlos weiterführen und in immer neuen Konstellationen anordnen ließen, deutet auf die Notwendigkeit hin, neben Paarbildungen auch komplexere Verhältnisse zu denken. Begreift man zum Beispiel die fünf oben ausführlich besprochenen Beispiele als Reihe oder Kette, so scheint sich diese, vermittelt über das Motiv des Vorhangs im Gemälde aus Fontainebleau und in Witkins *Siamese Twins*, zu einem Kreis zu schließen. Doch allein schon aus chronologischer Perspektive mag man dies allenfalls als irreführende Figur gelten lassen. Sinnvoller könnte es sein, die oben umrissenen Bildverhältnisse mit Gilles Deleuze und Félix Guattari als Rhizom zu konzeptualisieren – als nicht zentrierte oder ungerichtete Vielheit also, in der gleichsam alles mit allem in Verbindung steht.[32] Doch auch das damit verbundene, gleichsam emphatisch ausgerufene „Ja, nehmt was ihr wollt"[33] birgt bei allen Vorbehalten gegenüber Teleologien das Problem, zu ahistorischem Argumentieren zu verleiten. Mit Klaus Krüger sei deshalb vorgeschlagen, Bilder als Palimpseste

32 Gilles Deleuze / Félix Guattari: *Rhizom*. Berlin: Merve 1977, S. 11, 13, 28. Zur Einordnung des Begriffs siehe auch Eugene B. Young: Rhizome. In: Ders. (Hrsg.): *The Deleuze and Guattari Dictionary*. London: Bloomsbury 2013, S. 262–265.

33 Deleuze / Guattari: *Rhizom*, S. 40–41.

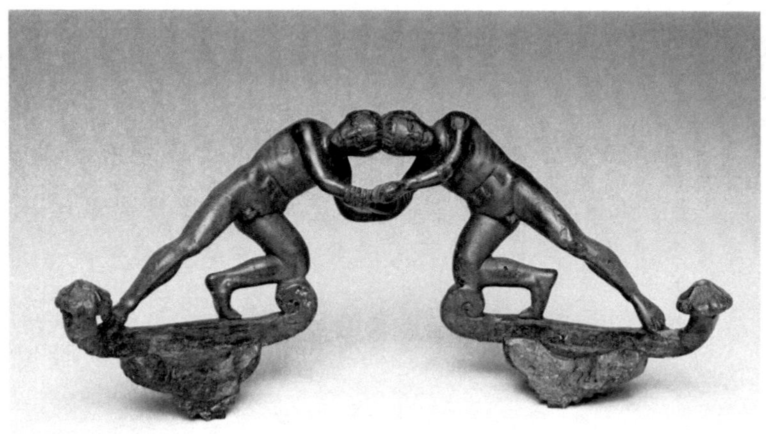

Abb. 7: Griff eines etruskischen Fußwaschbeckens aus Borsdorf im Wetteraukreis. Bronze, Breite: 24,35 cm, Hessisches Landesmuseum Darmstadt.

zu begreifen.[34] Wie Krüger rekapituliert, meint dieser zunächst auf die Paläografie beschränkte Terminus das Tilgen alter und das Aufbringen neuer Texte auf kostbare Trägermaterialien wie Papyrus oder Pergament, wurde von Roland Barthes jedoch von der materiellen auf die mediale Verfasstheit von Filmstandbildern übertragen, um die spezifische Struktur dieser fotografischen Sonderform durchdringen zu können.[35] Hieran anknüpfend dehnte Krüger den Palimpsest-Begriff noch weiter aus, und zwar auf die grundsätzliche Verweisstruktur von Bildern, aufgrund derer sie weniger ‚Bilder über Bildern' als vielmehr ‚Bilder über Bilder' sind. Anders formuliert: Bilder erschöpfen sich nicht in ihrer vorderhand visiblen Oberfläche, sondern sind als immer neuerliche Schichtung oder Überlagerung, als Potenzierung oder auch Verdrängung oder Auslöschung zu verstehen, weshalb sie sowohl in ihrer Konzeption als auch in ihrer Rezeption mal das eine, mal das andere – und vielleicht zuweilen sogar alle – ihrer Vor-Bilder durchscheinen lassen.

34 Klaus Krüger: Bild – Schleier – Palimpsest. Der Begriff des Mediums zwischen Materialität und Metaphorik. In: Ernst Müller (Hrsg.): *Begriffsgeschichte im Umbruch?* Hamburg: Meiner 2005, S. 81–112, hier bes. S. 94–99.

35 Roland Barthes: Der dritte Sinn. In: Ders.: *Der entgegenkommende und der stumpfe Sinn. Kritische Essays III.* Frankfurt am Main: Suhrkamp 1990, S. 47–66, hier S. 64–66.

III.
Widerständigkeiten

Josch Hoenes

Performative Akte zwischen Kunst und Sexualwissenschaft

Adam & Eva in Hirschfelds *Bilderteil* zur *Geschlechtskunde*

„Transgender people maneuver in a world that seemingly offers little hope for love ... or even good sex. If they aren't ignored and rendered invisible by mainstream narratives of romance, trans and gender-variant folks are consistently portrayed as deviants unsuitable to love."[1] Morty Diamond nahm diese Situation zum Anlass, die Anthologie *Trans/Love. Radical Sex, Love, and Relationships Beyond the Gender Binary* herauszugeben, in der verschiedenste trans* und genderqueere Menschen über die vielfältigen von ihnen gelebten Beziehungen schreiben. Denn selbstverständlich sind trans* und genderqueere Menschen liebenswert, lieben sie und werden geliebt. Und doch sind die Vorstellungen von Liebe innerhalb westlich-moderner Vorstellungen von Liebe, Sexualität und Partnerschaft so eng mit dem Ideal des heterosexuellen Paares verbunden, dass es zuweilen fast unvorstellbar scheint, als Mensch, der nicht in die Normen der Zweigeschlechtlichkeit hineinpasst, Teil eines Paares zu werden, liebenswert zu sein oder geliebt zu werden. Wie aber sieht das Ideal des heterosexuellen Paares aus? Und auf welche Weise reguliert es das Feld der Liebe und Sexualität auf eine Art und Weise, die trans* und genderqueere Menschen ausschließt?

1 Morty Diamond (Hrsg.): *Trans/Love. Radical Sex, Love, and Relationships Beyond the Gender Binary*. San Francisco: Manic D. 2011.

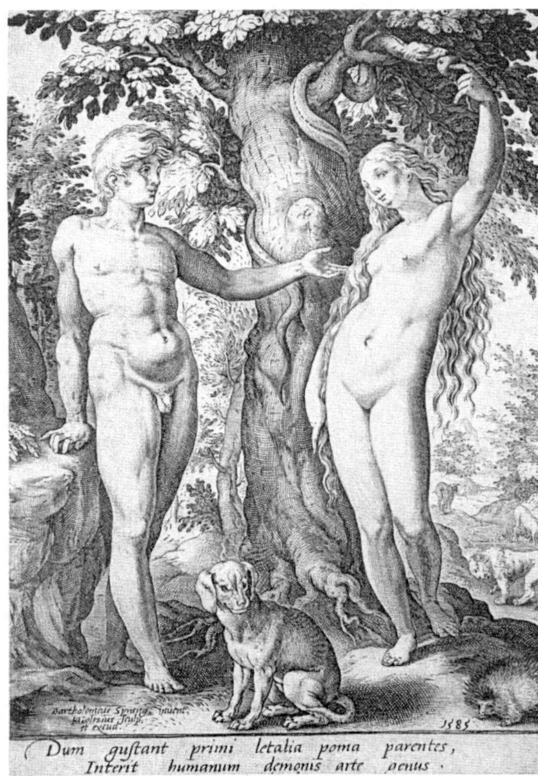

Abb. 1
Bartholomäus Spranger: *Adam und Eva*, 1585, Stich. Zit. n. Magnus Hirschfeld: *Geschlechtskunde auf Grund dreißigjähriger Forschung und Erfahrung*, Bd. 4: Bilderteil. Stuttgart: Püttmann 1930, S. 8.

Mit dieser Frage im Hinterkopf schlug ich eines Tages den *Bilderteil* von Magnus Hirschfelds *Geschlechtskunde* auf.[2] Gleich auf den ersten Seiten entdeckte ich zwei Abbildungen von Adam und Eva und musste spontan lachen. Die Fotografie einer schambeladenen Aktskulptur von Adam und Eva im Bilderteil eines der ersten Werke der Sexualwissenschaft schien mir irgendetwas auf den Punkt zu bringen und gleichzeitig die übertriebene Tabuisierung der Sexualität im Bereich der bürgerlichen Kunst und Kunstwissenschaft auf fast schon karikatureske Art auszustellen. Beim Blättern durch den Bilderteil entdeckte ich, dass den Abbildungen von Adam und Eva neun weitere Paardarstellungen aus dem Bereich der bildenden Kunst

2 Magnus Hirschfeld: *Geschlechtskunde auf Grund dreißigjähriger Forschung und Erfahrung*, Bd. 4: Bilderteil. Stuttgart: Püttmann 1930, S. 8–9.

folgen, die von einer ethnographischen Zeichnung über die Skulptur eines altägyptischen Paares bis hin zu Arbeiten von Tizian, Fidus und Rodin reichen. Dies löste bei mir einen Moment der Überraschung und Verwunderung aus. Denn die Arbeiten aus dem Bereich der bildenden Kunst scheinen weder zu jenen Fotografien und Abbildungen von intersexuellen Menschen, Transvestiten oder Homosexuellen zu passen, die in der gegenwärtigen Literatur über Magnus Hirschfeld und die Homosexuellenbewegung jener Zeit viel zitiert und immer wieder auch kritisiert werden,[3] noch fügen sie sich in das konventionelle Bildrepertoire der Sexualwissenschaften ein, das neben Abbildungen devianter Geschlechter und Sexualitäten vor allem eine Vielzahl verschiedenster Kurven und Grafiken sowie anatomische Bilder umfasst. Wieso erhalten Adam und Eva einen so prominenten Platz im Bilderteil eines wissenschaftlichen Werkes zur Sexualwissenschaft? Und welche Bedeutung kommt den zahlreichen Paardarstellungen aus dem Bereich der bildenden Künste in diesem Kontext zu? Wie verbinden, in- und deformieren sich hier Perspektiven von Kunst und Wissenschaft? Und welche Funktion besitzen solche Formen der Bebilderung für die Konturierung sexualwissenschaftlicher Wissensproduktion?

Die zwei Abbildungen könnten in dem Eindruck, den sie von Adam und Eva vermitteln, kaum gegensätzlicher sein. Auf der rechten Buchseite ein Stich von Bartholomäus Spranger (1585) (Abb. 1): Adam und Eva stehen nackt unter dem Baum der Erkenntnis. Körperbau und Pose lassen die Ideale antiker Nacktheit assoziieren. Beide blicken sich gegenseitig an, während ihre Körper sich im leichten Hüftschwung einander zuwenden. Zwischen Adam, der Eva seine rechte Hand entgegenstreckt und dabei fast ihre Brust berührt, und Eva, die grazil nach dem Apfel greift, drückt sich ein sanftes Begehren aus. Im Vordergrund zu Adams und Evas Füßen sitzt ein Hund, der ebenso friedlich wirkt, wie die das Paar umgebende Natur. Im Vergleich zu

3 Zu einer kritischen Auseinandersetzung mit Hirschfelds Bildern, die gleichzeitig deren emanzipative Potentiale herausarbeitet, vgl. bspw. Katharina Sykora: Umkleidekabinen des Geschlechts. Fotografierter Hermaphroditismus bei Magnus Hirschfeld. In: NGBK (Hrsg.): *1-0-1 [one 'o one] intersex. Das Zwei-Geschlechter-System als Menschenrechtsverletzung.* Berlin: NGBK 2005, S. 44–54. Eine künstlerische Arbeit, die sich humorvoll-kritisch mit visuellen Strategien Hirschfelds auseinandersetzt, ist das *Labor Dr.____Trans*_Homo* von Jannik Franzen und Ins A Kromminga.

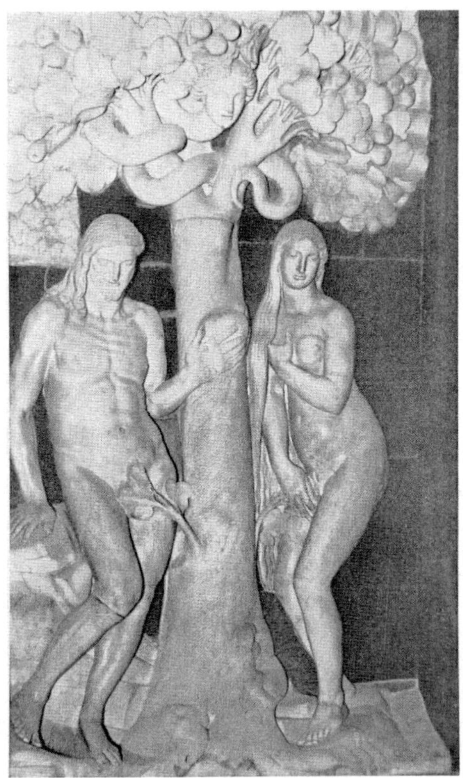

Abb. 2
Adam und Eva,
Pisa, o. J.
Zit. n. Hirschfeld:
Geschlechtskunde,
Bd. 4: Bilderteil, S. 9.

dieser harmonischen Szene wirkt die Skulptur aus Pisa auf der gegenüberliegenden Buchseite (Abb. 2) unheimlich und beklemmend: Den Blick schamvoll gesenkt wenden sich Adam und Eva voneinander ab. Aus dem Baum emporwachsende Feigenblätter verbergen die Genitalien, und als würde das nicht schon reichen, bedeckt Eva mit ihren Händen ihre Brust und Scham, während über beiden im Baum der Erkenntnis die Schlange thront, den Blick direkt auf die Betrachter_innen gerichtet.
Auf den ersten Blick scheinen hier die beiden von Michel Foucault beschriebenen Seiten des Sexualitätsdispositivs, das sich in den europäisch-westlichen Gesellschaften des 19. Jahrhunderts herausbildet, ins Bild gesetzt. Inszeniert doch die Feigenblattskulptur jene Tabuisierung und Unterdrückung der Sexualität durch

christliche Moralvorstellungen, die Foucault als Repressionshypothese beschrieben hat:

> Um den Sex breitet sich Schweigen. Das legitime sich fortpflanzende Paar macht das Gesetz. Es setzt sich als Modell durch, es stellt die Norm auf und verfügt über Wahrheit, es bewahrt das Recht zu sprechen, indem es sich das Prinzip des Geheimnisses vorbehält. [...] Was nicht auf Zeugung gerichtet oder von ihr überformt ist, hat weder Heimat noch Gesetz. Und auch kein Wort.[4]

Wenn sich Foucault gegen die Repressionshypothese wendet und darauf verweist, dass die Macht im Rahmen des Sexualitätsdispositivs gerade auch durch eine Anreizung der Diskurse operiert, kann der Stich von Bartholomäus Spranger als eine Bebilderung dessen betrachtet werden. Zwar wird hier keineswegs Sexualität thematisiert, allenfalls ein sachtes Begehren ins Bild gesetzt, damit folgt er jedoch genau jenen Regeln des Sexualitätsdispositivs, nach denen das heterosexuelle Paar einen privilegierten Platz zugewiesen bekommt:

> Das Ehepaar mit seiner ordentlichen Sexualität besitzt einen Anspruch auf mehr Diskretion. Es geht allmählich dazu über, wie eine Norm zu funktionieren, strenger vielleicht, aber auch verschwiegener. Umgekehrt wird nun die Lust der Kinder, der Irren und Kriminellen verhört, die Lust derer, die nicht das andere Geschlecht lieben, die Träumereien und Zwangsvorstellungen, die kleinen Manien und die großen Leidenschaften.[5]

Wenn Hirschfeld seinen Bilderteil mit Aktdarstellungen des heterosexuellen Paares aus dem Bereich der bildenden Kunst eröffnet, während sich in den folgenden Kapiteln alle möglichen devianten Paarformationen tummeln, scheint er genau jenem Willen zum Wissen zu folgen, der sich „eifrigst bemüht hat [...,] eine Wissenschaft von der Sexualität zu konstituieren“[6]. Bei genauer Betrachtung erweist sich die Bilderpolitik Hirschfelds jedoch als weitaus komplexer. Statt umstandslos die Norm zu reproduzieren und die Logik des von Foucault beschriebenen Sexualitätsdispositivs zu bestärken, zitiert

4 Michel Foucault: *Der Wille zum Wissen. Sexualität und Wahrheit I*, aus d. Franz. v. Ulrich Raulff / Walter Seiter. Frankfurt am Main: Suhrkamp 1983, S. 11.

5 Ebd., S. 43.

6 Ebd., S. 20.

Hirschfeld diese Norm auf eine Weise, die deren Wirkungsweisen unterläuft. Die Darstellungen von Adam und Eva im *Bilderteil* der *Geschlechtskunde* können dabei in doppelter Weise als performativer Akt gelesen werden. Indem Hirschfeld einen sexualwissenschaftlichen Bilderteil mit der religiösen Figur von Adam und Eva eröffnet, problematisiert er erstens die religiösen Fundierungen der Vorstellungen von der Natürlichkeit von Geschlecht und Sexualität, die Paarbildungsprozesse regulieren, und öffnet darin den Raum für eine emanzipatorische Sexualwissenschaft, die eine weit größere Vielfalt von Paarkonfigurationen zu entdecken vermag. Zweitens stellt Hirschfeld durch das Aufgreifen des Genres der Aktdarstellungen das Verhältnis von Sehen, Wissen und Macht selbst auf kritische Weise aus. Ist der Akt in besonderer Weise mit Vorstellungen einer ‚natürlichen Sprache der Körper' verknüpft, die im Zuge der Nacktkulturbewegung der 1920er Jahre zum zentralen Moment eines ästhetischen Rassismus wird, konfrontiert Hirschfeld diese Darstellungsweisen mit dem geschulten Blick des Naturforschers wie auch mit künstlerischen Werken der Moderne, die in ihren Paardarstellungen Momenten der Sinnlichkeit Ausdruck verleihen.[7]

Performativer Akt I: Adam und Eva als Ouvertüre der Sexualwissenschaft

Die Abbildungen Adam und Evas finden sich im ersten Abschnitt des *Bilderteils* der *Geschlechtskunde*, der den Titel „Das Menschenpaar" trägt. Ihnen vorangestellt sind die Porträts „bedeutende[r] Vorläufer und Vorkämpfer der Sexualwissenschaft": die „großen englischen Naturforscher" Charles Darwin und Francis Galton (Abb. 3) sowie die „wichtigen Vorläufer der Sexualwissenschaft" August Forel und Iwan Bloch. Der einleitende Kurztext stellt diese als Paare vor. Darwin und Galton werden aufgenommen, da sie „dazu beitrugen, daß der gewaltige Entwicklungsgedanke in der Naturerkenntnis zum Durchbruch gelangte [...]"; Forel und Bloch als direkte Vorgänger, „die

7 Zum Nacheifern idealer Nacktheit in der Nacktkulturbewegung, dem sich darin artikulierenden Rassismus und den Verschränkungen der Körperdisziplinierungen in der Nacktkulturbewegung mit biopolitischen Praktiken bspw. der nackten Gattenwahl vgl. Maren Möhring: Ideale Nacktheit. Inszenierungen in der deutschen Nacktkultur 1893–1925. In: Kerstin Gernig (Hrsg.): *Nacktheit. Ästhetische Inszenierungen im Kulturvergleich*. Köln: Böhlau 2002, S. 91–109.

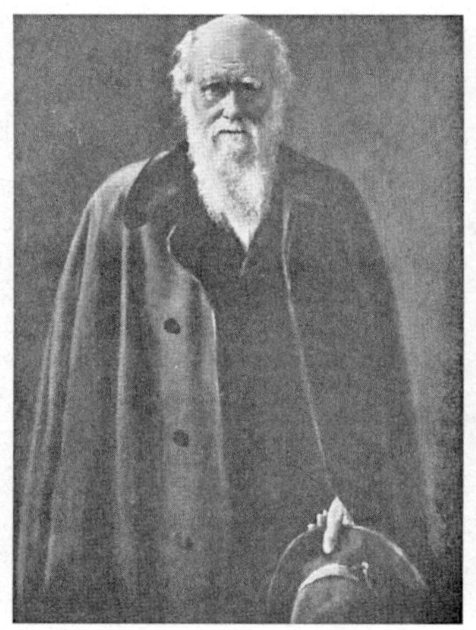
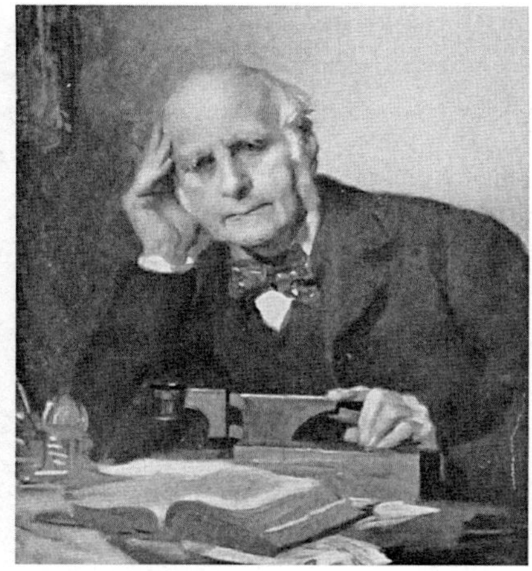

Abb. 3: Charles Darwin und Francis Galton in Hirschfelds Bilderteil zur *Geschlechtskunde*. Zit. n. Hirschfeld: *Geschlechtskunde*, Bd. 4: Bilderteil, S. 4–5.

ihre Werke über das menschliche Geschlechts- und Liebesleben auf rein biologischer und soziologischer Grundlage aufbauten, die einzig und allein für eine harmonische Geschlechterordnung der Zukunft richtunggebend sein können".[8] Direkt anschließend erklärt Hirschfeld die Aufnahme der Paardarstellungen aus dem Bereich der bildenden Kunst:

> Symbolisch möge die naturalistische und die moralistische Betrachtungsweise des Menschen durch zwei künstlerische Wiedergaben von Adam und Eva veranschaulicht werden, denen sich einige andere Darstellungen des Menschen durch bildende Künste von den ältesten bis zu den neuesten Zeiten anschließen.[9]

Damit situiert Hirschfeld sein Werk in einer Tradition der Naturforschung und entstehenden Sexualwissenschaft, die er den „naturalistischen" und „moralistischen" Betrachtungsweisen des Menschen gegenüberstellt. Zugleich bilden diese Betrachtungsweisen den kulturellen Kontext von Hirschfelds Arbeit und werden von

8 Hirschfeld: *Geschlechtskunde*, Bd. 4: Bilderteil, S. 3.

9 Ebd., S. 4–7.

ihm als ideologisch aufgeladen desavouiert. In der Konfrontation zweier so unterschiedlicher Darstellungen von Adam und Eva produzieren beide Betrachtungsweisen eine Differenz, aus der die sexualwissenschaftliche Betrachtungsweise des Menschen erst hervorgeht.

Das zentrale Motiv ist in beiden Abbildungen das gleiche: jenes unheilvoll-ambivalente Paar, das dem christlichen Glauben zufolge so etwas wie das Ur-Paar der Menschheit darstellt und mit dessen Sündenfall und Vertreibung aus dem Paradies nicht nur die Menschheit, sondern auch die grundlegenden Gesetze menschlicher Gemeinschaft in die Welt kommen. Wie diese Menschheit und ihre Gesetze aussehen, gestaltet sich allerdings sehr unterschiedlich. Der Stich von Bartholomäus Spranger, der die naturalistische Betrachtungsweise des Menschen symbolisieren soll, setzt den für die Renaissance typischen Imago-Dei-Topos in Szene. Nach dieser sich in der frühen Neuzeit etablierenden Vorstellung ändert auch der Sündenfall nichts daran, dass der Mensch nach Gottes Ebenbild geschaffen wurde. Der Sündenfall bildete nicht länger den Mittelpunkt des Menschenbildes, sondern verursachte in erster Linie die Vertreibung aus dem Paradies und „war Anlaß zur Entfaltung von Gelehrsamkeit, Neugier und Erfindergeist“[10]. Der Mensch ist aus dieser humanistischen Sicht vor allem ein selbstbewusstes, kunstfertiges und erkennendes Wesen. Dagegen stellt die moralistische Betrachtungsweise, symbolisiert in der Feigenblattskulptur, den Menschen als gekennzeichnet durch Schuld und Scham vor. In diesem Dogma der Erbsünde bildet der Sündenfall den Umschlagpunkt, an dem die Menschen ihre Nacktheit erkennen. Die aus dem Ungehorsam gegenüber Gott resultierende Scham lässt sie nicht nur ihre Körper durch Feigenblätter bedecken, sondern zertrennt die Einheit von Leib und Seele und befähigt den Menschen zu moralischen Urteilen: „Die Geschichte mit Adam und Eva ging gründlich daneben, seit ihrem Ungehorsam gegenüber

10 Peter Prange: Von Feigenblättern und anderen Verhüllungen – Nachrichten aus Moralopolis. In: Ders. / Raimund Wünsche (Hrsg.): *Das Feige(n)blatt ... Milleniumsausstellung Glyptothek München.* München: Staatliche Antikensammlungen und Glyptothek 2000, S. 65–120, hier S. 70.

Gott war alles Nackte tabu und Ausdruck einer als böse empfundenen Sinnlichkeit“[11].

Indem Hirschfeld zwei so gegensätzliche Menschenbilder des christlichen Glaubens einander gegenüberstellt, verweist er auf deren kulturell-historische Spezifität und entzieht ihnen tendenziell ihre transzendentale Legitimation. In ihrer Gegensätzlichkeit artikulieren die Abbildungen kulturelle Konflikte jener Zeit, in denen Normen von Geschlecht und Sexualität verhandelt werden, und stellen deren christliche Fundierung aus. Gleichzeitig eröffnen sie einen Raum, in dem die Normen von Geschlecht und Sexualität verhandelbar werden. Hier artikuliert sich die sexualwissenschaftliche Betrachtungsweise des Menschen, in der weder Schuld und Scham noch der Mensch als selbstbewusstes Ich im Mittelpunkt steht. Zentral ist hier die Figur des Menschenpaares und damit letztlich der Mensch als soziales und sexuelles Wesen. Damit vollzieht Hirschfeld eine Perspektivverschiebung, durch die das Verhältnis von Sexualität, Wissen und Macht, die Frage der Geschlechterordnung und das Verhältnis von Natur und Kultur zu zentralen Themen werden.

Regulierung des Wissens

Bereits Hirschfelds Definition des Begriffs der Sexualität verdeutlicht, wie das Paar Adam und Eva die Zusammenhänge von Wissen, Macht und Sexualität auf kritikwürdige Art und Weise strukturiert. Die Verwendung des aus dem Lateinischen stammenden Fremdworts Sexualität steht in einer Tradition, in der die lateinische Sprache als „*Zeichen [der] Gelehrsamkeit*“[12] von Naturforschern und Theologen fungierte und dazu diente, die Kenntnis geschlechtlicher Dinge „*nur akademisch* geschulte[n] Leuten“[13] vorzubehalten. Bereits diese Einschränkung der Wissensgemeinschaft kann als eine Form der Machtpolitik betrachtet werden, die in fundamentalem Widerspruch zu Hirschfelds *Geschlechtskunde* steht, mit der er sich ausdrücklich „nicht nur an

11 Ebd., S. 68.

12 Magnus Hirschfeld: *Geschlechtskunde auf Grund dreißigjähriger Forschung und Erfahrung*, Bd. 1: Die körperseelischen Grundlagen. Stuttgart: Püttmann 1926, S. 10.

13 Ebd.

die Gebildeten […], sondern an alle, die es angeht, *also an alle*"[14] richtet. Insofern die Begriffe *sexus* und *sexualis* als lateinische Fremdworte den deutschen Begriffen ‚Geschlecht' bzw. ‚das Geschlecht betreffend' entsprechen, verwendet Hirschfeld in seinem Text überwiegend die deutschen Begriffe.

Der Begriff der Sexualität, der eine der zentralen Bindungskräfte des Paares beschreibt, leitet sich vom lateinischen *sexus* her, dessen Herkunft und Bedeutung sich wiederum nicht eindeutig klären lässt. Dieser kann, so Hirschfeld, von „sequi=folgen (frz. suivre)"[15] stammen, womit „sich sexus entweder auf die Nachfolge, Nachkommenschaft bezieh[t] oder auf den Vorgang des Folgens"[16], oder aber von secare, „das schneiden, teilen bedeutet […]"[17]. Im zweiten Fall wäre *sexus* dann „der männliche oder weibliche *Teil*, wobei man die Abtrennung des Weibes aus dem männlichen Körper, der Eva aus dem Adam im Sinne der biblischen Schöpfungssage denken kann, […] oder am nächstliegenden an den männlichen und weiblichen Teil eines geschlechtlichen Bundes (vgl. ‚Ehehälfte', ‚bessere Hälfte')"[18]. Die Ausführungen Hirschfelds lassen keinen Zweifel, dass er eine Herkunft von *sequi* für naheliegender hält: „Denn tatsächlich ist es ja das anfangs *unwillkürliche Folgen der Sinnesorgane*, vor allem des schauenden Auges und lauschenden Ohres, und das dann immer merklicher ins Bewusstsein tretende *zielstrebig lustbetonte Folgen des ganzen Körpers*, das dem Sexualleben den Stempel aufdrückt"[19].

Bereits in dieser ersten Begriffsdefinition klingen Sinnlichkeit, Körperlichkeit, Geschlechtsanziehung und die Ansicht, dass geschlechtliche Dinge alle etwas angehen, als zentrale Elemente von Hirschfelds Perspektive an, die mit der klaren Geschlechterdifferenz, Sündenfall und strikten Beschränkungen des Wissens durch die christliche Kirche in Widerspruch geraten. Dass diese Widersprüche auch zentrale Motivation sexualwissenschaftlicher Wissensproduktion sind, wird

14 Hirschfeld: *Geschlechtskunde*, Bd. 1, S. X.

15 Ebd., S. 11.

16 Ebd.

17 Ebd., S. 12.

18 Ebd.

19 Ebd., S. 11.

deutlich, wenn Hirschfeld jenes durch Adam und Eva begründete Gesetz expliziert, das eine „eifervolle *Geschlechtsverfolgung*, [...] eine der *eigenartigsten* Erscheinungen der gesamten menschlichen Kultur“[20] mit sich bringt:

> [...] *nur der eheliche Sexualakt* [kann] als *berechtigt*, zweckentsprechend und „natürlich“ angesehen werden [...], und zwar nur der, welcher *unmittelbar im Dienste der Fortpflanzung steht*; der Verkehr zu irgendeinem anderen Zweck sei ein „entwürdigender Akt bloßer *Selbstbefriedigung*“ [...]. *Zeugung sei die ausschließliche Bedeutung der Liebe*, die aber *trotzdem* ein *Übel* sei, denn „„*in Sünde*“ sei der Mensch empfangen, in der *Geschlechtssünde* des *ersten* Menschenpaares, die vom „Baum der Erkenntnis“, die „*verbotene Frucht*“ aßen (nach 1. Moses 2,9), und in der „*Erbsünde*“ aller übrigen.[21]

Diese negative, schuldbeladene Sicht der Sexualität steht nicht nur zu Hirschfelds Auffassung in Widerspruch, der in der „körperseelischen Geschlechtlichkeit“ ein „unvergleichliches Gut“ sieht, das Lebenslust und Lebensfreude spendet, sondern resultiert in einer wirkungs- und verhängnisvollen Regulierung der Sexualität, die vor allem den Herrschaftsinteressen der Kirche dient:

> Da die *Forderung sexueller Enthaltsamkeit* an Stelle der antiken *Empfehlung sexueller Mäßigkeit* sich aber für die meisten auf die Dauer als etwas *Undurchführbares* erweisen mußte, die Kirche aber *nicht nachgeben konnte*, weil sie *instinktiv* fühlte und wußte, wie sehr die Erhaltung dieser Sünde *für das Bewußtsein sündhafter Gebundenheit* notwendig war, wurde mit diesem *unnatürlichem* Verlangen zugleich auch der Keim *zu der Unwahrhaftigkeit* gelegt, *welche das ganze Sexualleben* durchsetzt.[22]

Obwohl die Kirche in der Weimarer Republik zunehmend an Einfluss verlor, bildete die christlich-moralische Verurteilung und Tabuisierung der Sexualität die Grundlage für die Verfolgung „widernatürlicher

20 Ebd., S. 25.

21 Ebd.

22 Ebd., S. 44.

Unzucht"[23] durch den §175, für dessen Abschaffung sich Hirschfeld engagierte. Wenn Hirschfeld feststellt, dass die sexualfeindliche Einstellung „bereits unendlich vielen Menschen zum unheilvollen Verhängnis wurde, noch täglich wird und immer weiter werden wird, wenn es nicht gelingt, einer natürlichen Naturauffassung die Bahn wieder frei zu machen"[24], zeigt sich darin ein Wille zum Wissen, dem es gerade nicht um eine Stabilisierung der Norm durch die Beschreibung des Nicht-Normalen geht. Vielmehr geht es ihm um Wissen über die Natur des Menschen, das von christlich-moralischen Imprägnierungen befreit eine gerechtere Gesetzgebung und gesellschaftliche Ordnung ermöglicht. Folglich belässt er es auch nicht bei einer einfachen Kritik religiöser Vorstellungen, sondern diskutiert auch die verschiedenen psychobiologischen Faktoren der Sexualhemmung. Dabei entfaltet er ein komplexes Netz von Diskursen und Faktoren, von Eifersucht, Neid und Missgunst über die Reaktion der Unlust nach dem Sexualakt bis hin zur Furcht vor Gefahren der Infektion, Befruchtung oder materieller Not, die seinen „Groll" „gegen lebensfeindliche Elemente"[25] vermindern und zugleich die Notwendigkeit einer Wissenschaft unterstreichen, die eine „natürliche Grundlage"[26] für Sittengesetze bereitstellt. Eine solche Wissenschaft gerät jedoch selbst in Konflikt mit den christlich-moralischen Regulierungen der Sexualität. Denn die normativen Wirkungen jenes ersten Menschenpaares beschränken sich nicht auf die Regulierung des Sexuallebens, sondern betreffen auf sehr direkte Weise Fragen der Wissensproduktion und -distribution selbst:

> Daß es Zeiten gegeben hat – und sie sind auch heute noch nicht geschwunden – in denen man im Geschlechtsverkehr, ja sogar im bloßen *Geschlechtswissen* eine *Schuld* sah, zeigt deutlich der noch jetzt übliche Gebrauch des gegenteiligen Wortes von Schuld: „*Unschuld*". [...] Schon aus dem Wissen über geschlechtliche Dinge erwächst dem Menschen eine Schuld. [...] Aus solchen Gedankengängen, die man in ihrer *Verkennung* natürlichster Vorgänge mit Fug und Recht

23 Vgl. http://www.homowiki.de/Paragraf_175#Fassung_vom_15.05.1871 (Zugriff am 11.11.2016); für Hirschfelds Kritik am Begriff „widernatürlich", vgl. Hirschfeld: *Geschlechtskunde*, Bd. 1, S. 101.

24 Ebd., S. 25.

25 Ebd., S. 51.

26 Ebd., S. 52.

> nicht nur als *naturfeindlich*, sondern als *höchst naturwidrig* bezeichnen muß, erklärt sich die *Furcht vor der sexuellen Aufklärung.* Läßt sich von der Stärke der gegen sie geäußerten Antipathie ein Schluß auf die *Größe angeblicher Gefährlichkeit* ziehen, so scheint es, als ob man eine *wissenschaftliche Aussprache* über das Geschlechts- und Liebesleben noch *für bedenklicher* hält als die schöngeistigen *Schilderungen erotischer Probleme*, [...] gegen welche bei weitem nicht so scharfe Äußerungen laut geworden sind wie *gegenüber ernster sexueller Aufklärung.*[27]

Hierin artikuliert sich die ambivalente Situation in der Weimarer Republik. Die im Vergleich zu anderen Ländern Europas sehr liberal gehandhabte Zensur und die technischen Möglichkeiten der Reproduktion von Schriften und Bildern lassen eine vielfältige Medienlandschaft entstehen, in der auch die ersten Zeitschriften für Homosexuelle erscheinen konnten.[28] Und 1919 kann Hirschfeld in Berlin das weltweit erste Institut für Sexualwissenschaft gründen, das wichtige Aufklärungs- und Forschungsarbeit leistet und bei internationalen Gästen wie bei Teilen der Bevölkerung sehr anerkannt ist. Andererseits existieren starke konservative Kräfte, die gegen die emanzipativen Bestrebungen von Frauen- und Sexualreformbewegung mobilisieren. Publikationen zum Thema Geschlecht und Sexualität sind immer wieder von Zensur betroffen, so zeitweise auch das von Hirschfeld herausgegebene *Jahrbuch für sexuelle Zwischenstufen*, und Hirschfeld selbst wird wiederholt Zielscheibe antisemitischer Angriffe. Die Sexualwissenschaft besitzt als ein sehr junges Forschungsgebiet noch kaum akademische Anerkennung und Magnus Hirschfeld wird zwar von vielen bewundert, aber – bis heute – eher für seinen Aktivismus als für seine Wissenschaft.[29]

Vor diesem Hintergrund bekommen die Darstellungen von Adam und Eva eine doppelte Funktion. Sie bilden erstens die Kontrastfolie eines ideologisch beladenen Menschenbildes, das den Menschen an die Herrschaft der Kirche bindet. In Abgrenzung hiervon entwickelt Hirschfeld sein Projekt einer emanzipatorischen Wissenschaft.

27 Ebd., S. 26.

28 Vgl. Laurie Marhoefer: *Sex and the Weimar Republic. German Homosexual Emancipation and the Rise of the Nazis.* Toronto: University of Toronto Press 2015, insb. S. 20–49.

29 Vgl. Robert Beachy: *Das andere Berlin. Die Erfindung der Homosexualität, eine deutsche Geschichte 1867–1933,* aus d. Engl. v. Hans Freundl / Thomas Pfeiffer. München: Siedler 2014, insb. Kap. 6.

Zweitens aber schützen sie den *Bilderteil* der *Geschlechtskunde* auch vor Assoziationen mit ‚Schmutz- und Schundliteratur' und verleihen ihm die gebotene wissenschaftliche Ernsthaftigkeit.[30] Die Eröffnung des Bilderteils durch Porträts anerkannter Wissenschaftler und eine Reihe von Abbildungen aus dem Bereich der bildenden Kunst bewegt sich innerhalb bürgerlicher Traditionen und Konventionen. Auf den ersten Blick entsteht der Eindruck, dass bürgerlich-hegemoniale Normen und Moralvorstellungen nicht in Frage gestellt werden, was den *Bilderteil* sowohl vor Zensur als auch vor einer lediglich die Bilder konsumierenden Rezeption schützt. Denn die Bedeutungen der Bilder und die darin enthaltene Kritik an hegemonialen Normen und Moralvorstellungen erschließen sich nur einem bereits ‚wissenden' Blick oder durch die Lektüre der entsprechenden Textstellen der *Geschlechtskunde*. Damit weist der *Bilderteil* auf den ersten Blick Ähnlichkeiten mit einer Ästhetik der Camouflage auf, die zentraler Bestandteil schwuler und lesbischer Subkulturen ist. Die Camouflage-Ästhetik nutzt eine unauffällige Oberfläche, um in unauffälligen Signalen und spezifischen Codes, die nur für wissende Betrachter*innen zu entschlüsseln sind, Homosexualität für bestimmte Personen sichtbar zu machen und gleichzeitig vor einem öffentlichen Blick zu verbergen.[31] Hirschfeld dagegen wendet sich gerade an eine breite Öffentlichkeit und produziert keine geheimen Codes, sondern praktiziert bei genauerer Betrachtung Blickschulung, die hegemoniale Codes einer neuen Betrachtungsweise unterwirft. Gegen eine Rezeptionspraxis, die sich auf das Betrachten von Bildern beschränkt und auf das Lesen von Texten verzichtet, fordert er seine Leser*innen auf, sofern sie nicht auf Grund vorheriger Lektüre gleich ‚im Bilde' seien, die entsprechende Stelle in der Geschlechtskunde nachzulesen. Damit macht Hirschfeld

30 1926 hatten konservative Kräfte die Einführung des *Gesetzes zur Bewahrung der Jugend vor Schund- und Schmutzschriften* durchgesetzt und damit eine Möglichkeit geschaffen, auch den Verkauf von Schriften, die nicht das Kriterium der Unzüchtigkeit erfüllten, einschränken zu lassen. Gleichwohl auch dieses Gesetz sehr liberal gehandhabt wurde, führte es zu einer Debatte um die Freiheit von Kunst und Wissenschaft. Vgl. Marhoefer: *Sex and the Weimar Republic*, S. 34–38.

31 Zu Camouflage als geläufige Praktik schwuler und lesbischer Subkulturen jener Zeit, die auch in der bildenden Kunst ihren Ausdruck findet, vgl. Jonathan Katz / David C. Ward: *Hide/Seek. Difference and Desire in American Portraiture*. Washington, DC: Smithsonian 2010, insb. S. 14.

explizit darauf aufmerksam, dass Sehen und Wissen nicht unmittelbar miteinander verbunden sind, sondern dass Wissen und Erkenntnis eine spezifische Form der Betrachtung erfordern. Zudem stellt er den *Bilderteil* unter das Motto: „Bilder sollen bilden"[32] und situiert ihn damit in einem Bildungsdiskurs, der in jener Zeit virulent war. In den Debatten der Weimarer Republik formierte sich vor dem Hintergrund der zunehmenden Bedeutung der Naturwissenschaften und der damit verbundenen Rationalisierung ein humanistischer Bildungsbegriff. Dieser zielt auf eine Bildung des Gefühls und der Sinnlichkeit durch Kunst und Poetik, die über das für eine Berufstätigkeit notwendige Wissen hinausgeht.[33] Insofern kann Hirschfelds *Bilderteil* der *Geschlechtskunde* auch als eine Kritik an moralischen Betrachtungsweisen gelesen werden, die Leser*innen in einer möglichst vorurteilsfreien Betrachtung von Geschlecht und Sexualität schulen soll.

Performativer Akt II: Die Kunst der Betrachtung

Denn das Gesetz des Paares Adam und Eva reguliert nicht nur, wie und was über Sexualität gesprochen und gewusst werden kann, sondern auch, wie und wo der Sex gesehen und zu sehen gegeben werden kann:

> Nicht minder stark wie die sexualfeindliche Gesinnung gegen die *unverhüllte Wahrheit in Wort und Schrift* ist die Sexualverfolgung des *unverhüllten Körpers in Bild und Wirklichkeit.* Wie viele, die einmal zu Rom im *Lateran* die *Gipsklumpen* auf den Geschlechtsteilen des Christusknäbleins, oder im *Vatikan* die *Blechstücke* auf den erhabenen Marmorstatuen antiker Götter und Menschen erblickt haben und nach diesem Vorbild Ähnliches *in fast allen Kunststätten* der Welt beobachten, werden sich unserer *Feigenblattkultur* geschämt haben.[34]

32 Hirschfeld: *Geschlechtskunde*, Bd. 4: Bilderteil, S. 2.

33 Zur Rekonstruktion des Bildungsbegriffs in der Weimarer Republik vgl. Carola Groppe: *Die Macht der Bildung. Das deutsche Bürgertum und der George-Kreis 1890–1933.* Köln: Böhlau 2001, S. 24–70.

34 Hirschfeld: *Geschlechtskunde*, Bd. 1, S. 32.

Hier spielt Hirschfeld auf die Praktiken der Zensur im Feld der Kunst an, die sich im Zuge bürgerlicher Prüderie seit den 1860er Jahren von England ausgehend in Europa verbreitete und große Teile der Kunst und Kultur betraf. So wurden Aktstatuen in nahezu allen großen Museen mit Feigenblättern versehen und in Gemälden die Geschlechtsteile des Christuskindes oder anderer Figuren teilweise übermalt. Im Deutschen Kaiserreich erreichte die Verfolgung des Nackten in der Kunst um 1900 ihren Höhepunkt. 1896 hatte das Zuhälterehepaar Heinze einen Nachtwächter in Berlin ermordet und damit die Prostitution in das Licht öffentlicher Aufmerksamkeit gerückt. Dieses Ereignis löste heftig geführte Debatten um eine Verschärfung des Zensurgesetzes aus, das bald vor allem als *Lex Heinze* bezeichnet wurde. Im Zuge dessen wurden nun auch in deutschen Kunsthäusern die Genitalien von Aktskulpturen mit Feigenblättern versehen und es kam zu teilweise absurden Zensuraktionen.[35] Als Reaktion entstanden nicht nur zahlreiche Satiren über diese „Feigenblattkultur", sondern zahlreiche Intellektuelle und Künstler*innen schlossen sich im Goethe-Bund zusammen, um die Freiheit von Kunst und Wissenschaft zu verteidigen. Diesem gelang es, zu einer wirkungsvollen außerparlamentarischen Opposition zu werden, sodass letztlich eine sehr entschärfte Version der *Lex Heinze* in Kraft trat. Allerdings änderte dies nichts an der Aktivität von Tugend- und Sittlichkeitsvereinen, die – auch noch zur Zeit der Weimarer Republik – Darstellungen des Nackten unmittelbar mit Sexualität und Unsittlichkeit in Verbindung brachten und auf Zensur und stärkere Kontrolle drängten. Die Diskursivierung der Nacktheit in der Kunst, wie sie sich im Zuge der Debatten um die *Lex Heinze* vollzog, konstituiert eine Betrachtungsweise, die die Akte erst sexualisiert und damit das produziert, was sie eigentlich zu verhindern sucht. Einer solchen Tabuisierung und Sexualisierung des Blicks setzt Hirschfeld eine sexualwissenschaftlich aufgeklärte Perspektive gegenüber:

> Es ist *völlig verfehlt* zu glauben, daß der *nackte* Körper oder ein entblößter Körperteil unbedingt *erotisch erregender*, im Sinne gewisser Sittlichkeitsverfechter gesprochen ‚*unsittlicher und unzüchtiger*' wirke als ein bekleideter.

35 Vgl. Raimund Wünsche: Im Zeichen des Feigenblatts. In: Ders. / Peter Prange (Hrsg.): *Das Feige(n)blatt ... Milleniumsausstellung Glyptothek München*. München: Staatliche Antikensammlungen und Glyptothek 2000, S. 121–138.

> Auf sehr viele Männer und Frauen hat es im Gegenteil einen ‚*abkühlenden*' Einfluß, wenn sich eine Person, die sie *sonst anzieht, auszieht.* Sehr viele Menschen erregt sexuell am stärksten der verhüllte, sehr viele der unverhüllte, *die meisten aber der teils verhüllte, teils unverhüllte Körper; der Anblick der Sexualorgane stößt viele direkt ab.* [...] Von Eiferern *gegen das Nackte in der Kunst* werden diese wichtigen *biologischen* Tatsachen meist gänzlich *übersehen.* Da die verhältnismäßig stärkste sexuelle Anziehung noch immer ein *schönes Gesicht* ausübt, so müßten die Sittlichkeitsfanatiker, denen *erotische Reizwirkung gleichbedeutend mit Schamverletzung* ist – wären sie naturwissenschaftlich geschult und handelten folgerichtig –, mit dem selben Recht, wie sie gegen die Nachbildung des nackten *Körpers* eifern, *auch gegen die Nachbildung des Gesichts,* der Augen, Haare, der Hände und für ihre Verhüllung eintreten.[36]

Wenn sich Hirschfeld in seiner Schilderung der Wirkungen des Anblicks des nackten Körper auf „biologische Tatsachen" und eine naturwissenschaftliche Schulung beruft, darf dies nicht dahingehend missverstanden werden, dass er Fragen der Sexualität, sexuellen Erregbarkeit oder Scham auf biologische Gegebenheiten des Körpers reduziert oder in diesen begründet. Vielmehr kritisiert er eine solche Sichtweise ja gerade. In der Einleitung der *Geschlechtskunde* betont er, dass es „ein Grundfehler [wäre], wollte man, wie es oft geschieht, mit dem Begriffe Geschlechtsleben nur die Vorstellung körperlich geschlechtlicher Zustände und Handlungen verbinden"[37]. In einer solchen Auffassung sieht er einen im Mittelalter verbreiteten Leib/Seele-Dualismus am Werk, der einer unbefangenen Betrachtungsweise hinderlich ist. Entsprechend setzt er seine Kritik an der Sichtweise der ‚Feigenblattkultur' mit der Schilderung absurder Verurteilungen des Nackten fort, um dann an zahlreichen Beispielen aus anderen Zeiten und Kulturen die Variabilität von Wahrnehmungen und Anstandsregeln aufzuzeigen.

Mit dem Begriff der „biologischen Tatsachen" verweist er auch auf die Genitalien, deren Fortpflanzungsfunktion er anerkennt, die jedoch gerade keine erotische Reizwirkung besitzen. Ebenso liegt es Hirschfeld fern, von den Genitalien auf Kategorien wie ‚Männer' oder ‚Frauen' zu verweisen, sie einfach und direkt mit Sexualität in Verbindung zu bringen oder aus ihnen gar Herrschaftsverhältnisse abzuleiten.

36 Hirschfeld: *Geschlechtskunde*, Bd. 1, S. 29–30.

37 Ebd., S. 6.

Ihm geht es darum, eine Position zu formulieren, die biologische Geschlechterdifferenzen nicht leugnet, die aber gleichzeitig biologistischen und sexistischen Argumentationen entschieden entgegentritt. Solche Argumentationen beruhen auf einer naturalistischen Betrachtungsweise des Menschen, die von Hirschfeld ebenfalls einer grundlegenden Kritik unterzogen wird. Diese symbolisiert er mit dem Stich von Bartholomäus Spranger. Der ‚Mensch' erscheint hier nicht, sondern stellt sich selbstbewusst in idealisierender Nacktheit zur Schau. Dennoch wird auch hier Sexualität streng kontrolliert. Denn mit ihrer Ästhetik antiker Nacktheit folgt die Darstellung dem Wahrnehmungsdispositiv, nach dem das „Äußere als Spiegel des Inneren"[38] fungiert, das für die Herausbildung des Ideals moderner Männlichkeit zentral ist. In dieses Ideal sind nicht nur Werte und Normen, wie die Disziplinierung und Kontrolle von Körper und Sexualität eingelagert, sondern es ist zugleich eng verbunden mit dem Ideal der heterosexuellen Paarbeziehung, in der die unterlegene Position der Frau festgeschrieben und homosexuelle Männer und Frauen zu Anti-Typen stilisiert werden.[39] Streng genommen wird im Imago-Dei-Topos nur der Mann als Ebenbild Gottes geschaffen, während die Frau zur Verführerin und Sünderin wird, die es zu kontrollieren gilt. Diese Form des patriarchalen Gesetzes wird im Stich von Bartholomäus Spranger visuell verkörpert: Evas Finger weist grazil auf den Apfel, während sich ihr Körper in elegantem Hüftschwung Adam zuwendet und dieser ihr, aufrecht im Kontrapost stehend, die Hand entgegenstreckt. Hirschfeld beschreibt die Verbindung der naturalistischen Betrachtungsweise des Menschen mit dem Sündenfall im ersten Teil seines Kapitels „Der männliche und der weibliche Mensch – Die Geschlechtswerkzeuge":

> Dieselben Eiferer, welche predigten: „Es ist dem Menschen gut, dass er kein Weib berühre," behaupten auch „Die Frau ist nicht nach dem Bilde Gottes geschaffen. Adam ist durch Eva verführt worden und nicht Eva durch Adam. Es ist daher recht, dass der Mann der Herr der Frau sei, die ihn zur Sünde reizte, auf dass er nicht wieder falle. Das Gesetz befiehlt, daß die Frau dem Manne unterworfen sei."[40]

38 Vgl. Goerge Mosse: *Das Bild des Mannes. Zur Konstruktion moderner Männlichkeit.* Frankfurt am Main: Fischer 1997, S. 38–42.

39 Vgl. ebd., S. 18–20.

40 Hirschfeld: *Geschlechtskunde*, Bd. 1, S. 481–482.

Eine solche Legitimation patriarchaler Herrschaft kritisiert Hirschfeld mit Bezug auf feministische Diskurse und zeigt an Beispielen von Friedrich Nietzsche bis Otto Weininger, wie tief diese Vorstellungen auch in der westlichen Geistesgeschichte verwurzelt sind, bevor er im Anschluss an Autor*innen, wie Darwin sowie das Ehepaar Mathilde und Matthias Vearting, auf die Uridee menschlicher Doppelgeschlechtlichkeit und Gesellschaften, in denen das Mutterrecht herrscht, eingeht. Aus seiner Sicht kann es nicht darum gehen, die biologischen Differenzen zu leugnen, allerdings zieht er aus diesen Differenzen den gerade gegenteiligen Schluss:

> Die gleiche Beteiligung beider Geschlechter an der Fortpflanzung der urewigen Lebenskette, ihre sich ergänzende Notwendigkeit hätte eigentlich dazu führen sollen, daß jedes Geschlecht dem anderen stets die gleichen Rechte und Freiheiten zubilligte. Dazu war der Mensch aber von jeher zu herrschsüchtig. [E]rst seit einigen Jahrzehnten beginnt das Weib [...] sich seine natürlichen Freiheiten und Rechte zurückzugewinnen.[41]

Die Beteiligung von zwei Geschlechtern an der Fortpflanzung fungiert bei Hirschfeld als Argument für die Gleichberechtigung und ist gleichzeitig die Grundlage für die Dekonstruktion binärer Geschlechtervorstellungen. So formuliert er das „unverbrüchliche Naturgesetz“: „Wer beiden Geschlechtern entstammt, enthält beide Geschlechter vereint“[42]. Im geübten Blick des Naturforschers lösen sich die Kategorien ‚Mann‘ und ‚Frau‘ jedoch in eine unendliche Vielfalt auf:

> *Der Mensch ist nicht Mann oder Weib, sondern Mann und Weib.* Nur ist das Mischungsverhältnis [...] ein so mannigfaltiges, daß kein Einzelwesen mit einem anderen übereinstimmt, weder im ganzen *noch im kleinsten seiner Teile.* Nichts Gleiches gibt es unter der Sonne, *nur Ähnliches.* Nicht einmal zwei gleiche Blätter an einem Baum sind wir imstande aufzufinden, geschweige denn zwei gleiche Menschen. Allerdings erscheinen die Abweichungen oft, ohne es zu sein, so unwesentlich, daß sie dem *ungeübten* Auge leicht entgehen. Erblickt der Wanderer eine Herde Schafe oder einen Ameisenhaufen, so hat er wohl Mühe, die einzelnen Tiere voneinander zu unterscheiden, aber der *Hirt* und

41 Ebd., S. 490.
42 Ebd., S. 481.

der *Sammler* kennt leicht jedes einzelne an gewissen Eigentümlichkeiten heraus; irgendeine, wenn auch anscheinend noch so geringe Verschiedenheit ist *stets* vorhanden. So nimmt der Spezialforscher auf seinem engen Gebiet viele Einzelheiten und Verschiedenheiten wahr, von denen der allgemeine Naturbeobachter kaum etwas merkt.[43]

In der genauen empirische Naturbeobachtung, die eine Vielfalt geschlechtlicher Grade zu erkennen vermag, vollzieht Hirschfeld, wie es Bauer formuliert, einen „epochale[n] Bruch" mit den schematischen Vorstellungen des Sexualdimorphismus, „dessen Tragweite erst vor dem Hintergrund der abendländischen Heilsgeschichte ermessen werden kann."[44] In diesem Bruch öffnet sich ein Möglichkeitsraum für eine Vielzahl geschlechtlicher Mischungsverhältnisse, mit denen sich auch die Formen der Sexualitäten und Paarkonstellationen multiplizieren, und der Naturbeobachtung wird ein radikal utopisches Moment zuteil. So ziehen sich – den unterschiedlichen thematischen Schwerpunkten der einzelnen Abschnitte entsprechend – eine Vielzahl unterschiedlichster Paarkonstellationen durch den gesamten Bilderteil: Vom „Ehepaar von Bach-Flohkrebsen", dem „Salamander und Frau" oder einem „Pärchen der Wanderheuschrecke" über Rubens Gemälde *Simson*, die „Paarung der grünen Wasserfrösche" oder *Maria und Elisabeth mit den heiligen Embryonen* oder den Gemälden *Eskimo mit Frau* und *Deutsches Paar* bis hin zum Gemälde eines *Zwergenehepaars aus dem Berner Oberland, Jean Jacques Rousseau, 1712–1778, mit seiner älteren Freundin*, Atelierfotografien „Transvestitischer Homosexueller", der Fotografie *Vornehmer arabischer Kaufmann mit Freund* oder „der Professoren Wirtz und Karsch" in Rom entfaltet sich eine Vielfalt unterschiedlicher Paarkonstellationen, die am Ende des Bildbands mit der Kategorie „Ähnlichkeitsanziehung" – worunter vor allem Bilder von heterosexuellen Paaren im Alter versammelt sind – schließt. Diese Form sexualwissenschaftlicher Beobachtung und Beschreibung ist weniger ein Sprechen über die Abweichungen,

43 Hirschfeld: *Geschlechtskunde*, Bd. 1, S. 5.

44 Edgar J. Bauer: Der Tod Adams. Geschichtsphilosophische Thesen zur Sexualemanzipation im Werk Magnus Hirschfelds. In: Andreas Seeck (Hrsg.): *Durch Wissenschaft zur Gerechtigkeit? Textsammlung zur kritischen Rezeption des Schaffens von Magnus Hirschfeld*. Münster: Lit 2003, S. 133–155, hier S. 142.

die zur Konstitution der Norm dienen, als vielmehr eine Beschreibung verschiedener Aspekte des Geschlechtslebens und der tatsächlichen Vielfalt – samt darin auftretender Krankheiten und Leiden –, die sich um die Dekonstruktion ideologisch aufgeladener Normen der Heteronormativität bemüht und das Gesetz des heterosexuellen Paares, verkörpert in Adam und Eva, in Zweifel zieht.

Wie Hirschfeld bereits im Vorwort der *Geschlechtskunde* festhält, bildet für ihn zwar das Paar und die Familie den „Grund und Kern der menschlichen Geschlechts- und Gesellschaftsordnung“[45]. Allerdings fügt er hinzu, „daß der Erfüllung dieses Ideals [...] nichts abträglicher ist, als wenn der Ehe die körperseelische Grundlage fehlt, auf die sich jede Geschlechtsgemeinschaft aufbauen sollte: die Liebe; ohne sie kann eine Gemeinschaft nur zu leicht eine Gemeinheit werden“[46]. Gründet sich die Notwendigkeit der Sexualwissenschaft für Hirschfeld im Leiden der Menschen, ist sein Wille zum Wissen von einer Verringerung der Leidens und einer Förderung der Liebe getrieben, die gerade auf eine Legitimierung nicht-normgerechter Paarbeziehungen ausgerichtet ist. Dabei ist Sexualität zwar immer ein wichtiger Bestandteil von Liebe, umgekehrt ist dies aber nicht der Fall: *„Der Geschlechtstrieb sucht einen Typus, die Liebe ein Individuum*“[47]. Mit dieser Wendung öffnet Hirschfeld letztlich einen Raum für die Singularität des Menschen, die nicht in den verschiedenen Typen aufgeht und eher in den Bereich der Kunst als in jenen der Sexualwissenschaft fällt.

Auf visueller Ebene bricht Hirschfeld mit dem Gesetz des christlich-abendländischen Paares, wenn er seine Abbildungsreihe „Das Menschenpaar“ mit drei Abbildungen aus dem Bereich der modernen Kunst abschließt. Ein Gemälde von Franz von Stuck, eine Skulptur von Auguste Rodin und ein Druck von Robert Budzinski geben jeweils ein sich küssendes Liebespaar in enger Umschlingung zu sehen. Bleibt das Paar zentraler Gegenstand der Abbildungen, ändert sich das Sujet damit radikal. Statt Selbstbewusstsein, Scham, Sexualität, Kontrolle, Disziplin, die Themen in den ersten beiden Darstellungen von Adam und Eva waren, thematisieren die letzten Abbildungen

45 Hirschfeld: *Geschlechtskunde*, Bd. 1, S. XII.

46 Ebd., S. XIII.

47 Ebd., S. 23.

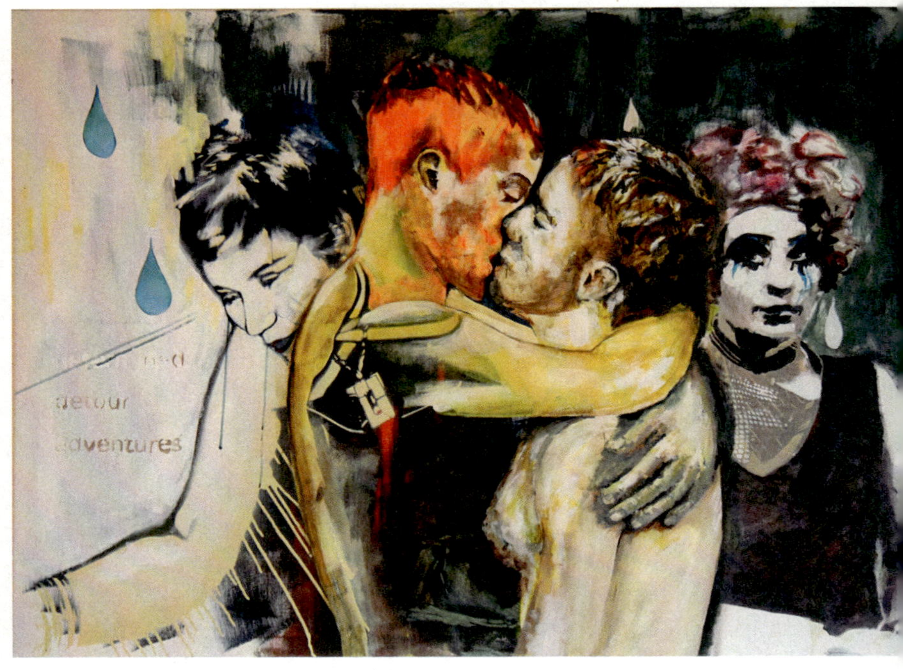

Abb. 4: Tomec Weiss: *Determined Detours*, aus der Reihe *Queer Heaven*, 2010, Acrylfarbe, 150 x 100 cm.

Sinnlichkeit, Erotik und eine sich auch körperlich ausdrückende Liebe und damit jenen Aspekt, der für Hirschfeld ein, wenn nicht das zentrale Element von Paarkonstellationen sein sollte. Die Erforschung des Geschlechtslebens – und Sexualität ist ein wichtiger Teil hiervon – ist hierfür ein wichtiger Schritt, genauso wie die Kritik einer Sexualmoral und an Gesetzgebungen, die der Liebe im Wege stehen. Das Telos seiner Argumentation aber bildet die Liebe.

Gut 80 Jahre später mögen sich die Technologien und Zielscheiben der Macht verändert haben, Nacktheit und Sexualität sind in Deutschland, wie in weiten Teilen der westlichen Welt weitgehend enttabuisiert und der §175 wurde abgeschafft. An dem Gesetz des christlich-abendländischen Paares, an dem Hirschfeld zu rütteln suchte, scheint sich indes nicht viel geändert zu haben. Wenn RTL neuerdings unter dem Titel *Adam und Eva – gestrandet im Paradies* ein Dating-Experiment im Real Life TV zeigt, bei dem die Kandidat*innen „nackt, so wie Gott sie schuf" aufeinandertreffen und es gilt „auf die natürliche Art, den anderen von sich zu überzeugen“[48], dann scheint sich das christliche Paar so tief in die morphologischen Ideale eingeschrieben zu haben, dass Liebe für Menschen, die von diesen morphologischen Idealen zu weit entfernt sind, nahezu unmöglich erscheint.[49] Kann die Sexualwissenschaft hier mit ihren Technologien individuelles Leid mindern und ein (Über)leben ermöglichen, zeigt sich hierin gleichzeitig die dringende Notwendigkeit, Hirschfelds Projekt nicht in Vergessenheit geraten zu lassen und einen neugierigen und anerkennenden Blick auf die Vielfältigkeit geschlechtlicher Lebensweisen zu entwickeln. Liebesgeschichten, wie sie Morty Diamond versammelt, sind dabei genauso wichtig, wie eine Kunst, die uns die sinnlichen Aspekte von Liebe vor Augen führt, wie dies etwa *Determined Detours* (Abb. 4) aus Tomec Weiss' *Queer Heaven* tut. Eine Trans*Spezifik solcher Bilder erschließt sich dann aber, wenn überhaupt, glücklicherweise nur noch über eine Kontextualisierung der Kunst.

48 http://www.rtl.de/cms/sendungen/real-life/adam-sucht-eva.html (Zugriff am 10.11.2016).

49 Vgl. ebd. Dass in dieser Sendung auch eine vollständig operierte transsexuelle Frau auftreten darf, ändert hieran wenig. Vielmehr verdeutlicht dies, dass wir alle mehr oder weniger in diesen Idealen gefangen sind.

Miriam Dreysse

Glückliche Ehe?

Die Hinterfragung heterosexueller Paarbeziehungen in den darstellenden Künsten

In den Jahren 2003 bis 2007 macht die Berliner Fotografin Daniela Comani eine Serie von Fotografien, die sie *Eine glückliche Ehe* nennt. Es handelt sich um ein *work in progress*, das aus über 50 Bildern besteht. Die einzelnen Fotografien sind digitale Montagen, die meisten in Schwarzweiß, die immer dasselbe Paar in verschiedenen alltäglichen Situationen zeigen: arbeitend am Schreibtisch, lesend im Bett, beim Strandspaziergang, beim Einkaufen oder Kochen. Comani inszeniert in dieser Serie den Alltag einer heterosexuellen Partnerschaft und sie inszeniert sich dabei selbst sowohl in der Rolle der Frau als auch in derjenigen des Mannes. Unterschiedliche Kleidung und Accessoires sowie leichte Veränderungen des Körpers, der Frisur und des Gesichts, z. B. Brille und Dreitagebart als Mann, leichtes Make-up als Frau, bewirken den Eindruck von Männlichkeit und Weiblichkeit. Auch durch Gestik, Mimik und Körperhaltung wird ein männlicher respektive weiblicher Eindruck erzeugt. Comani inszeniert auf diese Weise Geschlechterdifferenz am eigenen Körper. Sie macht die Zeichen sichtbar, die in der alltäglichen Wahrnehmung meist unbewusst geschlechtsspezifisch gedeutet werden und auf diese Weise Geschlechtsidentität konstituieren. So wird etwa die Hand in der Hosentasche oder der um die Schultern der Frau gelegte Arm als männlich konnotierte Geste kenntlich, die übergeschlagenen Beine oder übereinander gelegten Hände der Frau als weiblich konnotiert. In einigen Bildern greift sie geschlechtsspezifische Verhaltensmuster auf,

etwa wenn der ‚Mann' im Weinladen die Rotweinflasche begutachtet, in der Küche das von der ‚Frau' gekochte Essen kostet oder den Motor des Autos inspiziert, während die ‚Frau' wartend daneben steht. Auf den meisten Bildern aber wird die Partnerschaft paritätisch und ohne geschlechtsspezifische Arbeitsteilung dargestellt, beispielsweise wenn sie nebeneinander lesend im Bett sitzen oder an einem Schreibtisch. Zudem sehen sich die beiden Partner sehr ähnlich und wirken durch ihre Statur, Frisur, Kleidung und Körperhaltung einigermaßen androgyn. Viele der Bilder machen deutlich, auf welch geringen Unterschieden unsere Wahrnehmung der Geschlechterdifferenz beruht, wenn er etwa nur in der sichtbaren oder nicht sichtbaren weiblichen Brust oder einer einzelnen Geste liegt. Durch die Alltäglichkeit der Bildmotive, die Reduktion der Mittel und die Ähnlichkeit der beiden Ehepartner bezüglich physischem Erscheinungsbild, Physiognomik und ihrer Inszenierung im Bild wird die Aufmerksamkeit gerade auf scheinbar unbedeutende Details gelenkt, die Geschlechtsidentität konstituieren. Zudem offenbaren sich bestimmte geschlechtsspezifische Muster erst in der Serie. So ist etwa der Mann größer als die Frau, er legt in mehreren Bildern seinen Arm um sie, sie aber nie ihren um ihn, sie sitzt mehrmals mit übergeschlagenen, er mit offenen Beinen. Da solche geschlechtsspezifischen Zeichen nicht auf allen Bildern vorhanden sind, entsteht im Ganzen der Eindruck einer weitgehend von heteronormativen Strukturen befreiten Beziehung, die jedoch bei genauerer Betrachtung auf Rollenverteilung und Machtverhältnisse hin befragt wird, die auf den ersten Blick nicht zu Tage treten.
Comani hinterfragt auf diese Weise sowohl stereotype Verhaltensmuster im Alltag eines jungen, großstädtischen Paares von heute, einer Gegenwart, in der es scheinbar keine geschlechtsspezifischen Hierarchien mehr gibt, als auch grundsätzlich das Verhältnis von Anatomie und Identität. Welche Rolle spielt die Biologie, wenn ich sie mit einer Geste außer Kraft setzen kann? Sie weist auf stereotype Zeichen für Weiblichkeit und Männlichkeit hin, macht die Wahrnehmungsmuster und -automatismen, die geschlechtliche Identitäten hervorbringen, sichtbar und fragt gerade nach den kleinen Details, die Geschlechtsidentität konstituieren und zugleich ein Spiel mit ihr ermöglichen, sie vieldeutig werden lassen. Indem Comani sich selbst in beiden Rollen inszeniert, betont sie diesen Spielcharakter, stellt die Kontingenz der

Geschlechtsidentität aus und hinterfragt die Heteronormativität der Paarbeziehung.

Der Titel *Eine glückliche Ehe* ist nicht nur eine ironische Anspielung auf traditionelle Beziehungsmuster und bürgerliche Normen und Ideale, sondern hinterfragt auch unser heutiges Verständnis von Ehe und Partnerschaft. Wie sehr haben sich gelebte Beziehungen der Gegenwart von tradierten Vorstellungen der Paarbeziehung mit ihren geschlechtsspezifischen Rollenverhältnissen emanzipiert? Welches sind unsere Vorstellungen einer glücklichen Partnerschaft?

In der Fotografie ist die Hinterfragung heteronormativer Paarbeziehungen durch die Inszenierung *anderer* Paare ein gängiges Motiv von Robert Mapplethorpe über Nan Goldin oder Catherine Opie bis Del LaGrace Volcano und Alexa Vachon. Im Gegensatz zu diesen inszeniert Comani eine heterosexuelle Partnerschaft und hinterfragt deren Wahrnehmungs- und Zuordnungsmechanismen. Wie sieht das in Theater und Performance aus? Gibt es vergleichbare Ansätze wie in der Fotografie, das Verhältnis von Paarbeziehung und Geschlechtsidentität, von Heteronormativität und Beziehungsmustern zu hinterfragen? Gerade im Drama sind Paarbeziehungen bzw. Ehepaare bis heute ein äußerst beliebtes Sujet. Man denke nur an all die Vier-Personen-Stücke mit zwei Ehepaaren im privaten Wohnzimmer in der Tradition von Edward Albees *Wer hat Angst vor Virginia Woolf?*, z.B. Yasmina Rezas *Drei Mal Leben* (2000) und *Der Gott des Gemetzels* (2006), Roland Schimmelpfennigs *Peggy Pickit sieht das Gesicht Gottes* (2010), Moritz Rinkes *Wir lieben und wissen nichts* (2012) oder Dea Lohers *Am schwarzen See* (2012). Hier wird meist die traditionelle Form der bürgerlichen Ehe kritisch reflektiert, häufig wird aber auch die geschlechtsspezifische, heteronormative Rollenverteilung ebenso wie der Ausschluss des der Ehe bzw. Kleinfamilie Anderen reproduziert. Dies geschieht beispielsweise in *Peggy Pickit* durch die Bindung von Mütterlichkeit an biologische Weiblichkeit. Dramen, die die Paarnormativität grundsätzlich in Frage stellen oder andere Beziehungsmodelle entwerfen, gibt es kaum. Auch die Aufführungen der genannten Dramen an deutschsprachigen Theatern der letzten Jahre führen zwar inhaltlich und teilweise auch auf formaler Ebene das Scheitern der bürgerlichen Vorstellung von Ehe und Familie vor, hinterfragen das heteronormative Paarmodell aber nicht grundsätzlich. So werden gerade die Geschlechterrollen häufig durch Kostüm, Körperhaltungen und -bewegungen sowie Stimmmodulationen der Schauspielerinnen und Schauspieler eher bestärkt denn unterminiert.[1]

Die Tradition in der Performancekunst ist etwas anders. Hier setzen sich bereits in ihren Anfängen ab den 1960er Jahren Künstlerinnen und Künstler mit der Frage der Paarbeziehung auseinander; so etwa VALIE EXPORT und Peter Weibel in *Aus der Mappe der Hundigkeit* (1968) oder Linda Montano und Tehching Hsieh in ihrem einjährigen *Rope Piece* (1983–84). Bereits in den 1970er Jahren experimentieren Marina Abramović und Ulay mit einem androgynen Zwillingsmodell und hinterfragen dabei herkömmliche Geschlechterordnungen und Kunstvorstellungen. Sie beschwören das Prinzip des Synchronen und arbeiten am Mythos einer Symbiose beider Individuen sowie derjenigen von Kunst und Leben.[2] Indem sie die Ähnlichkeit ihrer Physiognomie und ihrer Statur durch das Tragen derselben Frisur und Kleidung sowie durch symmetrische Anordnungen ihrer Körper im Raum und analoge Bewegungsabläufe betonen, inszenieren sie sich als androgynes Zwillingspaar. Dadurch erscheinen in Performances wie etwa *Relation in Time* (1977), in der beide in spiegelsymmetrischer Position 16 Stunden Rücken an Rücken mit zusammengeflochtenen Haaren sitzen, Geschlechterdifferenzen außer Kraft gesetzt. Diese wie auch andere Arbeiten der *Relation Works* von 1976 und 1977 stellen sowohl eine Reflexion bürgerlicher Kunstpraxis als auch bürgerlicher Paarmodelle dar. So lässt sich *Relation in Time* als eine Untersuchung der Bindung zweier Menschen über lange Zeit und der Veränderungen, die damit einhergehen, lesen, während *Relation in Space* (1976), in dem sie mit nackten Körpern zunächst aneinander vorbei, später ungebremst gegeneinander laufen, oder *AAA AAA* (1978) eher das konfliktuöse Moment der Aushandlung einer (neuen Form von)

1 So etwa in der deutschsprachigen Erstaufführung von Roland Schimmelpfennigs *Peggy Pickit* (DEA: 19.11.2010, Deutsches Theater Berlin, R: Martin Kusej) oder der Uraufführung von Moritz Rinkes *Wir lieben und wissen nichts* (UA: 14.12.2012, Schauspiel Frankfurt, R: Oliver Reese).

2 Vgl. Karoline Künkler: Das kreative Duo als ästhetische Form. Zur gemeinschaftlichen Selbstgestaltung von Abramović/Ulay und Gilbert & George. In: Barbara Schaefer / Andreas Blühm (Hrsg.): *Künstlerpaare. Liebe, Kunst und Leidenschaft*. Ostfildern: Hatje Cantz 2008, S. 364–374.

Paarbeziehung ins Zentrum stellen. Phantasien der Verschmelzung, Konflikt, Rivalität und gegenseitige Abhängigkeit (*Breathing in/ Breathing out*, 1977) in der Zweierbeziehung gehen eine unauflösliche Verbindung ein. Während Abramović und Ulay einerseits durch Ähnlichkeit, Symmetrie und Androgynität an einer Verschmelzung ihrer (Geschlechts-)Identitäten arbeiten, inszenieren sie andererseits die Paarbeziehung nicht als ein reines harmonisches Miteinander, sondern als konfliktreiche Aushandlung des Verhältnisses zueinander. Es gelingt ihnen dabei, nicht auf tradierte Rollenbilder zurückzugreifen und geschlechtliche Identitäten in die Schwebe zu bringen. Sie setzen auf diese Weise der bürgerlichen Kunstpraxis ebenso wie dem patriarchalischen Paarmodell einen anderen, nicht heteronormativen Entwurf entgegen.
Ich möchte im Folgenden auf Künstler*innen der Gegenwart eingehen, die sich in ihrer Arbeit mit der Frage der Paarbeziehung beschäftigen und dies nicht nur auf inhaltliche Weise, sondern auch auf der Ebene der Ästhetik sowie der Produktion tun. Es handelt sich zum einen um deufert&plischke, die als „Künstlerzwilling" versuchen, sich sowohl vom Konzept der Autorschaft als auch von demjenigen der heterosexuellen Partnerschaft zu lösen. Zum anderen um René Pollesch, dessen sämtliche Inszenierungen sich durch die Abwesenheit von Paaren auszeichnen.

1. Der Künstlerzwilling deufert&plischke

Kattrin Deufert und Thomas Plischke arbeiten seit 2001 als „Künstlerzwilling", als „artistwin", zusammen. Auf ihrer Homepage schreibt Jeroen Peeters:

> Since they met Kattrin Deufert and Thomas Plischke have been sharing work and life. They came to exchange the dominant social fiction of the heterosexual couple for the fiction of the artistic twin, which links the impossible desire to coincide with the other to an illegal moment of incest, a betrayal of genealogy.[3]

3 Jeroen Peeters in: http://www.deufertandplischke.net (Zugriff am 14.03.2015).

Das Konzept des artistwin versucht einerseits, diese soziale Fiktion des heterosexuellen Paares abzulösen durch die Fiktion des Zwillings, zugleich beinhaltet es für Deufert und Plischke immer auch eine grundlegend andere Form des künstlerischen Arbeitens, nämlich eine Auflösung individueller Autorschaft zugunsten paritätischer Kollaboration. Für sie hängt beides zusammen, denn das heterosexuelle Muster privater Beziehungen findet sich in den geschlechtsspezifischen Arbeitsteilungen des Theaters bzw. der Kunst allgemein wieder; gerade in der Vorstellung individueller Autorschaft.

Ihr Projekt des artistwin meint also ein gemeinsames Leben und Arbeiten in Form paritätischer Teilhabe, das nicht nach dem heterosexuellen Muster funktioniert, nach dem zweigeschlechtliche Paarbeziehungen üblicherweise funktionieren. Und dies bezieht sich sowohl auf private Liebesbeziehungen als auch auf die Liebes- und Arbeitsbeziehungen von Künstlerpaaren. Denn auch letztere sind bis weit in das 20. Jahrhundert hinein durch patriarchalische Muster geprägt, die auch in der Rezeption, teilweise bis heute, reproduziert werden.[4] Deufert und Plischke versuchen, genau eine solch patriarchalische Struktur in ihrer Beziehung und Arbeit zu verhindern. Sie setzen sich damit sowohl von der Praxis anderer Künstlerpaare und üblicher Arbeitsteilungen am Theater als auch von alltäglichen Mustern des Zusammenlebens, der heteronormativen Paarbeziehung ab.

Die Idee des nicht-biologischen Zwillings hinterfragt verfestigte Vorstellungen des heterosexuellen Paares, der biologischen Verwandtschaft und Genealogie ebenso wie solche von Identität und Individualität; alles auch Themen ihrer Performances. Deufert und Plischke versuchen, tradierte Rollenverteilungen aufzulösen, auch bezogen auf den Produktionsvorgang. So haben sie keine fixe Arbeitsteilung, sondern sind beide gleichermaßen für Konzept, Text, Regie, Dramaturgie und Performance verantwortlich. Und auch auf der Bühne agieren sie paritätisch und folgen in Kostüm, Aktionen und Texten dem Modell des androgynen Zwillings. Die Texte sind entweder selbst nicht geschlechtsspezifisch formuliert oder geschlechtsunspezifisch zwischen Deufert und Plischke verteilt. Sie treten mit einer fast identischen Kurzhaarfrisur auf und tragen die gleiche Kleidung. Auch Bewegungen und Körperhaltungen sind nicht geschlechtsspezifisch

4 Vgl. Renate Berger: Leben in der Legende. In: Dies. (Hrsg.): *Liebe Macht Kunst. Künstlerpaare im 20. Jahrhundert*. Köln / Weimar / Wien: Böhlau 2000, S. 1–32.

differenziert und werden häufig synchron ausgeführt, allerdings ohne exakte Präzision. Auf diese Weise werden Differenzen sichtbar, die aber nicht binär organisiert oder auf einen anatomischen Geschlechtsunterschied rückführbar sind.

Das Zwillings- oder auch Doppelgängermotiv steht in der Kulturgeschichte zugleich für Utopie und Schreckensvision der Verschmelzung und der Auflösung von Identität. Aber auch die Verbindung des Zwillingsmotivs mit der Hinterfragung der binären Geschlechterordnung ist nicht neu (schon Shakespeare setzt in *Was ihr wollt* eindeutige Geschlechteridentitäten und heterosexuelles Begehren mittels des Zwillingspaares Viola-Sebastian aufs Spiel). Die Idee des Zwillings inspiriert einige Künstlerpaare des ausgehenden 20. und des 21. Jahrhunderts, die sich von der Vorstellung eines individuellen Schöpfertums lösen und normative Geschlechtsidentitäten und Beziehungsmuster hinterfragen, wie die bereits erwähnten Abramović/Ulay oder die Kunstzwillinge Gilbert & George und EVA & ADELE.[5]

Deufert und Plischke rekurrieren auf ein solches Künstlerzwillingsmodell, in dem das Leben in die Kunst eingeht und die Kunst als Lebenszusammenhang begriffen wird. In ihren Projekten wird eine enge Verbindung von Kunst und Leben betont und das Politische im Privaten hervorgehoben. Sie entwickeln den Kunstzwilling als einen utopischen Körper jenseits von Zweigeschlechtlichkeit und geschlossener Identität sowie als konkrete Utopie gleichberechtigter Kooperation. Der Zwilling steht für die Sehnsucht nach dem Verschmelzen mit einem anderen, er ist eine Metapher der „nächstmöglichen Verwandtschaft" (deufert&plischke), die sich der heterosexuellen Norm entzieht und in ihrem inzestuösen Moment zugleich einen Akt der Überschreitung solcher gesellschaftlichen Normen beinhaltet. Der nichtbiologische Zwilling hinterfragt Biologie sowohl hinsichtlich der Genealogie als auch hinsichtlich der Geschlechtsidentität. Allerdings überhöhen Kattrin Deufert und Thomas Plischke das Konzept des Zwillings nicht, wie dies bei Abramović/Ulay angelegt ist, sondern legen es offen und reflektieren es.

directory: europe endless (UA: 2003, Künstlerhaus Mousonturm, Frankfurt am Main) und *directory: songs of love and war* (UA: 2005,

5 Zu Gilbert & George vgl. Künkler: Das kreative Duo als ästhetische Form, S. 368–371; zum „Sinnbild Zwilling" vgl. Carola Muysers: Das Sinnbild Zwilling. Kunst, Kreativität und Autorschaft von Künstlerpaaren heute. In: Berger (Hrsg.): *Liebe Macht Kunst*, S. 435–448.

Schaubühne Lindenfels, Leipzig) sowie die Fassung *Europe Endless* von 2013 (Goethe-Institut New York) arbeiten mit der persönlichen Biografie der beiden Performer, wobei die Authentizität der biografischen Fragmente nie gesichert ist. Sie erzählen von ihrer Familie, Kindheits- und Studienerinnerungen und ihrem Zusammentreffen in Brüssel 2001. Die Erinnerungen sind dabei nicht individuell zuzuordnen, sodass Geschlechterstereotypien ebenso wie andere Gesetzmäßigkeiten der Individuation hinterfragt werden. Die subjektiven Erinnerungen werden mit kulturgeschichtlichen Utopien des Verschmelzens, z.B. dem Mythos der Hermaphrodite, montiert. In *songs of love and war* erläutern Deufert und Plischke ihr Modell des artist-win, erfinden sich neu als nichtbiologischer Zwilling, als inzestuöses Paar und als Utopie eines herrschaftsfreien Miteinanders. Auch formal spielen sie dabei mit Androgynität und Ähnlichkeit, tragen die gleichen, geschlechtsindifferenten Kostüme und eine ähnliche, ebenso wenig geschlechtsspezifische Frisur. Sieht man sie von hinten, sind sie kaum zu unterscheiden, und in Überblendungen ihrer realen Körper mit Videobildern oder Fotografien verwischen sich die Physiognomien. Gerade in der Ähnlichkeit aber werden Differenzen sichtbar, die jedoch nicht in ein binäres Schema passen.

Auch auf der Ebene des Produktionsprozesses versuchen Kattrin Deufert und Thomas Plischke, die üblichen dualistischen und hierarchischen Strukturen zu vermeiden. Sie ersetzen das Prinzip der Autorschaft, das sich bekanntlich seit der Renaissance in enger Verbindung mit der neuzeitlichen Vorstellung von Männlichkeit entwickelte, durch die Technik des „Reformulierens". Dabei werden Texte von einzelnen geschrieben, weitergegeben, in Bewegung übersetzt, von anderen wiederum in Sprache übertragen, um wiederum von einer anderen Tänzerin oder Performerin bzw. einem anderen Tänzer oder Performer in Bewegung übersetzt zu werden. Auf diese Weise verschwindet der Autor als schöpferisches Subjekt der Inszenierung, der Inszenierungstext löst sich vom einzelnen und zugleich werden alle Beteiligten zu Autor*innen dieser Praxis des Reformulierens.[6] Der Arbeitsprozess wird so zu einem Experimentierfeld für

6 Zu der Technik des Reformulierens vgl. Kattrin Deufert / Sandra Noeth / Thomas Plischke: *Monstrum. A Book on Reportable Portraits*. Hamburg: Gemeinschaftspraxis 2009; zum Problem der Autorschaft im Theater vgl. Miriam Dreysse: Multiple Autorschaften. Zum Verhältnis

Praktiken, die sich patriarchalischen Rollen- und Beziehungsmodellen widersetzen.

Dem Konzept des Zwillings liegt bei deufert&plischke eine Kritik an der heterosexuellen Norm zugrunde, die die Anatomie als Fiktion offen legt: „Jeder Körper ist anders, weil er andere Geschichten trägt", heißt es in *directory: songs of love and war*. Letztlich zielt das Zwillingsmotiv bei ihnen nicht auf ein Verschmelzen, sondern auf eine Vervielfältigung von Körpern, Sexualitäten, Identitäten. Die Suche nach Subjektivität und künstlerischer Produktivität jenseits binärer Kategorien wird so auch zu einer Suche nach dem Politischen im eigenen Körper bzw. nach einem zugleich privaten und politischen Körper: „How to knit my own private political body" ist ein Schlüsselsatz mehrerer Performances des Zwillingspaares. Das Politische meint hier die Gestaltung der zwischenmenschlichen Beziehungen als Grundlage gesellschaftlichen Wandels. Theodor Adorno spricht in *Minima Moralia* bezüglich der Utopie einer Liebe, die sich gesellschaftlichen Machtverhältnissen widersetzt, davon, dass eine Emanzipation im Privaten „ohne die der Gesellschaft" nicht möglich sei, und wenn, dann nur im Widerstand: „Soll Liebe in der Gesellschaft eine bessere vorstellen, so vermag sie es nicht als friedliche Enklave, sondern nur im bewußten Widerstand."[7]

Deufert und Plischke verhandeln sowohl auf der Bühne als auch im Arbeitsprozess die Möglichkeiten einer solchen Emanzipation im Widerstand gegen gesellschaftliche Normen und Hierarchien. Sie versuchen, unsere Vorstellungen von Identität und Verwandtschaft zu reformulieren, mit anderen Formen von (Paar)Beziehung zu experimentieren und damit auch gesellschaftlichen Ein- und Ausschlüssen entgegenzutreten.

2. Keine Paare: René Pollesch

Das Paar ist in der zeitgenössischen westlichen Kultur omnipräsent. Kein Film, keine Fernsehserie, kaum Werbespots, Musikvideos,

von Arbeitsweise und ästhetischer Form. In: Annemarie Matzke / Christel Weiler / Isa Wortelkamp (Hrsg.): *Das Buch von der Angewandten Theaterwissenschaft*. Berlin: Alexander 2012, S. 91–118, hier S. 103–106.

7 Theodor W. Adorno: *Minima Moralia. Reflexionen aus dem beschädigten Leben*. Frankfurt am Main: Suhrkamp 1989, S. 226.

Literatur oder Theater ohne Paarbeziehung. Umso auffälliger ist die konsequente Auslassung des Paares im Theater René Polleschs. In keinem seiner Theatertexte kommen heterosexuelle Paare vor und auch auf der Bühne vermeidet er ein Zusammentreffen von Schauspielerin und Schauspieler als Frau und Mann. Pollesch verweigert sich damit der „anhaltenden emotionalen Besetzung des heterosexuellen Paares per se"[8] in der westlichen Kultur. Nur für kurze Momente werden Paare angedeutet oder Paarkonstellationen im Text thematisiert, ohne jedoch auf der Bühne dargestellt zu werden. Indem Pollesch Heterosexualität im Text diskutiert, aber nicht zur szenischen Darstellung im Sinne einer Abbildung oder Verkörperung kommen lässt, wird die Norm der heterosexuellen Paarbeziehung als Problem verhandelt, ohne reproduziert und affirmiert zu werden. Der Bruch zwischen dem, was inhaltlich bearbeitet wird, und dem, was szenisch konkretisiert wird, verfremdet nicht nur die Darstellung, sondern hinterfragt die üblichen Ordnungen, in denen wir zwischenmenschliche Beziehungen denken.

Auffallend sind stattdessen Gruppenkonstellationen von drei bis fünf Schauspielerinnen und Schauspielern oder, in Arbeiten ab 2008, Chöre, die das psychologisch motivierte Individuum endgültig verabschieden; ab 2010 kommen Solos bzw. Solos mit Chor hinzu. Auch sprachlich arbeitet Pollesch der Idee der Paarbeziehung entgegen, indem er weitgehend auf Dialoge verzichtet und diese sprachliche Form, die im bürgerlichen Drama die Bedeutung der Zweierbeziehung als wesentliche zwischenmenschliche Beziehungsform etabliert, durch Monologe, chorisches Sprechen und die für sein Theater spezifische Wechselrede zwischen mehreren Darstellerinnen und Darstellern ersetzt. Die Beziehungen, die dabei entstehen, bilden sich netzartig zwischen allen Beteiligten, ohne dass privilegierte Zweierbeziehungen erkennbar wären. Auch szenisch werden keine herkömmlichen, geschlechtsspezifischen Beziehungen konstituiert, da auch Berührungen oder gemeinsame Aktivitäten keiner heterosexuellen Logik folgen. Pollesch und seine Darstellerinnen und Darsteller unterminieren auf diese Weise Heterosexualität als Wahrnehmungs- und Denkmuster,

8 Judith Butler: *Die Macht der Geschlechternormen und die Grenzen des Menschlichen.* Frankfurt am Main: Suhrkamp 2009, S. 173.

entgrenzen das Feld der zwischenmenschlichen Beziehungen und vervielfältigen die Möglichkeiten sexuellen Begehrens.

Besonders häufig sind in den ersten Jahren seiner Prater-Zeit Dreierkonstellationen (z. B. *Insourcing des Zuhause. Menschen in Scheiß-Hotels*, UA: 27.10.2001, oder *SEX nach Mae West*, UA: 30.01.2002, Volksbühne im Prater, Berlin).[9] So sind etwa in *Tod eines Praktikanten* (UA: 11.01.2007, Volksbühne im Prater, Berlin) Inga Busch, Christine Groß und Nina Kronjäger in ausladenden Brautkleidern auf der Bühne und sprechen über ausbeuterische Strukturen in der Kunst und die Unmöglichkeit, die Ausbeutung anderer darzustellen, ohne sie zu reproduzieren. Durch das Kostüm wird die Tradition der heterosexuellen Ehe aufgerufen, sie wird aber im Text nur insofern aufgegriffen, als dass ab und zu von einem „du und ich" die Rede ist und von der Unmöglichkeit, miteinander in Beziehung zu treten: „Wo hab ich denn mit dir zu tun? Wo denn? Das seh ich irgendwie nicht."[10] Das Thema Liebe wird nur angesprochen, um zugleich die Vorstellung einer authentischen Liebe zu verneinen: „Wir waren so glücklich, als du noch gelogen hast. Gott! Waren wir glücklich"[11], oder: „Du hast dein Leben erfunden! – Na und? Ich sehe keinen Sinn in einem nicht erfundenen Leben!"[12] Gegen Ende wird auch ein Liebesgeständnis gemacht – „Ich liebe Sie" –, allerdings bleibt unklar, wer hier genau wen meint, und auch die Möglichkeit einer Paarbildung wird sofort wieder aufgelöst, da Blicke und Rede weiterhin zwischen allen drei Darstellerinnen wechseln. Das Thema Liebe wird dabei eingebunden in Reflexionen über Liebe, Ökonomie und Wirklichkeitswahrnehmung:

> T: Alle, die geliebt werden, sind verlegen und traurig, wie kommt das?
> N: Die Ölfelder pumpen und pumpen!
> I: Mit welchem Recht betrachten Sie mich als Ihr Eigentum?
> T: Soll das heißen, dass Sie mir verbieten, Sie zu lieben?[13]

9 Bereits in seiner *Heidi-Hoh-Trilogie* (1999–2001) sprechen jeweils drei Frauen miteinander.

10 René Pollesch: Tod eines Praktikanten. In: Ders.: *Liebe ist kälter als das Kapital. Stücke, Texte, Interviews.* Reinbek: Rowohlt 2009, S. 121–169, hier S. 123.

11 Ebd., S. 158.

12 Ebd., S. 161.

13 Ebd., S. 168.

Auch die Brautkleider selbst werden kommentiert: Auf sie sind Preise aufgeklebt, die, so heißt es im Text, die Tages- bzw. Wochengage der jeweiligen Darstellerin beziffern. Das Brautkleid als Fragment einer bürgerlichen, heilen Welt wird so zum Träger ökonomischer Verhältnisse, die das Subjekt weit mehr zu prägen scheinen als jedwede persönliche Beziehung. Die Brautkleider verweisen auf die bürgerliche Vorstellung von privatem Glück und wahrer Liebe, werden aber im Aufführungskontext zum Zeichen der Objekthaftigkeit der Darstellerinnen im Warenkreislauf, und zwar sowohl als Schauspielerin als auch als Braut. Denn auch als Privatmensch, so das wiederkehrende Thema von Polleschs kapitalismuskritischem Theater, ist man Teil der ökonomischen Verwertung und trägt seine Individualität, Gefühle und Beziehungen zu Markte. Und gerade die Vorstellung eines ökonomischen Werts der Braut ist auch im bürgerlichen Zeitalter der Liebesheirat nicht obsolet geworden, denn auch wenn die Liebesheirat per definitionem ökonomische und politische Gründe für die Eheschließung ausschließt, ist die Tauschlogik bis heute Teil der Liebes- und Heiratspraxis.[14]

Busch, Groß und Kronjäger stehen oder sitzen also zu dritt auf der Bühne, blicken sich an und sprechen, illustrieren aber weder Individualität im Sinne eines psychologischen Charakters noch paarweise Zugehörigkeiten. Die Texte zirkulieren zwischen den drei Darstellerinnen, sie nehmen nicht nur Stichwörter sondern auch Tonfall, Akzentuierung und Intonation von der jeweiligen Vorrednerin ab. Die Individualität der einzelnen Stimme wird so auf ein Minimum beschränkt, die diskutierten Themen werden nicht als das Problem einzelner, sondern als gesellschaftliches Problem, das alle betrifft, verhandelt. Die Darstellerinnen entwickeln trotz der entpsychologisierenden Spielweise im Laufe der Aufführung eine Beziehung zueinander, die aber nichts mit üblichen Narrationen über Paarbeziehungen zu tun hat – wie etwa eine Dreiecksgeschichte –, sondern eine Form der Komplizenschaft angesichts der Probleme ist, die alle gleichermaßen betreffen (Arbeitsbedingungen am Theater, das Verhältnis

14 Die Soziologie und speziell tauschtheoretische Deutungen von Liebe und Partnerschaft nennen hier den empirischen Befund der Homogamie als Beispiel oder auch die Tauschlogik „ökonomische Sicherheit gegen Schönheit". Vgl. Barbara Kuchler / Stefan Beher: Einleitung: Soziologische Theorien der Liebe. In: Dies. (Hrsg.): *Soziologie der Liebe. Romantische Beziehungen in theoretischer Perspektive.* Berlin: Suhrkamp 2014, S. 7–52, hier S. 30.

zum eigenen Körper, die Ökonomisierung der Gefühle etc.). Dementsprechend bearbeiten sie auch in den *Clips* zwischen den Textblöcken gemeinsam das Bühnenbild, hängen Kulissen auf und ab etc. Eine solche gemeinsame, egalitäre Praxis fern der Rollenmodelle der heteronormativen Paarbeziehung ist kennzeichnend für die Inszenierungen Polleschs.

Indem er häufig genau drei Darstellerinnen auftreten lässt, macht er die für die patriarchalische Gesellschaft und das binäre Geschlechtermodell so grundlegende Zweierbeziehung zunichte. Da er die Dreierkonstellation narrativ nicht einbindet oder begründet, etwa im Sinne einer Eifersuchtsgeschichte, stellt er mit ihr dem dualen Prinzip der Paarbindung eine grundlegend andere Form der Beziehung gegenüber. Die Dreierkonstellation lässt einerseits den einzelnen, anders als in größeren Gruppen, deutlich sichtbar werden, andererseits überschreitet sie die Zweierkonstellation signifikant. Bereits Georg Simmel hat auf die Spezifik der Zweierbeziehung gegenüber sämtlichen anderen Gruppenbildungen hingewiesen; ihm zufolge ist „die Beschränkung auf die Zweizahl der Elemente [...] sogar die Bedingung, unter der allein eine Reihe von Beziehungsformen hervortritt."[15] Das Hinzutreten eines Dritten mache die Spezifik der Zweierkonstellation zunichte:

> Daß Verhältnisse zu zweien überhaupt als solche spezifische Züge haben, zeigt nicht nur die Tatsache, daß der Zutritt eines dritten sie ganz abändert, sondern mehr noch die vielfach beobachtete: daß die weitere Ausdehnung auf vier oder mehrere das Wesen der Vereinigung keineswegs noch entsprechend modifiziert.[16]

Simmel zufolge liegt die Spezifik der Zweierbeziehung in erster Linie in ihrer Abhängigkeit „von der reinen Individualität des einzelnen Gliedes" und der damit einhergehenden Vorstellung „ihres Endes" begründet, denn die Zweierbeziehung endet, wenn ein Mitglied sie verlässt.[17] Das Bewusstsein ihrer Vergänglichkeit und die Bedeutung

15 Georg Simmel: Die quantitative Bestimmtheit der Gruppe. In: Ebd., S. 123–133, hier S. 123.

16 Ebd., S. 133.

17 Ebd., S. 124.

des Einzelnen machen also die Besonderheit der Paarbeziehung gegenüber anderen Beziehungsformen aus. Darüber hinaus kann man in der Zweierbeziehung, zumal der heterosexuellen, aber auch eine Entsprechung des binären Denkens sehen. Eine dritte Person würde dann nicht nur die Zweierkonstellation zerstören, sondern das binäre Denken als solches in Frage stellen.

Auch für Marjorie Garber bedeutet „das Dritte" eine Hinterfragung des Binären. In ihrer Studie *Verhüllte Interessen. Transvestismus und kulturelle Angst* kritisiert sie gängige Diskurse über Transvestismus in „ihrer Tendenz, den dritten Begriff auszulöschen und den Transvestiten ‚als' eines der beiden Geschlechter zu vereinnahmen."[18] Dies zeige, in welchem Maße der Transvestit als „das Dritte" die Kategorien von Männlichkeit und Weiblichkeit ebenso wie das binäre Denken an sich in Frage stelle:

> Für mich ist deshalb einer der wichtigsten Aspekte des Transvestismus die Weise, in der er die allzu leichtgewichtigen Vorstellungen von Binarität in Zweifel zieht und die Kategorien von ‚weiblich' und ‚männlich' in Frage stellt, egal, ob man sie nun als essentielle oder als konstruierte, als biologische oder als soziokulturelle auffasst [...]. Das „Dritte" ist dasjenige, was das binäre Denken in Frage stellt und die Krise herbeiführt.[19]

Als Beispiel für das „Dritte" nennt Garber unter anderen den „dritten Akteur", den sie auf den dritten Schauspieler der attischen Tragödie, wie er ab Sophokles die Bühne des Theaters betritt, zurückführt:

> Dem Protagonisten und Antagonisten wurde ein dritter Sprecher hinzugefügt, was eine freiere, dynamischere Dramaturgie ermöglichte. Der ‚dritte Akteur' spielte jedoch nicht nur eine einzige Rolle im jeweiligen Schauspiel, sondern vielmehr eine Reihe verschiedener Rollen. Auf der Bühne hatten es gleichzeitig immer nur drei Sprecher miteinander zu tun, aber die Zahl der Charaktere, die Zahl der Rollen, war nicht auf drei beschränkt. Ein Bote aus Korinth zerbricht das ruhig verlaufende häusliche Leben von Ödipus und

18 Marjorie Garber: *Verhüllte Interessen. Transvestismus und kulturelle Angst.* Frankfurt am Main: Fischer 1993, S. 22.

19 Ebd., S. 22–23.

> Jocaste. Ein Hirte muss ihnen unwillkommene Neuigkeiten mitteilen. Das Dritte dekonstruiert die Binärstruktur vom Selbst und Anderen [...].[20]

Nun haben wir es bei Pollesch nicht mit einem Dritten zu tun, der eine Zweisamkeit stören würde, wie es der Bote in Garbers Beispiel tut, sondern diese Zweisamkeit kommt gar nicht erst vor. Pollesch verzichtet auf die „Fiktion von Komplementarität"[21] in Form des Paares und zieht die binäre Symmetrie in Zweifel, indem er drei gleichberechtigte Akteure auf die Bühne bringt. Laut Garber ist das „Dritte" eine „Artikulationsweise, eine Art, einen Möglichkeitsraum zu beschreiben. Drei stellt die Idee vom einen in Frage: von Identität, von Selbst-Genügsamkeit, von Selbst-Kenntnis."[22] Polleschs Theater mit seinen netzartigen Beziehungen und seinen nicht mit sich selbst identischen Figuren erzeugt einen solchen Möglichkeitsraum, in dem das Zwischenmenschliche neu gedacht und mit nicht-binären Strukturen gespielt werden kann.

Die frühen Stücke, also etwa die *Heidi Hoh-Trilogie*, *Insourcing des Zuhause* und *SEX*, beschäftigen sich in erster Linie mit der Ökonomisierung sämtlicher Lebensbereiche und vor allem des Subjekts selbst: „Die Arbeit an deiner Subjektivität ist ein Scheiß-Job! – Und den machen jetzt Erlebnisunternehmen!"[23] Das Modell der bürgerlichen Paarbeziehung wird angesprochen und die Vorstellung seiner Natürlichkeit demontiert: „Ficken ist kein natürliches Verhältnis!"[24] Paarbeziehungen werden aber weder im Text personifiziert noch auf der Bühne dargestellt oder gar verkörpert. Dies hat eine Autonomisierung der Darstellerinnen vom Modell der heterosexuellen Paarbindung zur Folge: inhaltlich ‚markieren' sie den Zusammenhang von neoliberalen Arbeits- und Lebensverhältnissen, Zwangsheterosexualität, Machtmechanismen und Begehrensstrukturen, indem sie sie benennen, szenisch aber bleiben sie autark und werden gerade nicht in eine Paarlogik eingebunden. Durch die verfremdende Spielweise werden die

20 Ebd., S. 24.

21 Ebd.

22 Ebd., S. 23.

23 René Pollesch: SEX nach Mae West. In: Bettina Masuch (Hrsg.): *Wohnfront 2001–2002. Volksbühne im Prater.* Berlin: Volksbühne / Alexander 2002, S. 131–160, hier S. 152.

24 Ebd., S. 156.

„quasi-natürlichen Verhältnisse"[25] der Geschlechterrollen und üblicher Beziehungsmodelle als Konstruktionen kenntlich. In *SEX nach Mae West* sprechen die Darstellerinnen Sophie Rois, Caroline Peters und Inga Busch über die Vorteile der Prostitution: „In diesen formalisierten Liebesbeziehungen kann ich mich orientieren durch Ökonomie. [...] Eines der revolutionärsten Geschäftskonzepte von Unternehmen heißt, du bezahlst für etwas, das du früher umsonst bekommen hast."[26] Die Ehe wird als verdeckte Form der Dienstleistung begriffen, als ein ökonomisches Verhältnis, dessen Warencharakter durch die Illusion der Liebe und Leidenschaft verdeckt wird. Die Aufführung stellt den Versuch dar, diesen Warencharakter der vermeintlich privaten, unmittelbaren Paarbeziehung aufzudecken, „das als Arbeit überhaupt kenntlich zu machen", wie Sophie Rois als S. sagt,[27] und der Ökonomisierung durch die Autarkie der Performerinnen zugleich einen Widerstand entgegenzusetzen.

In späteren Inszenierungen, wie etwa *Tod eines Praktikanten*, wird deutlich, dass die Betonung der Gruppe der Sprechenden auch das Problem der Autorschaft des einzelnen reflektiert. Denn diese Autorschaft bezeichnet immer, so heißt es im Text mit Donna Haraway, „die unmarkierte Position des Mannes und des Weißen."[28] Die Gruppe der drei Frauen macht diese Blick- und Sprechposition als „weiß, heterosexuell, männlich und Mittelstand" kenntlich und setzt ihr eine weibliche, sexuell mehrdeutige Position entgegen.[29] Im Arbeitsprozess versucht Pollesch, als Regisseur möglichst wenig in Erscheinung zu treten und stattdessen Text und Inszenierung gemeinsam mit dem Ensemble zu erarbeiten.[30] Dieser Ensemblegedanke widersetzt sich sowohl den üblichen hierarchisierten und geschlechtlich spezifizierten

25 Pauline Boudry / Brigitta Kuster / Renate Lorenz: *Reproduktionskonten fälschen!* Berlin: b_books 1999, S. 11.

26 Pollesch: SEX, S. 134.

27 Ebd.

28 Pollesch: Tod eines Praktikanten, S. 138.

29 Ebd., S. 151.

30 Diese Bestrebungen werden in den Inszenierungen sichtbar, jedoch nicht immer tatsächlich realisiert. So bleibt Pollesch, zumal in der öffentlichen Wahrnehmung, Autor und Regisseur, und auch auf der Bühne etabliert sich in einigen Arbeiten eine Hierarchie zwischen den Schauspielerinnen und Schauspielern, die meist mit dem Bekanntheitsgrad einzelner zusammenhängt.

Arbeitsprozessen am Theater als auch allgemein gesellschaftlichen wie privaten Machtverhältnissen. Er widersetzt sich auch der Rollenverteilung des bürgerlichen Theaters, die auf der Paarkonstellation aufbaut: neben der Paarung Schauspieler-Regisseur im Arbeitsprozess auch die Hierarchie von Haupt- und Nebenrolle sowie duale Paarungen wie beispielsweise Protagonist-Antagonist oder Chor-Solist. Das Ensemble ist bei Pollesch nicht dazu da, wie dies häufig bei Chören der Fall ist, einen Protagonisten zu stützen oder einer Autorposition zu verlautstärken, sondern die Gruppe ist selbst der Protagonist.
Anders als in den Inszenierungen mit drei Schauspielerinnen, in denen Paarbeziehungen, wenn überhaupt, nur sehr allgemein thematisiert werden, geht es in dem Text von *Ein Chor irrt sich gewaltig* (UA: 02.04.2009, Volksbühne im Prater, Berlin) sehr wohl um Zweierbeziehungen. Die Aufführung orientiert sich an dem Film *Un éléphant ça trompe énormément* von Yves Robert aus dem Jahre 1976, einer Komödie über vier Männer und ihre Frauengeschichten. Pollesch übernimmt Teile des Plots – der ansonsten treusorgende Ehemann, der sich in eine andere Frau verliebt, ein weiterer, der ständig Seitensprünge hat und von seiner Frau verlassen wird, etc. – und verschneidet sie mit theoretischen Texten (Michel Foucault u. a.). In der Aufführung spielt Sophie Rois verschiedene Figuren aus dem Film und tritt dabei gleich einem ganzen Chor junger Frauen als Liebhaber gegenüber. Hier wird das Prinzip der heterosexuellen Paarbeziehung einerseits durch den Chor, andererseits durch wechselnde Rollen und Cross-Dressing konterkariert. So wechselt Rois zwischen männlichen und weiblichen Rollen, und der Chor spielt, besetzt nur mit Frauen und gekleidet in Belle-Epoque-Kleider, die meiste Zeit einen Mann. Sowohl die gegengeschlechtliche Besetzung als auch die chorische Vervielfältigung machen die Normalisierung der heterosexuellen Zweierkonstellation in Theater, Medien und Alltag bewusst. Die chorische Darstellung des Liebhabers Lucien hat, neben sehr komischen Effekten, eine Veröffentlichung der dargestellten Liebesbeziehung zur Folge. Das theatrale Element des Chores unterstützt gleichsam die verfremdende Ästhetik Polleschs und die Textarbeit, die das Private als Teil des Öffentlichen exponiert. So werden, wie bereits erwähnt, private Liebesgeständnisse mit theoretischem Textmaterial gekontert, sodass die Konstruiertheit von Liebe, Sexualität und zwischenmenschlicher Beziehung offengelegt wird:

> Chor: Ich liebe Sie, Madame!
> Rois: Hören Sie mal auf mit Ihrem Geständniszwang! Sie denken immer, Sex sei mit Repression verbunden. Im Gegenteil. Sex ist der Befehl! Wir sollen ja dauernd über Sex reden. Das ist das Missverständnis. Sie definieren sich über Ihre Sexualität und halten das für einen Befreiungsschlag. Marx hat auch nicht den Kapitalismus als Repression erklärt. Nicht umsonst hat er sich der Analyse der Produktion gewidmet [...].[31]

Das Zitieren von Begriffen und Thesen Foucaults verweist auf die historische Konstruktion von Liebe und Sexualität und desillusioniert Vorstellungen nicht nur der bürgerlichen Liebe, sondern auch ihrer vermeintlich befreienden Gegenbewegungen. Und doch wird die Sehnsucht nach einem persönlichen Liebesglück durch die wiederholten Liebesgeständnisse auch betont. Dieses Paradox der Sehnsucht nach einer romantischen Liebe und des Wissens um ihre Konstruiertheit kommt in den Arbeiten Polleschs der letzten Jahre häufig zum Ausdruck, bis hin zu dem Ruf nach der *einen* Person, gleichsam gegen die unzähligen Wahlfreiheiten des neoliberalen Kapitalismus, in *Keiner findet sich schön* von 2015: „Ich will dich! Nur dich!"

Und so hängt die Abwesenheit der Paarbeziehung in Polleschs Aufführungen nicht zuletzt auch mit der Tatsache zusammen, dass das Modell des bürgerlichen Ehepaares nicht das typische Lebensmodell der neoliberalen Gesellschaft ist, mit der Pollesch sich auseinandersetzt. Ehe und Kleinfamilie gelten zwar weiterhin als Hort eines außerökonomischen, privaten Glücks, die Logik des Neoliberalismus aber setzt Mobilität, Flexibilität und Individualität an die Stelle dauerhafter, enger zwischenmenschlicher Beziehungen.[32]

Pollesch fragt, was aus der Idee der romantischen, von allen ökonomischen Erwägungen unabhängigen Liebe geworden ist in einer Zeit, in der die alltägliche Praxis von Liebe und Partnerschaft unlösbarer Bestandteil der kapitalistischen Marktlogik ist. Da gerade die

31 Zitiert nach der Aufzeichnung der Aufführung; DVD der Volksbühne am Rosa-Luxemburg-Platz Berlin 2009.

32 Auf das ambivalente Verhältnis von Neoliberalismus und bürgerlichem Lebensstil in Polleschs Texten hingewiesen hat Franziska Bergmann: Die Dialektik der Postmoderne in Theatertexten von René Pollesch. Zur Verschränkung von Neoliberalismus und Gender. In: Franziska Schößler / Christine Bähr (Hrsg.): *Ökonomie im Theater der Gegenwart. Ästhetik, Produktion, Institution.* Bielefeld: Transcript 2009, S. 193–208, hier S. 203.

Emotionen zu Tauschmitteln in der kapitalistischen Ökonomie geworden sind, wird auch das emotionale Leben der ökonomischen Logik unterworfen, so Eva Illouz, die den Prozess der Ökonomisierung von Liebesbeziehungen im 20. Jahrhundert analysiert hat.[33] Die Idee der romantischen Liebe scheint Idealen wie Selbstverwirklichung, Freizeitkonsum und der Kosten-Nutzen-Logik gewichen zu sein. Folglich fragt sie in ihrem Essay „Das überforderte Paar": „Brauchen wir heute überhaupt noch Paare? Das Paar scheint eine überflüssige Einrichtung geworden zu sein, es stört das Individuum in seiner Entwicklung und zwingt es, sich mit seinen Widersprüchen herumzuschlagen." Illouz antwortet: „Und doch halte ich es für wichtig, dieses Konzept zu verteidigen, denn das Paar verkörpert eine soziale Form, deren Wert gerade darin liegt, dass sie sich dem herrschenden Ethos unserer Zeit widersetzt."[34] Und weiter: „Das monogame Paar – wenn wir uns an eine konventionelle Definition halten wollen – ist vielleicht die letzte soziale Einheit, deren Funktionsprinzipien denen der kapitalistischen Kultur zuwiderlaufen." Das Paar sei „eine Proklamation gegen die Kultur der Auswahl und der Optimierung", es widersetze sich der Berechnung des anderen, fordere Langeweile und Mittelmaß, kurz, das Paar stelle eine „wahre Alternative" zu den Werten des Marktes dar, und zwar als „Bejahung jener schweren und mühseligen Standhaftigkeit, die uns an andere Menschen und an unser altes Ich bindet."[35]

Ähnlich wie Adorno an der Liebe als utopischem Element, das der kapitalistischen Gesellschaft mit ihrer Tauschlogik einen Widerstand entgegensetzen kann, festhält,[36] so hält auch Illouz an der Idee fest, dass gerade die dauerhafte Paarbeziehung sich der Ökonomisierung sämtlicher Lebensbereiche zu entziehen imstande sei. Die Widerständigkeit einer solchen Beziehung liegt ihr zufolge gerade in der Standhaftigkeit begründet, mit der die Partner aneinander festhalten.

33 Eva Illouz: *Der Konsum der Romantik. Liebe und die kulturellen Widersprüche des Kapitalismus.* Frankfurt am Main / New York: Campus 2003.

34 Eva Illouz: Das überforderte Paar. In: *Philosophie Magazin,* 3/2013, S. 44–47, hier S. 47.

35 Ebd. Zur Kultur der Auswahl und Optimierung, die einen radikalen Bruch mit der Kultur der Liebe und Romantik darstelle, vgl. Eva Illouz: *Gefühle in Zeiten des Kapitalismus. Frankfurter Adorno-Vorlesungen 2004.* Frankfurt am Main: Suhrkamp 2007, S. 116–136.

36 Adorno: *Minima Moralia,* S. 226–227.

Sie folgt hier Adorno, der ebenfalls von Treue, Festhalten, Hartnäckigkeit und Ausharren spricht:

> Lieben heißt fähig sein, die Unmittelbarkeit sich nicht verkümmern zu lassen vom allgegenwärtigen Druck der Vermittlung, von der Ökonomie, und in solcher Treue wird sie vermittelt in sich selber, hartnäckiger Gegendruck. Nur der liebt, wer die Kraft hat, an der Liebe festzuhalten. Wenn der gesellschaftliche Vorteil, sublimiert, noch die sexuelle Triebregung vorformt [...], dann widersetzt dem sich die einmal gefasste Neigung, indem sie ausharrt.[37]

So sehr die Darstellerinnen und Darsteller bei René Pollesch einerseits bürgerliche Konventionen ebenso wie die neoliberale Logik des Marktes kritisieren, so sehr artikulieren sie doch auch immer wieder die Sehnsucht nach Liebe und einer Beziehung, die nicht von ökonomischer Logik durchdrungen ist.[38] Allerdings ist zu bezweifeln, dass Pollesch, betrachtet man sein Gesamtwerk, die Möglichkeit einer solchen Beziehung in der Zweierbindung sieht, wie Illouz es tut. Vielmehr scheint er in seinem Beharren auf Gruppenkonstellationen und Ensemblearbeit einen Möglichkeitsraum im Sinne Garbers zu suchen; einen Möglichkeitsraum für andere Formen des Zwischenmenschlichen, die weder dem binären Denken und bürgerlicher Zwangsheterosexualität noch neoliberaler Ökonomie und Flexibilität gehorchen.

37 Adorno: *Minima Moralia*, S. 226.

38 Vgl. Miriam Dreysse: Heterosexualität und Repräsentation. Markierungen der Geschlechterverhältnisse bei René Pollesch. In: Gaby Pailer / Franziska Schößler (Hrsg.): *Geschlechter Spiel Räume: Dramatik, Theater, Performance und Gender.* Amsterdam / New York: Rodopi 2011, S. 357–370, hier S. 367; dies.: *Mutterschaft und Familie. Inszenierungen in Theater und Performance.* Bielefeld: Transcript 2015, S. 328–332.

Katharina Pewny

Queer Love

Überschreitung des Paares zwischen Theater, Performance und Bildender Kunst

Das Denken in dichotomen Differenzen prägt theaterhistoriografische Narrationen, einige Stichworte hierzu sind: die Rhetorik in Form des agonalen Wettstreits zweier Protagonist*innen, beispielsweise von Antigone und Kreon in Sophokles' *Antigone*, als Grundmuster der attischen Tragödie; die Strukturdifferenz Monolog/Dialog im Drama, die als dramaturgische Grundkonstante gilt und im Übrigen bis weit ins postdramatische Theater erkennbar ist; die Unterscheidung in Performende und Publikum, in Bühnenraum und Zuschauerraum und Definitionen des Performens als Unterschied zwischen ‚doing' und ‚showing doing' oder in die geteilte Wirklichkeit von Schauspieler*innen und Zuschauer*innen[1]: Das Denken von Text, Räumlichkeit und Verkörperung prägt (auch) theaterwissenschaftliche Begriffsbildungen.[2] Mein Interesse gilt jedoch Performances von Paaren, die dominante Repräsentationen von Geschlecht und Herkunft im Sinne von ‚queer love' transformieren, das bedeutet, die Begehren, Sexualität, körperliche Verfasstheit und damit einhergehende Privilegien bzw. Diskriminierungen entnaturalisieren und voneinander entbinden. Im Folgenden stelle ich

1 Richard Schechner: *Performance Studies*. London / New York: Routledge 1988, S. 22; Erika Fischer-Lichte: *Ästhetik des Performativen*. Frankfurt am Main: Suhrkamp 2004, S. 81.

2 Performancekunst und Body Art seit den 1960er Jahren haben die Überschreitung der Trennung von Kunst und Alltag zum Programm und sind daher auch für queere Kunstprojekte prägend. Hierzu paradigmatisch das Lebenswerk von Gilbert & George.

daher künstlerische Praktiken vor, deren Macher*innen die Lücken zwischen Bedeutungen gezielt öffnen, ausdehnen und aktivieren. Emily Roysdon schlägt dies in kollektiven Kooperationen wie in der Zeitschrift *LTTR / Lesbians to the Rescue* und in Einzelarbeiten wie in der Ausstellung *Uncounted* vor.[3] Die Lockerung der Beziehung von Signifikant und Signifikat korrespondiert mit der Insistenz auf „unstable und multable boundaries", die für Roysdon queere Liebe/ *queer love* charakterisiert. Das folgende Zitat sei daher den weiteren Ausführungen vorangestellt:

> LOVE is a strategy, medium, site and scene. Love is an act. Love is not a quantifiable element able to be parsed between politics and poetics for it constantly transforms the definitions of those very terms. Before I speak economy and resistance I must be explicit — Queer Love. Queer Love exemplifies itself by its lack of singular object relations and an insistence on unstable and mutable boundaries. My insistence on queer love is because the unspoken alternative would be hetero-normative love. Distinguishing this discourse of love as one that implicitly speaks queer love we do not take for granted modes of reproduction, exchange values or teleological engagements. We allow simultaneous investments, contradiction, relief and excess. The theatre of queer love employs politics, poetics and aesthetics in equal measure. Queering love transforms the vocabulary with which we address our object, and the ensuing acts need not be translated. The materiality of this argument is in its very terms. Queer love is not economical and that is political. Love as a medium is part of an economy of resistance, ecstatic resistance I would say, provoking questions of memory and tactics. What does love want? Is it always discursive or sometimes outside of rational economies of getting and giving?[4]

Queere Liebe ist Medium, Ort und Szene widerständiger Ökonomien,[5] weil ihre Performanz und (Re-)Produktivität aufgrund der

3 Emily Roysdon: *Uncounted: Call and Response.* Ausstellungskatalog Wiener Secession. Berlin: Revolver 2015.

4 Emily Roysdon: Love. http: emilyroysdon.com/index.php?/texts/love/ (Zugriff am 19.04.2016).

5 Dieses Argument ist nicht essentialistisch zu verstehen: Selbstverständlich sind auch homosexuelle/queere Beziehungen Teil der Ökonomien, in denen sie sich realisieren. Vgl. Rosemary Hennessy: *Profit and Pleasure. Sexual Identities in Late Capitalism.* London / New York: Routledge 2000.

oben genannten Entnaturalisierung von Geschlecht, Begehren und Sexualität nicht (natürlich und gesellschaftlich) vorgegeben erscheinen kann, sondern stets neu verhandelt werden muss. Sie realisiert sich im Vollzug ihrer Ausführung, wobei das ‚Dritte', das jedem Paar als Bezugspunkt dient,[6] selbstverständlich auch – oder etwa besonders? – queerer Liebe innewohnt, denn: Verfestigt die Rede vom ‚Paar', indem sie auf Zweiheit, die sich soweit unterscheiden kann, dass sie nicht Eins ist, aufbaut,[7] nicht eine Verhaftung in der Tradition genau jenen Denkens in dichotomen Differenzen, die sie verlassen möchte? Oder ist das ‚Queering' des Paares, das lange als soziale Instanz der Heterosexualität (und des Staates) galt, just eine Unterwanderung der Tradition von dichotomer Differenz? Der vorliegende Artikel geht von der Hypothese aus, dass Performances queerer Liebe die der Zweiheit innewohnende Geschlechterdichotomie dann ekstatisch überschreiten, wenn sie diese Zwei in deutlich wahrnehmbarer Weise umformen. Besonders das Dritte als Bezugspunkt der Zwei, das diese maßgeblich konstituiert, ist hierbei von Interesse, weil das Dritte, das traditionellen Vorstellungen vom Paar als durch Vater und Mutter gezeugtes Kind innewohnt und sowohl alltägliche als auch ökonomische Temporalität strukturiert,[8] dem queeren Paar eben nicht ‚automatisch' entspringen kann. Die Umformung der Zwei in Performances von queerer Liebe kann daher, so eine Verfeinerung der oben genannten Hypothese, besonders anlässlich ihrer Inszenierung eines Dritten beobachtet werden.[9]

Im Folgenden vollziehe ich anhand von zwei Performances des Antigone-Mythos performative Umschreibungen der Geschwisterliebe nach. Das sind Motus' *Alexis. Una tragedia Greca* (UA: 15.10.2010, Festival Vie Scena Contemporanea Modena, R.: Enrico Casagrande / Daniela Nicolò) und deufert&plischkes Workshop *Sich neben Antigone bewegen / Kinship and Other Monstrosities* (24.–29.09.2007, festival steirischer herbst, Graz). Abschließend gehe

6 Vgl. das Vorwort zu diesem Band, S. 12.

7 Vgl. ebd.

8 Vgl. auch Judith Jack Halberstam: *In a Queer Time and Place. Transgender Bodies, Subcultural Lives.* New York: NYU Press 2005, S. 5–6.

9 Daher ist die queeren Paaren oft nachgesagte Promiskuität völlig irrelevant: Der oder das Dritte ist etwas, das sich in völlig unterschiedlichen Verkörperungen oder Bildern realisieren kann (u. a., aber nicht primär als personelle Störfaktoren bei praktizierter Monogamie).

ich auf Emily Roysdons Installation *Uncounted* (2015) ein, weil darin Zweiheit überschritten und vom menschlichen Körper weg zu Körperteilen und Gegenständen hin geöffnet wird.

Geschwisterliebe als transnationale Affektion: Motus' *Alexis. Una tragedia Greca*

Motus' Aufführung ist eine transformierte Version der sophokleischen *Antigone*, deren Handlungsverlauf daher im Folgenden kurz zusammengefasst wird. Sophokles' thebanische Trilogie handelt von dem Herrschergeschlecht Thebens und umfasst die Tragödien *König Ödipus*, *Antigone* und *Ödipus auf Kolonos*.[10] Der thebanische König Ödipus hat (aufgrund von hier nicht interessierenden Verwicklungen) mit seiner Ehefrau und Mutter Iokaste vier Kinder: Antigone und Ismene, Polyneikes und Eteokles. Nach der Exilierung des Ödipus (aufgrund des Vatermords) bricht ein Bruderzwist um die Herrschaft über Theben aus, seine Folgen werden in der Tragödie *Antigone* erzählt. Die Brüder Eteokles und Polyneikes töten sich gegenseitig im Kampf um die Stadt. Kreon, der Onkel (mütterlicherseits) der vier Geschwister und somit der neue Herrscher, bestimmt, dass Polyneikes' Leichnam kein Grab in der Stadt erhält, sondern unbegraben vor den Stadttoren liegen muss, und das bedeutet im antiken griechischen Glaubenssystem, dass seine Seele nie das Totenreich erreichen kann. Antigone widersetzt sich dem königlichen Befehl und damit der staatlichen Ordnung, indem sie Polyneikes' Leichnam zweimal zu begraben versucht, beide Male wird sie von Kreons Wächtern jedoch daran gehindert. Auf Kreons Geheiß wird Antigone in einer Felsspalte eingekerkert, wo sie sich erhängt.

Die Figur und der Mythos der Antigone haben in der Philosophie, der Psychoanalyse sowie in der Theatergeschichte und -gegenwart zahlreiche Interpretationen hervorgebracht, weil Geschlecht, Herkunft, Liebe und Herrschaftsformen darin konzentriert verhandelt werden. Eine kanonische *Antigone*-Deutung in der Philosophie ist die

10 Die Trilogie wurde jedoch nicht in chronologischer Reihenfolge geschrieben und auch nicht gemeinsam aufgeführt, *Antigone* wurde um 442 v. Chr. verfasst, *Ödipus auf Kolonos* erst nach dem Tod des Sophokles (401 v. Chr.). Vgl. Cecilia Sjöholm: Naked Life; Arendt and the Exile at Colonus. In: Stephen Elliot Wilmer / Audrone Zukauskaite (Hrsg.): *Interrogating Antigone in Postmodern Philosophy and Criticism.* Oxford: Oxford UP 2010, S. 48–66, hier S. 50.

von Georg Wilhelm Friedrich Hegel. Hegel lokalisiert in der Tragödie einen Konflikt zwischen Familie und Staat, wobei Antigone als Frau für die ethische Ordnung der Familie und Kreon als Mann für die politische Ordnung des Staates steht. Sein Argument ist daher ein Beispiel für die diskursive Verfestigung von Zwangsheterosexualität, die auf einer scheinbar natürlichen Geschlechterdichotomie basiert. Judith Butler widerspricht Hegel in ihrer Interpretation aus dem Jahr 2000 und argumentiert, dass auch familiale Bande der symbolischen Ordnung unterliegen und insofern nicht vor-repräsentativ, sondern Teil des Politischen sind.[11] Auch sieht Butler in dem Antigone-Mythos eine Schräglage von Begehrensmodi und Sexualitäten, eine Durchkreuzung des Inzest-Verbots von Mutter und Sohn (das Erbe des Ödipus) und eine weitere solche Durchkreuzung durch Antigones unverbrüchliche Liebe zu ihrem Bruder. Mit dem Inzesttabu wird, so Butler, das Heterosexualitätsgebot aufgerufen, weil es von gegengeschlechtlichem Begehren (des Jungen nach der Mutter und des Mädchens nach dem Vater) ausgehe.

Die italienische Theatergruppe Motus nimmt den Topos der inzestuösen Geschwisterliebe in ihrer *Antigone*-Aufführung *Alexis. Una tragedia Greca* (2010) auf und schreibt ihn um. Motus wurde 1991 in Rimini gegründet und versteht sich als Teil der Antiglobalisierungsbewegung. Ihre Mitglieder sind in dem seit dem 14. Juni 2011 besetzten italienischen Teatro Valle Occupato aktiv. Das bislang durch die Stadt getragene Teatro Valle Occupato sollte 2011 durch die römische Regierung privatisiert werden. Seitdem ist es Ort und Symbol für Allianzen von Theatermacher*innen, Migrant*innen und anderen Personen aus der Antiglobalisierungsbewegung. Die Aufführung *Alexis. Una tragedia Greca* ist ein Teil der Antigone-Serie *Syrma*, die Motus seit 2008 performt. Die Theatergruppe zeigt darin ihre Recherche zu dem Ort und den Umständen des Todes von Alexandros Grigoropoulos, der am 6. Februar 2008 im Athener Stadtteil Exarchia von der Polizei erschossen wurde. Inszenierte Interviews mit Athener*innen über die Geschehnisse in diesem Stadtteil, Textteile aus Bertolt Brechts *Antigone*, projizierte Filmszenen aus Exarchia, in denen Graffitis mit dem Zeichen für Anarchie, einem Kreis mit dem

11 Vgl. Judith Butler: *Antigone's Claim. Kinship between Life and Death*. New York: Columbia UP 2000, S. 24.

Großbuchstaben ‚A' in der Mitte, und der Gedenkstein für Alexis zu sehen sind sowie Aufnahmen aus einer südlich wirkenden Sommerlandschaft und der wiederholt gezeigte Tod von ‚Alexis' wechseln einander ab. Die Ästhetik ist von Videoaufnahmen, Silhouetten in Kapuzenshirts, die mit Pflastersteinen zum Wurf ausholen, von Anarchie-Zeichen, vom Farbkontrast schwarz-rot und von Punkmusik als „theatre noise"[12] geprägt. Das Tempo der Aufführung verlangsamt sich in der zweiten Hälfte zunehmend, und die Punkmusik wird von melodischen Klavierklängen abgelöst. Das Licht ist auf Benno Steineggers Körper gerichtet, der sich nach einem Monolog, in dem er auf Sophokles' und Brechts *Antigone* verweist, auf den Boden legt, leichenartig auf den Rücken, die Arme ausgestreckt. Silvia Calderoni performt die affektive Produktion von Trauer der Schwester Antigone um den gefallenen Bruder.

Inwiefern ist ein griechischer Demonstrant – der von einem italienischen Schauspieler dargestellt wird – nun Polyneikes und eine italienische Schauspielerin Antigone, und wieso sind die beiden miteinander verwandt? Auf den ersten Blick erscheint es als dramaturgische Fehlkonzeption, eine italienische Performerin und einen griechischen Demonstranten, die weder blutsverwandt noch persönlich bekannt sind, als blutsverwandtes Geschwisterpaar (eines antiken Herrschergeschlechts) zu inszenieren.[13] Bei näherer Betrachtung jedoch ist genau diese Interpretation interessant, weil das Paradigma der Blutsverwandtschaft, das in Sophokles' *Antigone* zentral ist, von Motus umgedeutet wird. Ein zentraler Satz darin lautet: „Goodbye, comrade also means goodbye, brother, for comrade also means brother". Damit performt Motus „Antigone's claim", so wie ihn Judith Butler formuliert:

> What will come of the inheritance of Oedipus when the rules that Oedipus blindly defies and institutes no longer carry the stability accorded to them by Lévi-Strauss and structural psychoanalysis? [...] Antigone is for whom symbolic

12 Vgl. Katharina Rost: Intrusive Noises. In: Lynne Kendrick / David Roesner (Hrsg.): *Theatre Noise. The Sound of Performance.* Newcastle upon Tyne: Cambridge Scholars 2011, S. 44–57.

13 Vgl. Charles Linsmayer: Explosion der Gehirne. In: *Nachtkritik*, 27.08.2011. http://www.nachtkritik.de/index.php?option=com_content&view=article&id=5990:alexis-una-tragedia-greca-die-italienische-gruppe-motusa-praesentiert-eine-antigone-variation-beim-zuercher-theaterspektakel&catid=629:zuercher-theater-spektakel (Zugriff am 19.04.2016).

> positions have become incoherent, confounding as she does brother and father [...]. In some ways Antigone figures the limits of intelligibility exposed at the limits of kinship. [...] Antigone represents not kinship in its ideal form but its deformation and displacement.[14]

Motus transformieren in *Alexis. Una tragedia Greca* das Konzept der geschwisterlichen Blutsverwandtschaft, indem sie den Bruder mit dem politischen Komplizen gleichsetzen, und entwickeln so eine ‚deformierte' Version des Geschwisterpaares. Am Ende der Aufführung holt Motus die Zuschauer*innen auf die Bühne zu einer kollektiven Mini-Demonstration, einzelne Schauspieler*innen verlassen das Theatergebäude und legen rote Fäden in den Stadtraum. Damit performt Motus Affinität und Solidarität, die Blutsverwandtschaft und nationale Zugehörigkeit durch selbstgewählte politische und affektive Bande ersetzen. Motus verbleiben zwar in traditionellen Theaterästhetiken, indem sie die Affekte und Identifikationen eines potenziell solidarischen Publikums bespielen. Gleichzeitig schreiben sie das Paradigma der Blutsverwandtschaft um und öffnen das Geschwisterpaar zum transnationalen Schwarm. Auch öffnen sie das Paar zu einer transnationalen Netz- oder Schwarmstruktur, indem sie Empathie (Trauer) um den gestorbenen Bruder/Kameraden ausführlich inszenieren. Die Globalisierungskritik fungiert hierbei als das Dritte, das den Bezug der Konstituierung des Paares und seiner Überschreitung ermöglicht, die Musik ist ein wesentliches ästhetisches Element, das sich als ‚theatre noise' realisiert und die latente Dichotomie, die in der Textualität angelegt ist, überschreitet.

Das Dritte als selbstreferentielle Kunstfigur: Der ‚artistwin' deufert&plischke und sein Workshop *Sich neben Antigone bewegen / Kinship and Other Monstrosities*

Eine weitere *Antigone*-Inszenierung, die ebenfalls von Butlers Konzept ausgeht, ist deufert&plischkes 5-tägiger Workshop *Sich neben Antigone bewegen / Kinship and Other Monstrosities* beim festival

14 Butler: *Antigone's Claim*, S. 22, 24–25.

steirischer herbst (Graz) im September 2007.[15] Die Aussage, der artist-win „is more and less than one and no-one any longer"[16] ist paradigmatisch für queere Praktiken, weil ein Prozess adressiert wird, der nicht in dem binären System der Sprache (0/1) aufgeht und daher nicht in der symbolischen Ordnung repräsentiert werden kann:

> Being twins and lovers, our relationship is incestuous, and we want to share this gentle misbehavior with those we meet in life and at work. We see theater as a complex and living art form that invites us to move, work, and encounter others; that's why it seems so challenging and appealing.[17]

Von Butlers *Antigone*-Lektüre ausgehend, schlagen deufert&plischke ein Konzept vor: Antigone „figures the limits of intelligibility exposed at the limits of kinship".[18] Des Weiteren bezieht sich der Zwilling auf den berühmten Sprechakt Antigones, in dem sie sich als diejenige zeigt, die Polyneikes begrub: In Antigones Worten „I own I did it. I will not deny."[19] sehen sie eine mögliche Sprache der Performance, die sich selbst am Rande des Rückzugs aus Aktion ansiedelt und politisch bleibt, indem sie Todessehnsucht performt. In dem Call für die Teilnahme am Workshop im Festivalprogramm zitiert der Zwilling *Antigone's Claim*:

15 Die hier folgenden Überlegungen zu deufert&plischke sind ein gekürzter Auszug aus Katharina Pewny / Charlotte Gruber: Queering Antigone. In: *Jaarboek voor Vrouwengeschiedenis* 32 (2012): Gender & Performance, S. 67–87, hier S. 70–77. Ausführlicher zur Biographie und Arbeitsweise von deufert&plischke vgl. Miriam Dreysse: Glückliche Ehe? Die Hinterfragung heterosexueller Paarbeziehungen in den darstellenden Künsten, in diesem Band.

16 Pewny / Gruber: Queering Antigone, S. 70–77.

17 deufert&plischke: playing a part. http://www.deufertandplischke.net/ (Zugriff am 19.04.2016). Vgl. Judith Jack Halberstam: „That is how we understand *queering*. A reduction to a single definition does not make sense at the moment because the notion is constantly changing since it has been developed in the 90s. Especially the institutionalization of Queer Studies (in the US) stressed queer movements and made clear how discourses are marked by processes of exclusion, norms and the entanglement with neoliberal circles of western metropolises, which were critically approached." (Dies.: Queer Studies Now. In: Elahe Haschemi Yekani / Beatrice Michaelis (Hrsg.): *Quer durch die Geisteswissenschaften. Perspektiven der Queer Theory*. Berlin: Querverlag 2005, S. 17–31.)

18 Butler: *Antigone's Claim*, S. 22.

19 Sophokles: Antigone. In: C. W. Eliot (Hrsg.): *The Harvard Classics*, Bd. 8. New York: Collier & Son 1909, S. 255–302, hier S. 269.

> Although Antigone dies, her deed remains in language, but what is her deed? This deed *is* and *is not* her own, a trespass on the norms of kinship and gender that exposes the precarious character of those norms, their sudden and disturbing transferability, and their capacity to be reiterated in contexts and in ways that are not fully to be anticipated.[20]

Antigones „deed", Akt also, ist und ist nicht ihrer, er überschreitet die Normen von Verwandtschaft und Geschlecht und zeigt diese gleichzeitig als prekär.

Während des Workshops *Sich neben Antigone bewegen* schreiben die Teilnehmenden Antigones Geschichte um, gemäß der Technik des Reformulierens, die deufert&plischke seit 2006 in ihren Choreografien, Workshops und in der Lehre entwickeln. Ausgangspunkt für das Reformulieren können Filme oder auch Tragödien und andere Texte sein. Die Teilnehmenden sind um einen runden Tisch versammelt und erhalten zu Beginn des Workshops ein Notizbuch. Sie werden gebeten, ihre persönliche Version des Antigone-Mythos zu notieren und das Heft an die benachbarte Person weiterzugeben, die die Notizen umschreibt, ergänzt und weiter formuliert. Der Prozess des Reformulierens setzt sich aus unzähligen Bewegungen zusammen und ersetzt schauspielerische Mimesis durch die Nachahmung der unvollständigen Aneignung einer Tat, die sowohl eigen ist als auch fremd bleibt.[21] Die Offenheit eines schriftlichen Polylogs ermutigt die Diversität von Interpretationen, die sich keinem Gruppenkonsens oder choreografischen Diktat beugen müssen.[22]

„The process of *reformulating* is a recursive process of correspondence, that is, it has to constantly formulate itself out of itself, to answer to impulses without already having a language for it. *Reformulating* and assertion of form are interwoven"[23]. Re-formulieren ist künstlerische Forschung, die das binäre Modell des unsichtbaren Probenprozesses und der sichtbaren schauspielerischen Repräsentation durchkreuzt,

20 Material von deufert&plischke geschickt per E-Mail am 23.03.2012. Vgl. auch Butler: *Antigone's Claim*, S. 24.

21 Material von deufert&plischke geschickt per E-Mail am 23.03.2012.

22 Thomas Plischke: Second Hand. In: Kattrin Deufert / Sandra Noeth / Thomas Plischke: *Monstrum. A Book on Reportable Portraits.* Hamburg: Gemeinschaftspraxis 2009, S. 54–81, hier S. 67.

23 Ebd., S. 63.

das seit den 1980er Jahren als gegendert und ödipal kritisiert wird. Die Kunst des Reformulierens ist hingegen als Praxis der Korrespondenz entworfen, die auf Differenz, Gemeinschaft, Teilhabe und Austausch gründet. Der Besitzanspruch der singulären Autorschaft eines Theatertexts, einer Inszenierung oder einer Choreografie ist damit ebenso herausgefordert wie die künstlerische Arbeitsteilung in den unterschiedenen Funktionen der Tänzer*in, Dramaturg*in, Choreograf*in, Regisseur*in und/oder Wissenschaftler*in. In dem Workshop *Sich neben Antigone bewegen / Kinship and Other Monstrosities* finden zahlreiche Reformulierungsprozesse statt: So wird beispielsweise die Geschichte der Antigone in die Gegenwart transportiert, es werden korrespondierende Orte im urbanen Raum gefunden und beschrieben oder das bislang Notierte in ein Medium übersetzt. Der Prozess des konstanten Reformulierens fand in der immer gleichen Sitzordnung statt und dauerte fünf Tage an. Am Ende erhielt jede*r Teilnehmer*in das Buch, in dem er/sie zu schreiben begonnen hatte, zurück, dies diente als Basis für Konzepte künftiger Werke. Die Genealogie des Notizbuchs ist selbst eine Weise der Verwandtschaft innerhalb der künstlerischen Kooperation oder der Kunst der Korrespondenz.
Mit der Re-formulierung zielt der ‚artistwin' auf Nähe und Amalgamierung des Eigenen und des Anderen, die sich sowohl im Konzept des Künstlerzwillings als auch im tagelang andauernden Austausch zwischen Workshopteilnehmer*innen herstellen kann. Damit ist auch die Hierarchisierung, die binären Differenzen innewohnt und im tragischen Agon (Redewettstreit) angespielt ist, herausgefordert. Bei dem Workshop *Sich neben Antigone bewegen / Kinship and Other Monstrosities* hat die Reformulierung als performative kollektive Bewegung statt, sie ist nicht-ökonomisch, weil zwar loser Aufbau, jedoch kein normierter Tauschprozess stattfindet. Hier realisiert sich die Konstitution der Zwei/des Paares durch drei Momente: in der Figur des ‚artistwin', die in der doppelten Präsenz von Kattrin Deufert und Thomas Plischke aufblitzt, jedoch zugleich mehr ist als die zeitgleiche Anwesenheit der beiden Personen; in der hier beschriebenen und mittlerweile institutionalisierten Praxis des ‚Reformulierens' und in der Gruppe (der Workshopteilnehmer*innen), die zugleich als Basis des und Differenz zu dem ‚artistwin' fungiert. Der Antigone-Mythos ist, wie bereits gezeigt wurde, eine dichte und reiche Verhandlung der Zwei und der Workshop *Sich neben Antigone bewegen / Kinship and Other Monstrosities* auch eine Überschreitung der Dichotomie von

Realität und Kunst, Wirklichkeit und theatraler Repräsentation. Er ist eine Form der inter-künstlerischen Praxis, die Theater hin zu Tanz und Bildender Kunst öffnet.

Überschreitung der Zwei und des Humanen: Emily Roysdons Installation *Uncounted*

Emily Roysdon ist Künstlerin und Schriftstellerin, wohnhaft in New York und Stockholm, wo sie eine Professur für Kunst an der Konstfack Schweden innehat. Ihre interdisziplinären Arbeitsmethoden schließen Performance, fotografische Installationen, Druck, Text, Video, Kuratieren und Zusammenarbeiten ein. Sie war Gründerin und Herausgeberin des queeren feministischen Journals und Kunstkollektivs *LTTR* (Lesbians to the Rescue), das zwischen September 2002 und Oktober 2006 fünf Mal erschien.[24] Im Herbst 2015 zeigte Emily Roysdon die Installation *Uncounted* in der Wiener Secession. Die Ausstellung wurde von einem Katalog begleitet, in dem unter dem Titel *Uncounted: Call and Response* 23 ‚responses' von Künstler*innen und Theoretiker*innen zu dem Konzept des ‚ekstatischen Widerstands' zu finden sind. Während Roysdon und JD Samson von der Band Le Tigre in einem Interview aus dem Jahr 2003 visuell noch als Paar auftreten,[25] verschwindet das menschliche Paar als Referenzfigur in ihren neueren Arbeiten vollständig. In der Installation *Uncounted*, auch als „comedy of margin theatre" bezeichnet, sind sowohl gedoppelte Formen als auch dreieckförmig angeordnete Linien zu finden.[26]
Das Paar ist in dem Paar Beine angespielt, das auf den Boden des großen Raums geklebt ist. Mehrere Theaterkostüme, die aus Hosen mit ausgeschnittenen Beinen bestehen, sind ebenfalls zu sehen. Auch der Boden des Ausstellungsraums ist zweigeteilt, ebenso wie die Textfläche, die darauf appliziert ist. Des Weiteren ist das Paar als Zeiger mehrerer gleich aussehender Uhren zu sehen, die in den

24 Vgl. http://emilyroysdon.com/index.php?/projects/lttr/ (Zugriff am 19.04.2016).

25 Vgl. JD Samson / Emily Roysdon: JD Samson and Emily Roysdon. http://emilyroysdon.com/index.php?/texts/anp-jd-samson-and-emily-roysdon/ (Zugriff am 19.04.2016).

26 Roysdon stellt damit die oft unhinterfragte Orientierung von Temporalität und Raum an dem Lebens- und Ökonomiemodell der heterosexuellen Kleinfamilie, die in queeren Praktiken und Kunstwerken manchmal geöffnet wird, zur Disposition. Die hier zitierte Textzeile stammt aus dem Text, der in dem Ausstellungsraum innerhalb der Installation auf dem Boden ausgelegt ist.

Ausstellungsräumen aufgestellt sind. Damit thematisiert Roysdon Zeitlichkeit und Vergänglichkeit; dies resultiert aus ihrer Überlegung, dass „with every passing, any awareness of time, the choreographic discomposes the space around us, asking how we arrange our bodies in response".[27] Der lebende Körper wird hier nicht schauspielerisch dargestellt oder ‚live' performt, sondern einzig die Besucher*innen bewohnen die musealen Räume: Farbige Wände und Requisiten wie die dreieckige Standuhr und einzelne Kostüme sind darin vorzufinden sowie Texte, die auf den Boden appliziert sind. Zusätzlich zu der Zweiheit der Beine oder Uhrzeiger, die gleichsam Hand in Hand auftreten als rechtes und linkes (Hosen-)Bein, als Minuten- und Sekundenzeiger, ist das Dreieck als Grafik und als Standuhr visuell präsent.

Was bedeutet *Uncounted* nun für das Paar in der Gegenwartskunst aus einer queeren Perspektive, die vielfältige Bindungen und multistabile Bedeutungen privilegiert? „What instruments do we have?" ist eine zentrale Frage, die Roysdon in unterschiedlichen Texten formuliert. Bereits am Beginn des vorliegenden Artikels hat sich die Performanz des Dritten, die das Paar konstituiert, als Instrument queerer Kunstpraktiken gezeigt. Ausgehend von den drei Werken, die ich hier besprochen habe, ist das heterosexuelle Liebespaar das Trampolin, von dem abgesprungen, die Figur, die ekstatisch überschritten wird: bei Motus als Geschwisterpaar, das zur transnationalen solidarischen Bindung von vielen wird, deren Bindung sich durch Globalisierungskritik (als das Dritte) konstituiert; bei deufert&plischke als inzestuöser Künstlerzwilling und polyloge künstlerische Forschung, wobei sich das Dritte in der Figur des ‚artistwin', in der Arbeitsmethode und in der temporären Gruppe realisiert; und bei Roysdon als Dominanz des Dritten (über die Zwei/das Paar), die in dem Dreieck als formalem Element und in den ungezählten (*uncounted*) Punkten, zwischen denen sich ‚call und response' ereignen, vorzufinden ist. Das Paar ist daher ein Instrument des Widerstands in der performativen Gegenwartskunst, indem es sich als kollektive Umschreibung von Mythen und als Amalgam von Körperteilen und anderen Gegenständen realisiert. Das Dreieck, oder die Instanz des Dritten, fungiert in *Uncounted* als dominante ästhetische Konstante.

27 Vgl. Roysdon: *Uncounted*, These 15, o. P.

Abbildungsverzeichnis

Nastasia Louveau: 1 & 1

Abb. 1: Dragoljub Raša Todosijević: Einladungspostkarte zur Ausstellung *1 & 1* am Studentski Kulturni Centar, Belgrad, Mai–Juni 1974. © D. R. Todosijević. Mit freundlicher Genehmigung des Künstlers.

Maxi Grotkopp: Work Love Not War!

Abb. 1: VALIE EXPORT / Peter Weibel: *Aus der Mappe der Hundigkeit*, 1968. © VG Bild-Kunst, Bonn 2017. Foto: Joseph Tandl, © VALIE EXPORT, Courtesy VALIE EXPORT.

Abb. 2: Ulay / Marina Abramović: *Relation in Space*, Performance, 58 Min., XXXVIII. Biennale di Venezia, Giudecca, Venedig, Juli 1976. © VG Bild-Kunst, Bonn 2017. Foto: Jaap de Graaf, © Ulay / Marina Abramović, Courtesy Marina Abramović Archives.

Abb. 3: Katalogdoppelseite aus Marina Abramović / Ulay: *Relation Work and Detour*. Amsterdam: Idea 1980, S. 10–11. © VG Bild-Kunst, Bonn 2017. Fotos: © Ulay / Marina Abramović.

Doris Kolesch: Gemeinsam, Zusammen, Ensemble

Abb. 1: Linda Montano / Tehching Hsieh: *Art/Life One Year Performance 1983–1984 (Rope Piece)*, New York. Foto & ©: Tehching Hsieh / Linda Montano.

Abb. 2: Linda Montano / Tehching Hsieh: *Art/Life One Year Performance 1983–1984 (Rope Piece)*, New York. Foto & ©: Tehching Hsieh / Linda Montano.

Abb. 3: Interrobang: *To Like or Not To Like. Ein Big Data Spiel.* Premiere: 11. Juni 2015, Schauspiel Leipzig. Foto: Michael Bennett, © Interrobang.

Abb. 4: Joseph Beuys: *I like America and America likes me*, René Block Galerie, New York, 1974. © VG Bild-Kunst, Bonn 2017. Foto: Caroline Tisdall, © Schirmer/Mosel-Verlag, Quelle: Caroline Tisdall: *Joseph Beuys – Coyote*. München: Schirmer Mosel 1976, S. 84.

Abb. 5: Joseph Beuys: *I like America and America likes me*, René Block Galerie, New York, 1974. © VG Bild-Kunst, Bonn 2017. Foto: Caroline Tisdall, © Schirmer/Mosel-Verlag, Quelle: Caroline Tisdall: *Joseph Beuys – Coyote*. München: Schirmer Mosel 1976, S. 99.

Jenny Schrödl: Paare, Duos, Doppelgänger

Abb. 1: Ulay / Marina Abramović: *Relation in Time*. Performance 16 hours without the public. Last hour of the performance with the public present; series of photographs taken every hour. Studio G7, Bologna, Italy, 1977. © VG Bild-Kunst, Bonn 2017. Foto & © Ulay / Marina Abramović, Courtesy Marina Abramović Archives Sean Kelly Gallery New York.

Abb. 2: Ulay / Marina Abramović: *Rest Energy*. Performance for Video, 4 min., ROSC' 80, Dublin, 1980. © VG Bild-Kunst, Bonn 2017. Foto & © Ulay / Marina Abramović, Courtesy of the Marina Abramović Archives.

Abb.3: EVA & ADELE auf ihrer Vernissage „Futuring" in der Bötzow-Brauerei in Berlin, 25. April 2013. © VG Bild-Kunst, Bonn 2017. Foto: WENN Ltd / Alamy Stock Foto.

Abb. 4: She She Pop: *Frühlingsopfer*, 2014, Hebbel am Ufer, Berlin. Foto & © Dorothea Tuch, 2014.

Abb. 5: Diane Torr als Charles Beresford, New York City, 1992. Foto & © Vivienne Maricevic, 1992.

Sandra Umathum: „Almost like a physical orgasm" (Genesis Breyer P-Orridge)

Abb. 1: Partnerlook Zwillinge. Aus: *Face2Face. Das Online-Magazin*. http://face2face-magazin.de/geschwister-erzaehlen-teil-iv-wie-ei-anderen/ (Zugriff am 29.05.2017).

Abb. 2: Partnerlook Vater und Sohn. Aus: Dawanda Online Shop. http://de.dawanda.com/product/68496847-hoodie-im-partnerlook-papa-sohn-kombi (Zugriff am 29.05.2017).

Abb. 3: Partnerlook Mutter und Tochter. Aus: Dawanda Online Shop. http://de.dawanda.com/product/74634643-mutter-tochter-partnerlook-fest-cocktailkleider (Zugriff am 29.05.2017).

Abb. 4: Donald und Nancy Featherstone. Aus: Katia Hetter: Donald Featherstone, creator of flamingo lawn decor, dies. In: *CNN*, 23.06.2015. http://edition.cnn.com/2015/06/23/living/pink-flamingo-creator-donald-featherstone-dies-feat/ (Zugriff am 29.05.2017).

Abb. 5: Partnerlook Freundinnen. Aus: Partnerlook – Meine kleine Gang. In: *Style Notes*, 09.11.2014. http://www.stylenotes.ch/2014/11/09/partnerlook-meine-kleine-gang/ (Zugriff am 29.05.2017).

Abb. 6: EVA & ADELE. Aus: John's Blog. http://jab1190.blogspot.de/2012/11/eva-adele.html (Zugriff am 29.05.2017). © VG Bild-Kunst, Bonn 2017.

Abb. 7: EVA & ADELE. Aus: Swatch presence at La Biennale Arte 2015. In: *The Swatch Art Peace Hotel*, 07.05.2015. http://www.swatch-art-peace-hotel.com/news?page=5&item=40026 (Zugriff am 30.11.2016). © VG Bild-Kunst, Bonn 2017.

Abb. 8: Breyer P-Orridge. Aus: Lady Jaye Breyer P Orridge. In: *Alchetron*. https://alchetron.com/Lady-Jaye-Breyer-P-Orridge-1040154-W (Zugriff am 29.05.2017).

Abb. 9: Breyer P-Orridge. Aus: Genesis Breyer P-Orridge's Body of Work. In: *Hint Fashion Magazine*, 19.04.2012. http://hintmag.com/post/april-19-2012-2210 (Zugriff am 29.05.2017).

Abb. 10: Genesis Breyer P-Orridge. Aus: Hermione Hoby: The Reinventions of Genesis Breyer P-Orridge. In: *The New Yorker*, 29.06.2016. http://www.newyorker.com/culture/culture-desk/the-reinventions-of-genesis-breyer-p-orridge (Zugriff am 29.05.2017). Foto: Drew Wiedemann.

Matthias Weiß: Ungleiche Schwestern

Abb. 1: Schule von Fontainebleau: *Vermutliches Porträt von Gabrielle d'Estrées und ihrer Schwester, der Duchesse de Villars*, ca. 1594. Öl auf Eichenholz, 96 × 125 cm, Musée du Louvre, Paris. Aus: Vincent Pomarède (Hrsg.): *The Louvre. All the Paintings.* New York: Black Dog & Leventhal 2011, S. 487.

Abb. 2: Frida Kahlo: *Die zwei Fridas*, 1939. Öl auf Leinwand, 173,5 × 173 cm, Museo de Arte Moderno, Mexico City. Aus: Helga Prignitz-Poda: *Frida Kahlo. Die Malerin und ihr Werk.* München: Schirmer/Mosel 2003, S. 141.

Abb. 3: Yasumasa Morimura: *An Inner Dialogue with Frida Kahlo (Dialogue with Myself 1)*, 2001. Farbfotografie, 195 × 175,3 cm (Auflage von 5) bzw. 134× 120 cm (Auflage von 10). Aus: Andrew Hiller (Hrsg.): *Daughter of Art History. Photographs by Yasumasa Morimura.* New York: Aperture 2003, S. 107.

Abb. 4: Joaquin Trujillo: Aufnahme aus der Serie *Los Niños*, 2003. Farbfotografie, ohne Maße. Aus: *GUP Magazine* 32 (2012): The Mexico Issue, S. 130–131.

Abb. 5: Joel-Peter Witkin: *Twins*, auch: *Siamese Twins, New Mexiko*, 1988. Bromsilbergelatineabzug, 71 × 71 cm (Auflage von 3). Aus: Germano Celant: *Witkin*. Mailand: Charta 1995, Nr. 78.

Abb. 6: Mary Ellen Mark: *Shane and Shawn Riggins, 29 years old, Shane older by 3 minutes*, 2001. Polaroid, ohne Maße. Aus: Donna Gustafson / Susan Sidlauskas (Hrsg.): *Striking Resemblance. The Changing Art of Portraiture*. München / London / New York: Prestel 2014, S. 115.

Abb. 7: Griff eines etruskischen Fußwaschbeckens aus Borsdorf im Wetteraukreis. Bronze, Breite: 24,35 cm, Hessisches Landesmuseum Darmstadt. Fotografie: Wolfgang Fuhrmannek, Hessisches Landesmuseum Darmstadt.

Josch Hoenes: Performative Akte zwischen Kunst und Sexualwissenschaft

Abb. 1: Bartholomäus Spranger: *Adam und Eva*, 1585, Stich. Zit. n. Magnus Hirschfeld: *Geschlechtskunde auf Grund dreißigjähriger Forschung und Erfahrung*, Bd. 4: Bilderteil. Stuttgart: Püttmann 1930, S. 8.

Abb. 2: *Adam und Eva*, Pisa, o. J. Zit. n. Hirschfeld: *Geschlechtskunde*, Bd. 4: Bilderteil, S. 9.

Abb. 3: Charles Darwin und Francis Galton in Hirschfelds Bilderteil zur *Geschlechtskunde*. Zit. n. Hirschfeld: *Geschlechtskunde*, Bd. 4: Bilderteil, S. 4–5.

Abb. 4: Tomec Weiss: *Determined Detours*, aus der Reihe *Queer Heaven*, 2010, Acrylfarbe, 150 x 100 cm. Courtesy: Tomec Weiss.

Die Publikation wurde unterstützt durch die Freie Universität Berlin im Rahmen der Exzellenzinitiative der Deutschen Forschungsgesellschaft.

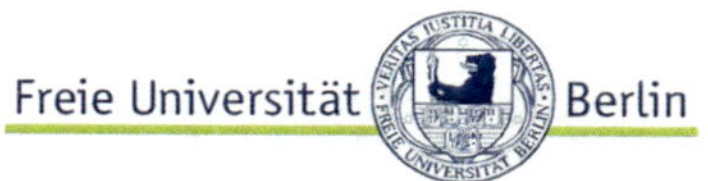

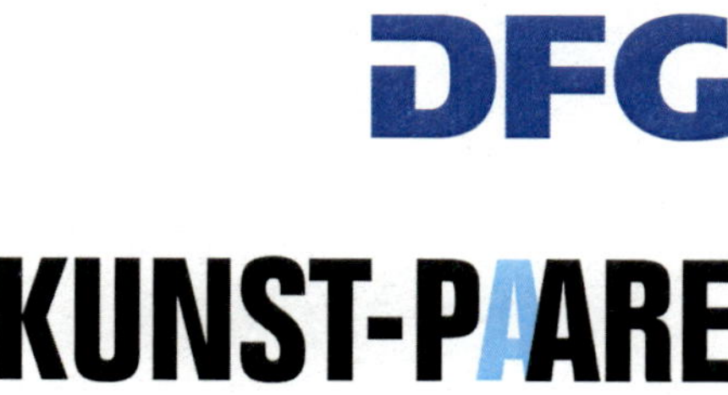

Bibliografische Information der Deutschen Nationalbibliothek
Die Deutsche Nationalbibliothek verzeichnet diese Publikation in der Deutschen Nationalbibliografie; detaillierte bibliografische Daten sind im Internet über http://dnb.d-nb.de abrufbar.

Umschlaggestaltung: Marija Skara
Lektorat & Satz: Neofelis Verlag (mn/ae)
Druck: PRESSEL Digitaler Produktionsdruck, Remshalden
Gedruckt auf FSC-zertifiziertem Papier.
ISBN (Print): 978-3-95808-141-3
ISBN (PDF): 978-3-95808-191-8